Rita Sahle · Gabe, Almosen, Hilfe

Beiträge zur sozialwissenschaftlichen Forschung

Band 88

Springer Fachmedien Wiesbaden GmbH

Rita Sahle

Gabe, Almosen, Hilfe

Fallstudien zu Struktur und Deutung der
Sozialarbeiter-Klient-Beziehung

Springer Fachmedien Wiesbaden GmbH

CIP-Kurztitelaufnahme der Deutschen Bibliothek

Sahle, Rita:
Gabe, Almosen, Hilfe: Fallstudien zu Struktur u.
Deutung d. Sozialarbeiter-Klient-Beziehung /
Rita Sahle.
  (Beiträge zur sozialwissenschaftlichen Forschung;
Bd. 88)
    ISBN 978-3-531-11816-1   ISBN 978-3-663-14423-6 (eBook)
    DOI 10.1007/978-3-663-14423-6
NE: GT

Alle Rechte vorbehalten

© Springer Fachmedien Wiesbaden 1987
Ursprünglich erschienen bei Westdeutscher Verlag GmbH, Opladen 1987

Das Werk einschließlich aller seiner Teile ist urheberrechtlich geschützt.
Jede Verwertung außerhalb der engen Grenzen des Urheberrechts-
gesetzes ist ohne Zustimmung des Verlags unzulässig und strafbar. Das
gilt insbesondere für Vervielfältigungen, Übersetzungen, Mikrover-
filmungen und die Einspeicherung und Verarbeitung in elektronischen
Systemen.

ISSN 0175-615-X

ISBN 978-3-531-11816-1

INHALT

Vorbemerkung		VII
1	Problemskizze	1
2	Rekonstruktionen	4
2.1	Die Gabe	5
2.2	Das Almosen	12
Exkurs:	Zum Bedeutungswandel des Armutsbegriffs	19
2.3	Die Hilfe	2o
3	Analysen	26
3.1	Das Strukturproblem sozialarbeiterischen Handelns	26
Exkurs:	Professionalisiertes Handeln	34
3.2	Genese und Funktion des Hilfe-Selbstverständnisses	4o
4	Material	45
4.1	Auswahl und Erhebungsverfahren	45
4.2	Kurzüberblick	47
5	Methoden	49
5.1	Die Durchführung der Interviews	49
5.2	Das Interpretationsverfahren	51
6	Fall 1: Frau M.	53
6.1	Die Interaktionsstruktur: "RIEKE, MIT FLIEGENDEN FAHNEN GEHST ABER NICH NE."	53
6.1.1	Die Strukturformel	7o
6.1.2	Interaktionsstruktur und allgemeiner Hilfe-Struktur-Typus	72
6.2	Das Hilfe-Selbstverständnis: "ZWEI STÜHLE ALSO..."	75
6.2.1	Die Fallrekonstruktion	75
6.2.2	Das Deutungsmuster	87
7	Fall 2: Herr S.	96
7.1	Die Interaktionsstruktur: "DANN KÖNN WER FOLGENDES MACHEN, SIE MÜSSEN ZUM WOHUNGSAMT GEHEN ..."	96
7.1.1.	Die Strukturformel	1o7
7.1.2	Interaktionsstruktur und allgemeiner Hilfe-Struktur-Typus	1o8
7.2	Das berufliche Selbstverständnis: "ICH BEZEICHNE MICH IMMER ALS FEUERWEHRMANN ..."	11o
7.2.1	Die Fallrekonstruktion	11o
7.2.2	Das Deutungsmuster	118

8	Fall 3: Herr P.	13o
8.1	Die Interaktionsstruktur: "ICH WILL NIT DER CONTROLLETTI SEI ..."	13o
8.1.1	Die Strukturformel	143
8.1.2	Interaktionsstruktur und allgemeiner Hilfe-Struktur-Typus	144
8.2	Das berufliche Selbstverständnis: "AUF DER EINEN SEITE MANAGER ..."	146
8.2.1	Fallrekonstruktion und Deutungsmuster	146
9	Fall 4: Frau T.	159
9.1	Die Interaktionsstruktur: "SIE SIND IN UNSERE BERATUNGSSTELLE GEKOMMEN MIT EINEM PROBLEM ..."	159
9.1.1	Die Strukturformel	171
9.1.2	Interaktionsstruktur und allgemeiner Hilfe-Struktur-Typus	172
9.2	Das berufliche Selbstverständnis: "ICH BIN NICH DER MACHER HIER, DIE LEUTE MÜSSEN WAS MACHEN"	173
9.2.1	Die Fallrekonstruktion	173
9.2.2	Das Deutungsmuster	182
1o	Schlußdiskussion	191
Anmerkungen		199
Literatur		211

Vorbemerkung

Die vorliegende Arbeit entstand 1980 - 1983 als Dissertation am Fachbereich Gesellschaftswissenschaften der Johann Wolfgang Goethe-Universität Frankfurt/Main. Für die Veröffentlichung wurde der theoretische Teil überarbeitet. Der empirische Teil wurde lediglich in einigen Details verändert.

Ich danke Herrn Professor Dr. U. Oevermann für vielfältige Unterstützung und für zahlreiche Anregungen. Herrn Professor Dr. H. Steinert danke ich für das Interesse an der Arbeit und für hilfreiche Kritik. Mein ganz besonderer Dank gilt den Sozialarbeitern, die mir Einblick in ihre Tätigkeit gaben. Ohne ihr Vertrauen und ihre Aufgeschlossenheit wäre das Konzept nicht realisierbar gewesen. Ich danke außerdem M. Heck, B. Kaiser, E. Lemke und R. Strotbek und den Teilnehmern der Lehrveranstaltungen von Herrn Professor Oevermann für theoretische Diskussionen und Interpretation des empirischen Materials.

"Ein Bettler wisse nur, wie Bettlern
Zumute sei; ein Bettler habe nur
Gelernt, mit guter Weise Bettlern geben.
'Dein Vorfahr', sprach er, 'war mir viel zu kalt,
Zu rauh. Er gab so unhold, wenn er gab;
Erkundigte so ungestüm sich erst
Nach dem Empfänger; nie zufrieden, daß
Er nur den Mangel kenne, wollt er auch
Des Mangels Ursach wissen, um die Gabe
Nach dieser Ursach filzig abzuwägen.
Das wird Al-Hafi nicht! So unmild mild
Wird Saladin im Hafi nicht erscheinen!
Al-Hafi gleicht verstopften Röhren nicht,
Die ihre klar und still empfangnen Wasser
So unrein und so sprudelnd wieder geben.
Al-Hafi denkt; Al-Hafi fühlt wie ich!'"

(G. E. Lessing, Nathan der Weise, 1779)

1 Problemskizze

Am Beginn standen die empirische Erfahrung und eine noch vage Vermutung: Sozialarbeiterisches Handeln scheitert notwendig systematisch und regelhaft.[1] Sie fungierten als wahrnehmungsleitende Hypothese für eine kritische Sichtung der sozialwissenschaftlichen Literatur zur Sozialarbeit. Im Unterschied zu der mehrheitlich dem einzelnen Berufsangehörigen zugewiesenen Verantwortung, wie die Diskussion um das "Helfer-Syndrom"[2] (dessen Faktizität hier nicht geleugnet wird) und soziologische Konstruktionen eines förmlichen sozialpädagogischen Monstrums[3] zeigen, sollte die Erklärung im Beruf selbst und einer näher zu untersuchenden objektiven Handlungsstrukturproblematik zu finden sein. Bei der Lektüre kristallisierten sich die folgenden drei zentralen Problempunkte heraus:

a) Die verschiedenen Bestimmungsversuche zur Funktion der Sozialarbeit enthalten in der Regel eine implizite oder explizit formulierte Dichotomie: Hilfe gegen Kontrolle. So erweise sich die Sozialarbeit auf makro-soziologischer Ebene als "Agentur sozialer Kontrolle"; als "Hilfe für das Kapital"; oder als "funktionaler Beitrag zur gesamtgesellschaftlichen Reproduktion".[4] Das konkrete Interaktionshandeln der Berufsangehörigen sei entsprechend unmittelbar Kontrollhandeln, am Interesse des Gesamtsystems orientierte Integrationsleistung. Solche Funktionsbestimmungen verwenden gewöhnlich einen von Institutionenkritik geprägten und verengten Kontroll-Begriff[5]; sie identifizieren sozialarbeiterische Tätigkeit mit einem der Semantik des Alltags entstammenden Kontroll-Verständnis[6].
Im Medium der "alternativen Logik" (Kamper) erhält die Hilfe-Leistung selten mehr als randständige Bedeutung. In der Regel wird sie in den Bereich bloßer Ideologie verwiesen. Sie gilt als subjektiver Irrtum des einzelnen Sozialarbeiters; als ethische Überhöhung der beruflichen Realität und ideologisches Dogma; als bewußte Legitimationsstrategie, mit der die Kontrollfunktion als Hilfe ausgegeben werden kann;[7] kurz: als letztlich falsches Bewußtsein der objektiven Handlungsrealität. Differenziertere Arbeiten formulieren forschungsleitende Fragen wie: "... welche gesellschaftlichen Bedingungen dieses Selbstverständnis hervorzubringen und seine Existenz trotz gegenteiliger Analysen auf Dauer zu stellen vermögen"[8]; oder: "Wie gelingt es den ... Sozialarbeitern ..., sich gemäß ihrem Selbstverständnis als Helfer zu verhalten, trotzdem aber soziale Kontrolle auszuüben?"[9]. Neuere empirische Untersuchungen, die dem Zusammenhang von Hilfe-Selbstverständnis und Handlungsrealität gelten, kommen zu Ergebnissen, die

die Berufsangehörigen objektiv diskreditieren: daß sich "die Sozialarbeiter ... einen Begriff der Handlungswirklichkeit konstruieren, mit dem ein konsistenter Zusammenhang zwischen (idealem, R.S.) Selbstbild und praktischer Tätigkeit gewahrt werden soll"[10].
Der erste Problemfokus führte zur folgenden konzeptionellen Entscheidung: es ist nicht das dichotomische Verhältnis von Hilfe und Kontrolle fortzuschreiben und etwa eine Antwort auf die Frage zu geben, ob die Sozialarbeit ihren Klienten hilft; ob sie sie kontrolliert oder ihnen vielleicht sogar schadet[11]. Auch ist nicht zu prüfen, ob die konkreten Handlungsvollzüge "ein Mixtum von Assistenz und Repression"[12] enthalten, noch ob ein "stets gefährdetes Gleichgewicht"[13] zwischen beiden Funktionen besteht. Nicht nur der unspezifische Hilfe-Begriff und seine idealen und moralischen Implikationen stehen dem entgegen. Davon ausgehend, daß Hilfe nur ein integraler Bestandteil des Konzepts sozialer Kontrolle (im weiten Sinne) sein kann, von dem soziale Kontrolle im (engen) Sinne der Verletzung der Entscheidungskompetenz der Lebenspraxis zu differenzieren ist, wird in der vorliegenden Arbeit das Hilfe-Selbstverständnis als ein notwendiges Deutungsmuster gefaßt, das auf eine objektive Handlungsproblematik "antwortet" und rückwirkend die Sozialarbeiter-Klient-Beziehung mitstrukturiert.

b) Der zweite Kritikpunkt zielt auf eine verdinglicht-statische und abstrakte Verwendung des Hilfe-Begriffs. Hilfe erscheint als etwas, das vorab definiert und von der Sozialarbeit einseitig auf den Hilfesbedürftigen transferiert werden kann. Das Maßnahmepotential wird als "repressiv, restitutiv oder nicht-defizitär"[14] eingestuft; die Funktionen als "prohibitiv, blancierend und präparativ"[15]. Soweit die Sozialarbeiter-Klient-Interaktion den Referenzrahmen bildet, etwa im Social Casework, bleibt es bei eher (leer)formelhaften Beschwörungen des Helfens. Ruth Bang bezeichnet mit dem Begriff der "helfenden Beziehung" eine Methodik, in der durch bestimmte Haltungen des Sozialarbeiters auf der Basis diagnostischen Denkens ein, heilende Kräfte auslösender Hilfsprozeß entsteht[16] - und mystifiziert lediglich das konkrete Interaktionsgeschehen. Ähnlich verhält es sich mit dem zuerst in der alternativen und feministischen Sozialarbeit verwendeten Begriff der "Beziehungsarbeit"[17]; auch er bleibt bei der Benennung der sozialen Dimension stehen, lenkt hingegen die Aufmerksamkeit auf die (den einzelnen Sozialarbeiter) "belastende Dimension sozialer Arbeit: Sich gegen Bezahlung um das emotionale und soziale Schicksal von Menschen zu kümmern, ohne von seinen eigenen Gefühlen absehen zu können"[18]. Aus der Kritik an einem hypostasierten und statischen Hilfe-Begriff ergibt sich, daß Hilfe als eine historisch gebundene Beziehungskategorie zu betrachten ist, die einen bestimmten Interaktions-Typus zwischen Bedürftigem und Helfendem konstituiert. Dieser Typus wird von der gesellschaftlichen Formation, in der er auftritt, präformiert, weist jedoch darüber hinausgehend eigene, empirisch nachweisbare Mikrostrukturen auf.

c) Die in der Literatur unterstellte historische Gleichförmigkeit des Helfens, die unterschiedslose Behandlung der verschiedenen Ausdrucksformen der Hilfe begünstigen und verstärken Mystifizierungen der helfenden Interaktion. Historisch geprägte Formen werden zurückgeführt auf anthropologische Konstanten[19]; auf einen biologischen Hilfstrieb[20]; auf Gemeinschaftsgefühl[21] oder auf Hilfsbereitschaft und Altruismus als ideale Eigenschafts- und Verhaltensmerkmale individueller Personen. Zu erforschen bleibt letztlich nur noch die Motivation zum Helfen, die Psychologie des Helfers. Demgegenüber sind aus sozialwissenschaftlicher Perspektive drei historische Interaktions-Typen zu rekonstruieren, in die helfende Handlungen naturwüchsig eingebunden sind oder einen spezifischen Typus konstituieren. Vor dieser Folie ist die Besonderheit des relativ jungen Typus der Hilfe von Fürsorge und Sozialarbeit aufzuzeigen, der sich mit Beginn der Neuzeit ausdifferenziert. Erst er bietet eine systematische strukturelle Grundlage für die Ausbildung eines handlungsleitenden Hilfe-Selbstverständnisses.

Die Kritik an der sozialwissenschaftlichen Literatur zur Sozialarbeit bestimmt den Untersuchungsgang. Zunächst werden idealtypisch die Strukturmodelle der Gabe, des Almosens und der Hilfe rekonstruiert (Abschnitt 2). Daran schließt sich die Analyse des Strukturproblems der Sozialarbeit und der Funktion des Hilfe-Selbstverständnisses an (Abschnitt 3). Es folgt ein Überblick über das empirische Material und das Erhebungsverfahren (Abschnitt 4) und über die Untersuchungsmethodik (Abschnitt 5). Danach werden die vier empirischen Fälle dargestellt, die unterschiedlichen Arbeitsfeldern der Sozialarbeit entstammen. Der jeweils rekonstruierten Struktur der Beziehung zwischen Sozialarbeiter und Klient wird die Selbstdeutung der Sozialarbeiter gegenübergestellt (Abschnitt 6 - 9). Im Schlußkapitel folgt eine systematische und zusammenfassende Diskussion der Ergebnisse.

2 Rekonstruktionen

Scherpners essentialistische Bestimmung der Hilfe als einer "Urkategorie des menschlichen Handelns überhaupt"[1], ist Anlaß für eine historisch-strukturtheoretische Rekonstruktion unterschiedlicher Typen von Hilfe-Beziehungen.[2] Gabe, Almosen und Hilfe sind Idealtypen im Sinne Max Webers. Bestimmte Aspekte konkreter empirischer Phänomene, in denen das allgemeine, identische Problem der Behebung von Notlagen zu lösen gesucht wird, werden in diesen gedanklichen Modellen isoliert, gesteigert und zu einem idealisierten Typus zusammengefügt, der selbst in dieser reinen Form jedoch empirisch nicht vorfindbar ist. Nicht-typenkonstitutive Einflüsse und Faktoren bleiben unberücksichtigt, auch wenn sie empirisch handlungswirksam sind. Die wesentliche Funktion dieser Rekonstruktionen besteht darin, daß vor ihrem Hintergrund die konkreten Hilfe-Beziehungen erklärt werden können, insbesondere die historische Besonderheit und Relativität gegenwärtiger beruflicher Hilfe-Interaktion und ihre, durch die heutigen Erscheinungsformen und moralisch-ethischen Konnotationen präformierte Betrachtung. Damit gelangen die Hilfe-Phänomene in ihrer Verschiedenheit und jeweiligen strukturellen Besonderheit in den Blick.

Die Auswahl der Typen wurzelt in der historisch-materialistischen These: unterschiedliche Gesellschaftsformationen bringen nicht zufällig einen bestimmten Problemlösungstypus als dominanten hervor und präformieren ihn in seiner Struktur. Die Rede von der Dominanz eines Typus heißt aber nicht, daß die anderen Formen empirisch nicht mehr erscheinen. Sie stellen lediglich nicht oder nicht mehr den zentralen gesellschaftlichen Problemlösungsmodus, können jedoch in partikularen und subkulturellen Milieus durchaus auftreten. Das gilt etwa für den älteren Typus der Gabe oder des Almosens, der die moderne berufliche Hilfe begleitet. Umgekehrt finden sich natürlich spezifische Hilfe-Phänomene nicht in archaischen Gesellschaften.[3]

Das Schema der Reziprozität, Grundgesetz jeder sozialen Beziehung und jedes sozialen Zusammenhaltes[4], und die Kategorie der Äquivalenz erlauben einen systematischen typologischen Vergleich. Wie zu zeigen sein wird, ist es mit ihrer Hilfe möglich, die Mikro-Strukturen in ihrer Verschiedenheit zu analysieren und die Typen selbst als universelle Grundformen (mit Bezug auf das Problem der Lösung von Not und Mangel) auszuweisen. Davon abweichende Formen erscheinen als strukturhomologe Varianten.

2.1 Die Gabe

In seinem berühmten "Essay sur le don" hat Marcel Mauss das in archaischen Gesellschaften herrschende System des reziproken Austausches totaler Leistungen dargestellt.[5] Die Gabe regelt als ungeschriebener Kontrakt den Tausch und verbindet über große Gebiete verstreut lebende Stämme miteinander. Das zentrale charakteristische Merkmal der Struktur dieser intertribalen Beziehungen ist die Gleichzeitigkeit von Freiwilligkeit und Verpflichtung zum Austausch. Es ist "Verpflichtung zum Schenken und Geben". Was sich in unserem neuzeitlichen Sprachverständnis ausschließt und entweder Freiwilligkeit oder Verpflichtung und Zwang zuläßt (wenngleich bei einer genaueren Betrachtung mancher sozialer Interaktionen auch heute noch diese Gleichzeitigkeit des sich scheinbar Widersprechenden zu finden ist), konstituiert dort in der Ungeschiedenheit den Beziehungstypus, stellt Bindung und Integration her und erzeugt ein, wenn auch labiles soziales Gleichgewicht. Am Beispiel des Kula (Trobriand-Inseln) und des Potlatch (Küsten Nordwestamerikas, Alaskas und Britisch Kolumbiens) als empirische Realisierungsformen der Gabe sollen deren Regeln und strukturelle Handlungsvoraussetzungen im einzelnen vorgestellt werden.

Zunächst zum Kula: Dieses Tauschsystem umgreift in einer außerordentlichen geographischen Ausdehnung verschiedene Inselgruppen vor der Ostküste Neuguineas. Es verbindet ringförmig Völker mit teilweise hoch entwickelter Landwirtschaft und solche, die sich auf eine bestimmte handwerkliche Tätigkeit spezialisiert haben (z.B. Töpferei, Bootsbau). Der Kula

"beruht primär auf der Zirkulation zweier Gegenstände von hohem Wert, aber ohne wirklichen Nutzen. Hierbei handelt es sich um Armreifen aus der Schale von conus millepunctatus (eine Muschelart, R.S.) und um Halsketten aus roten Muschelscheiben, die beide als Schmuckgegenstände hergestellt, aber selbst dazu kaum verwendet werden. Diese beiden Gegenstände reisen ... auf einer Kreisbahn, die viele Meilen umfaßt und eine große Anzahl von Inseln einschließt. Auf dieser Umlaufbahn reisen die Halsketten im Uhrzeigersinn und die Armreifen in gegenläufiger Richtung. Beide Gegenstände bleiben niemals für längere Zeit in der Hand eines bestimmten Eigentümers; sie sind ständig in Bewegung, treffen einander immer wieder und werden ausgetauscht."[6]

Die "vaygu'a" genannten Armreifen und Halsketten sind Zeichen des Reichtums und Wohlstandes. Ihr Besitzer wird bei Ankunft einer Expedition auf einer Nachbarinsel als künftiger Tauschpartner heftig umworben. Es beginnt ein Wettstreit um seine Gunst, in dem mit Bittgeschenken um die erste Gabe des zeremoniellen Tausches, der Übergabe des "vaga" geworben wird. Nimmt er das häufig sehr kostbare Werbegeschenk an, verpflichtet er sich, das "vaga" zu

geben, das "opening gift". Es "'öffnet' den Nehmer, verpflichtet ihn definitiv zu einer Gegengabe, dem yotile ...: die Gabe, die das Geschäft 'verriegelt'"[7], das "clinching gift". In einem feierlichen zeremoniellen Akt wird die so hergestellte Verbindung zwischen den Partnern besiegelt. Während das Almosen und die Hilfe, wie später zu zeigen sein wird, einseitig von oben nach unten, von reich zu arm fließen, kommt die Gabe also eher dem ohnehin Reichen und Berühmten zu, weil sein höherer Status und seine Ressourcen größere Chancen der Erwiderung erwarten lassen.[8] Wer hat, dem wird gegeben!
Hartnäckiges Feilschen und gegenseitiges Verrechnen der getauschten Leistungen (Phänomene, die im dem Gabentausch untergeordneten Handel auftreten), gelten als dem Kula unwürdig. Er setzt Vertrauen und Ehre voraus, denn die Gleichwertigkeit von Gabe und Gegengabe kann nicht erzwungen werden. Den Beteiligten wird eine aristokratische Haltung abverlangt; die Demonstration dessen, daß man einerseits ohne Reziprozitätskalkül geben und verschwenden kann und andererseits das Geschenk nicht annimmt, weil man es zur Subsistenz benötigt, sondern stark und stolz genug ist und über genügend Ressourcen verfügt, um es mit betonter Verachtung entgegennehmen zu können. Generosität und Freigebigkeit auf beiden Seiten etablieren Überlegenheit, Autonomie und Größe. Kleinlichkeit und Geiz bringen Schande. Der "Geber gefällt sich in einer übertriebenen Bescheidenheit: nachdem er feierlich und unter den Klängen der Schneckentrompete sein Geschenk herbeigetragen hat, entschuldigt er sich dafür, daß er nur seine Reste gebe, und wirft die Gabe dem Rivalen und Partner zu Füßen"[9]; etwa mit folgenden Worten: "Hier ist der Rest meiner Nahrung von heute, nimm ihn"[10], während eine kostbare Halskette überreicht wird. Der Empfänger der Gabe zeigt entsprechend Verachtung für sie. Er mißtraut ihr und nimmt sie erst an, nachdem sie ihm zu Füßen geworfen wurde.
Die entscheidende Differenz des für primitive Gesellschaften konstitutiven wechselseitigen Schenkens zum händlerischen Tausch liegt im Fehlen der Äquivalenz. "Primitiver Tausch, Geben und Nehmen von Geschenken, zeremoniöser Potlatsch, manche Verwendung von Heiratsgut etc. erwachsen im Differenzierungsprozeß gentilgesellschaftlicher Gemeinwesen und im Verkehr zwischen solchen. Sie kennen eine Reziprozität der Darbringungen, aber keine Äquivalenz der dargebrachten Objekte an und für sich."[11] An einem, mit Einschränkungen strukturhomologen Alltagsbeispiel der Reziprozität zwischen Individuen (statt Kollektiven) wird der Unterschied deutlich. Die Initiierung einer Intimbeziehung stützt sich wesentlich auf gegenseitiges Schen-

ken und Geben. So zeugen das "Angebinde", das Geschenk, das ursprünglich an den Arm und um den Hals gebunden wurde, und die mit Bändern übersandten "Bindebriefe" und "Bindegedichte" des 17. Jahrhunderts von den integrierenden Aspekten der Gabe.[12] Ist die einmal hergestellte Verbindung intakt und etwa als Gattenbeziehung institutionalisiert, gilt das unsichtbare System reziproker Pflichten und Rechte. Die Partner tauschen wechselseitig Leistungen aus, auch in Form gegenseitiger Hilfe, ohne daß einer vom anderen die Erwiderung seiner Leistungen verlangt, ein Mehr fordert und ein Zuwenig zurückweist; oder sie zurückhält, wenn der andere nicht erwidern kann. Der idealisierten Erwartung nach ist es Reziprozität von Gleichrangigen. Erst wenn die Beziehung zusammenbricht, kommen Krämergeist und Buchhaltermentalität zum Vorschein; Händler, die die Gaben auf ihren jeweiligen Wert hin berechnen, Soll und Haben aufrechnen und die Außenstände einklagen.[13] Jetzt gelten die Gesetze des Warentausches, die die auszutauschenden Warenposten als gleich setzen und ihre Quantifizierbarkeit und Meßbarkeit auf der Basis bestimmter Äquivalentformen (z.B. Vieh oder Geld) unterstellen. Nicht mehr Geben als Form und nur als Form der Gemeinsamkeit, sondern Verteidigung der jeweiligen Eigentumsbereiche: "Mein - also nicht dein; dein - also nicht mein"[14].

In diesem System der unaufhörlich zirkulierenden Zeichen des Reichtums (ein Kula-Teilnehmer, der eine "vaygu'a" länger als ein, zwei Jahre behält, gilt als kleinlich, langsam oder hart) werden die Gebrauchsgüter aufgezehrt, die Armreifen und Halsketten wandern jedoch weiter. Im Schutz ihres feierlichen Austausches werden Güter, Reichtümer, Rituale, Feste, Höflichkeiten, Frauen und Kinder getauscht. Die Gaben wandern in der Gewißheit, daß sie erwidert werden. Die Gegenleistung erfolgt jedoch nicht unmittelbar, was nur Händler erwarten, sondern sie bedarf einer gewissen Zeitspanne. Der Empfänger der Gaben ist somit dem Geber auf eine bestimmte Frist hin verpflichtet, bis er bei einem Gegenbesuch die Gegengabe geleistet und gewissermaßen den Kredit zurückerstattet hat.[15] Bis dahin ist er gleichsam moralisch gezwungen, den Frieden mit dem Tauschpartner aufrechtzuerhalten. Und auch heute noch verbietet es sich, Feindseligkeiten gegen jene zu eröffnen, bei denen man "verschuldet" ist und die Gegengabe noch aussteht.[16] Der Kula knüpft somit Bindungen und Partnerschaften zwischen den Stämmen, die gegenseitige Hilfe und Schutz begründen. In diesem System gibt es "keine zufälligen oder spontanen Gaben wie etwa Almosen oder Spenden" und jeder, der in Not gerät, wird von seinem Clan, seiner Familie unterstützt.[17]

Der Potlatch der indianischen Stämme Nordwestamerikas und Britisch-Kolumbiens ist die radikalisiertere und entschiedenere Form des wechselseitigen Gebens und Nehmens archaischer Geschenksysteme. Die an ihm beteiligten Völker leben vor allem vom Fischfang. Sie treiben keinen Ackerbau. "Dennoch sind sie sehr reich, und sogar heute noch erzielen sie mit ihrer Fischerei, ihrer Jagd und ihren Pelzen Überschüsse, die auch nach europäischen Maßstäben beträchtlich sind."[18]

"Die Stämme haben eine doppelte Morphologie: sobald der Frühling zu Ende ist, zerstreuen sie sich, gehen auf die Jagd, sammeln Wurzeln und Beeren in den Wäldern, widmen sich dem Lachsfang auf den Flüssen; und wenn der Winter hereinbricht, konzentrieren sie sich wieder in den 'Städten'. Und während der ganzen Zeit dieses engen Zusammenlebens befinden sie sich in einem Zustand dauernder Erregung. Das gesellschaftliche Leben wird äußerst intensiv, intensiver noch als während der Stammesversammlungen, die auch im Sommer stattfinden können. Sie befinden sich in ständigem Aufruhr: ununterbrochen gibt es Besuche ganzer Stämme untereinander, ganzer Clans und Familien. Ein Fest folgt dem anderen. Bei einer Heirat, bei den verschiedensten Ritualen und Beförderungen wird mit vollen Händen alles ausgegeben, was man im Sommer und Herbst mit großem Fleiß auf einer der reichsten Küsten der Welt zusammengehäuft hat. Sogar das Privatleben spielt sich auf diese Weise ab, man lädt die Leute eines Clans ein, wenn man eine Robbe erlegt hat oder eine Kiste mit eingemachten Beeren oder Wurzeln öffnet, man lädt alle Leute ein, wenn ein Wal gestrandet ist." [19]

Das Prinzip der Potlatch-Gesellschaften ist Konsumtion des Mehrprodukts; Verschwendung und nicht Eigentumsbildung. Ihre gesamten Überschüsse werden in festlicher Form verausgabt.[20] Diese können nicht gehortet und kumuliert werden, "weil jeder Potlatsch schon einen neuen nach sich zieht"[21].
In diesem System ständiger reziproker Darbringungen ist es streng obligatorisch, ein Geschenk zu geben, es anzunehmen und zu erwidern. Einen Potlatch zu geben, sichert dem Häuptling (und seinem Stamm) Autorität, Ehre und Prestige. Darin manifestieren sich sein Glück, Reichtum und seine Überlegenheit über den Empfänger. Seinen "Reichtum kann er nur dadurch beweisen, daß er ihn ausgibt, verteilt und damit die anderen demütigt, sie 'in den Schatten seines Namens' stellt"[22]. Und in dramatischer Zuspitzung besteht der Potlatch in der ausschließlichen Zerstörung der Reichtümer, "nur um nicht den Anschein zu erwecken, als legte man Wert auf eine Rückgabe"[23].
Bataille formuliert es so: "Reichtum ist ein Erwerb, insofern der Reiche Macht erwirbt, aber er ist vollständig für den Verlust bestimmt, insofern diese Macht eine Macht des Verlustes ist. Nur durch den Verlust sind Ruhm und Ehre mit ihm verbunden."[24]
Wie die eigene Größe und Bedeutung hervorgehoben wird, illustriert der folgende Gesang eines Häuptlings anläßlich eines Potlatch:

"Ich bin der große Häuptling, der die Leute beschämt.
Ich bin der große Häuptling, der die Leute beschämt.
Unser Häuptling macht, daß die Leute vor Scham erröten.
Unser Häuptling macht, daß die Leute neidisch werden.
Unser Häuptling macht, daß die Leute das Gesicht verhüllen
aus Scham über das, was ER ständig hier tut. Immer und
immer wieder gibt er allen Stämmen Ölfeste."[25]

Eigenlob stinkt eben nicht immer und überall; und es finden sich auch heute, wenn auch diskreter, vergleichbare Phänomene. Marcel Mauss berichtet beispielsweise über die Festrunden in der Lorraine, daß sich Familien "anläßlich von Kirchweihen, Hochzeiten, Erstkommunionen und Beerdigungen für ihre Gäste ruinierten. Bei solchen Gelegenheiten galt es, ein 'großer Herr' zu sein"[26].

Einen Potlatch nicht zu geben, bedeutet für den aristokratischen Häuptling, seinen Rang zu verlieren. Noblesse oblige! Die große Geste der Gabe demonstriert jedoch nur eine scheinbar souveräne Existenz des Gebenden. Sie verhüllt lediglich die dem System umfassender Reziprozität inhärente Abhängigkeit und kaschiert die Gewißheit, daß die Gabe erwidert wird. Erst aus der Sicherheit der Gegengabe erwächst die Gabe.

Die Verpflichtung, ein Geschenk anzunehmen heißt, daß derjenige, der die Gabe ablehnt, in den Ruf gerät, sich vor der Erwiderung zu fürchten. Er bekennt sich im voraus als besiegt, nimmt die in der ersten Gabe enthaltene Herausforderung nicht an. Er ist "flach" gedrückt; sein "Name verliert an Gewicht"[27]. Die Gabe wird würdig empfangen; um sie zu bitten, wird als demütigend empfunden. Marcel Mauss erwähnt einige, die Würde und Größe der "feinen Leute" der Potlatch-Gesellschaften demonstrierende Verhaltensregeln. So essen Häuptlinge und Adlige beim Gastmal nur wenig; Vasallen und gewöhnliche Leute stopfen sich dagegen voll.[28]

Daß aber die Nichtannahme eines Geschenks, wenn es nicht erwidert werden kann, bzw. die Zurückweisung des Gegengeschenks ein subversives Moment enthält, das ein einmal etabliertes Machtungleichgewicht tendenziell aufzuheben vermag, veranschaulicht ein anderes ethnographisches Beispiel. Georges Balandier berichtet über ein Erlebnis mit einem Angehörigen des im Kongo beheimateten Stammes der Bakongo, der ihm ein gerupftes Huhn und ein Ei zum Geschenk machte. Als Balandier sich mit einer Gegengabe erkenntlich zu zeigen versucht, lehnt der Bakongo ab: "Ich möchte nicht einen vorteilhaften Tausch machen, sondern Sie als einen Fremden ehren, den wir mit Freude und ohne Hintergedanken empfangen!"[29] Und er kommentiert: "... Indem er mir sein Geschenk aufdrängt, verpflichtet er mich zu Loyalität und Herzlichkeit; im schlimmsten Falle neutralisiert er mich. Meines verweigernd, bewahrt er sich seine Manövrierfähigkeit; er hat sich mir gegenüber zu nichts verpflichtet; er hat sich nicht kompromittiert. So will es die Bakongo-Logik, begleitet von der Besorgnis, nichts anzunehmen, was aus der Hand eines Weißen stammt."[30]

Die Pflicht, den Potlatch zu erwidern, soweit dieser nicht in der reinen Zerstörung der Güter besteht, verlangt, daß die Gabe mit "Zinsen" zurückzugeben, d.h. zu überbieten, zu übertrumpfen ist. Während die erste Gabe die Überlegenheit und Generosität des Gebers begründet, stellt die Gegengabe die Wechselseitigkeit der Beziehung her. Sie hebt die Macht der ersten Gabe auf. Das Surplus der Gegengabe bestreitet die Größe des Gebers und seiner Gaben und die durch sie angemeldete Unterwerfung des Empfangenden. Insofern ist von einem Vorrang der Gegengabe auszugehen.[31] Sie ist in der Lage, den (in der ersten Gabe enthaltenen) Angriff auf die Autonomie des Beschenkten abzuweisen.[32] Es ist die Revanche. Das Prinzip der Gegenseitigkeit der Gabe bewirkt folglich eine mit der Zirkulation der Reichtümer einhergehende beständige Umverteilung der Macht[33]; Kampf um Statushierarchie, nicht Bekräftigung einer festgeschriebenen und anerkannten Asymmetrie zwischen den Partnern. Anders formuliert: Die Reziprozität der Gabe reguliert die Beziehung zwischen Gleichen. Sie setzt Reversibilität der Lagen voraus[34] und Konkurrenz um die Macht frei. Damit verhindert sie tendenziell Herrschaft und Unterwerfung, Ungleichheit und Eigentumsbildung; Bedingungen also, die ökonomische und soziale Ausbeutung ermöglichen, d.h. Leistungen zu erzwingen, ohne die Gegengabe zu erbringen. Der Begriff der Ausbeutung verweist somit selbst auf einen strukturellen, das Tauschsystem zerstörenden Mangel an Reziprozität.[35] Entsprechend verliert derjenige, der den "Potlatch nicht zurückzahlen kann, ... seinen Rang und sogar den Status eines freien Mannes". "Die Sanktion der Erwiderungspflicht ist Schuldknechtschaft."[36] Andererseits, und die Ausnahme bestätigt die Geltung der Regel (des statuskonstituierenden Prinzips der Gabe), kann von der Pflicht zur Erwiderung dann abgesehen werden, wenn ein Häuptling oder Clan bereits als überlegen anerkannt ist oder bei einem früheren Potlatch gesiegt hat. Er kann es sich leisten, auf die Gegengabe zu verzichten. Diese Großzügigkeit erscheint später in der Form der Wohltätigkeit gegenüber den Armen und Unterlegenen. Im Unvermögen des Empfängers, die Gabe zu erwidern und damit die Macht aufzuheben, liegt die materielle Grundlage für seine Stigmatisierung und Dankbarkeitsverpflichtung. Stigmatisierung: weil er nicht über die Ressourcen für die Gegengabe verfügt und in diesem Sinne nicht reziprozitätsfähig ist; Dankbarkeitsverpflichtung: weil die universelle Geltung des Schemas der Gegenseitigkeit ein Substitut für den faktischen Mangel an Reziprozität fordert. Der Arme "bezahlt" mit seiner Dankbarkeit.

Sichert die Wechselseitigkeit der Gabe einerseits die tendenzielle Gleichheit der Tauschpartner, treibt das Prinzip der Rivalität andererseits soziale Differenzierung aus sich heraus, die Unterscheidung zwischen arm und reich. "Der Potlatsch gewinnt so eine Zweideutigkeit, die nicht zu tilgen ist und die als solche, als Ambivalenz" von Verschwendung und Aneignung festgehalten werden muß.[37] Rivalität und Bindung, antagonistischer Kampf und konvergierende Interessen sind keine gegenteiligen Operationen, sondern die Einheit, die den durch eine grundlegende Reziprozität strukturierten Beziehungstypus selbst konstituiert. Scherpners antithetische Konstruktion der Hilfe und des Kampfes als Urkategorien menschlichen Handelns[38] folgt lediglich einer historisch späten und kulturell normierten Vereinseitigung der negativ und positiv bewerteten Modi des Reziprozitätsschemas, die sich auch in folgenden Redewendungen spiegelt: sich jemanden durch Wohltaten verpflichten; durch Edelmut/Großmut beschämen oder demütigen; sich für ein Geschenk/eine Einladung revanchieren; in der Wohltätigkeit wetteifern; eine Wohltat vergelten; und im rächenden Sinne: ein Unrecht vergelten; eine offene Rechnung begleichen etc.

Im Medium der Gabe wird Vergesellschaftung hergestellt und gesichert. Im Unterschied zum Almosen und zum Hilfe-Typus handelt es sich hier um totale gesellschaftliche Phänomene, in denen gleichzeitig religiöse, ästhetische, rechtliche, moralische und ökonomische Institutionen zum Ausdruck kommen.[39] Weder Bedürftigkeit und Hilflosigkeit auf der einen Seite noch kulturelle oder religiöse Motivationsmuster auf der anderen Seite, die den Gebenden zum einseitigen Schenken auffordern, sind strukturelle Handlungsvoraussetzung. Die Wechselseitigkeit beruht auf der Umkehrbarkeit der Lagen. Sie steuert, wie bereits erwähnt, die Beziehung zwischen Gleichen. Wohltätigkeit und Hilfe strukturieren dagegen die Beziehung zwischen Ungleichen. Gegenseitige Hilfeleistung und gegenseitige Dienste sind in die Gabe integriert. Sie werden als Ehre betrachtet. In den durch Potlatch und Kula gestifteten Bindungen und Partnerschaften zerstören die Verweigerung von Schutz und Beistand ebenso wie die Verweigerung des Geschenks und die Nichterwiderung einer Leistung den Gesellschaftstypus selbst. Sie verletzen die Regeln des ungeschriebenen "contrat social" und fordern Krieg und rituelle Sühnung heraus.

Die Gabe der primitiven Gesellschaften kann als Prototyp der sozialen Beziehungen betrachtet werden, die unmittelbar durch Reziprozität strukturiert sind. Ohne hier einen systematischen Überblick geben zu können, soll auf einige hingewiesen werden. Die bereits oben angesprochenen diffusen Beziehungen zwischen Gatten und Familienmitgliedern werden in ihrer Logik durch umfassende, nicht eingegrenzte Wechselseitigkeit gesteuert; in traditionalen Kulturen besonders ausgeprägt zu finden sind Nachbarschaftssysteme, in denen gegenseitig Schutz und Hilfe geleistet wird (z.B. die Erntehilfe etc.); die ständisch-korporativen Bruderschaften, Gilden und Zünfte zählen ebenso dazu wie die naturwüchsigen Hilfeformen der Arbeiterbewegung (Hilfskassen). Sie alle stützen sich auf die Gleichheit der Lagen und auf die daraus erwachsene Solidarität der Mitglieder/Teilnehmer. Dagegen beruhen die obrigkeitlich vermittelten Sozialversicherungssysteme, die die naturwüchsigen Hilfesysteme zerstört und abgelöst haben, auf der strengen Kalkulation von Leistung und Gegenleistung. Es sind auf vorab definierte Notlagen beruhende reziproke Systeme in Form des Äquivalententausches (Vorleistung - inhaltlicher Rechtsanspruch), in denen derjenige, der keine Leistungen erbringt, auch keine Hilfe erhält (und an "Auffangsysteme" wie Sozialhilfe u.ä. verwiesen wird, die allenfalls einen Rechtsanspruch "dem Grunde nach" enthalten[40]). Als einige ganz alltägliche Reziprozitätsphänomene seien erwähnt die Trinkrituale, das Runden-werfen[41]; die Retour-Kutschen usw.

2.2 Das Almosen

Der Struktur-Typus des Almosens hebt die Geltung des Reziprozitätsschemas zwischen den gesellschaftlichen Ständen auf. Dies in beide Richtungen: Der Almosenspender gibt, ohne eine Erwiderung zu erwarten; der Empfänger nimmt, ohne reziprok die Gegenleistung zu erbringen. Bezugspunkt ist die Schicht, der Stand und nicht das Individuum. Historisch und strukturell bildet sich das Almosen heraus mit der Durchsetzung statusdifferenter Schichten oder Klassen auf der Basis der Aneignung von Grund und Boden. Die "Herrengewalt" am Boden gibt den Mächtigen die Chance, sich das Mehrprodukt in Form von Frondienst, Produktabgabe oder Geldrente zu sichern.[1] Ausbeutung auf der einen Seite und Wohltätigkeit auf der anderen bilden jetzt eine komplementäre Einheit, in der beide nicht-reziproke Beziehungstypen aufeinander bezogen sind und einander bedingen. Ausbeutung schafft Armut, Armut begründet Wohltätigkeit in Form des Almosens. Anders ausgedrückt: Der

Herrschende nimmt, ohne zu geben und er gibt etwas, ohne zu nehmen.[2] Durch einen time-lag voneinander getrennt und dennoch zusammengehörend, substituieren diese zwei Interaktionsformen den Verlust der Reziprozität in den grundlegenden gesellschaftlichen Beziehungen. Die Antithese von Ausbeutung und Wohltätigkeit ist (aus der Perspektive des Gesamtsystems) funktional äquivalent der umfassenden Gegenseitigkeit der primitiven Gesellschaften, ohne jedoch deren versöhnende Kraft entfalten zu können. Das Almosen gibt dem Armen lediglich etwas von dem zurück, was ihm zuvor genommen wurde. Nicht mehr um Statusbegründung und Kampf um die Macht, die längst vergeben ist, kann es gehen, sondern nur noch um eine Standespflicht der Reichen.[3] Almosentätigkeit ist der einseitige Transfer von Gaben auf der politisch-ökonomischen und sozialen Vertikale von oben nach unten. Das Geschenk wandert jetzt zum bedürftigen und nicht reziprozitätsfähigen Armen. Die Ungleichheit der Lagen ist jetzt strukturelle Handlungsvoraussetzung.

Am Beispiel der mittelalterlich-christlichen Ständegesellschaft, in der sich eine extensive Almosentätigkeit findet, und der Almosenlehre des Thomas von Aquin sollen die einzelnen Regeln des Almosens dargestellt werden. Sie korrespondieren der zirkulären Geschlossenheit der mittelalterlichen Gesellschaft, reproduzieren sie auf dem gegebenen Niveau. Unberücksichtigt bleiben diejenigen Leistungssysteme, in denen sich homolog der Gabe die Logik des Reziprozitätsschemas entfaltet (Gilden, Bruderschaften etc.). In ihnen erhält das einzelne Mitglied auf der Basis der Gleichheit von Stand und Rang angesichts der verschiedenen Lebensrisiken Schutz und Hilfe.

Die Almosenempfänger befinden sich als Gruppe der Bedürftigen noch unter den Armen (d.h. den Besitzlosen, die aber ihren Lebensunterhalt durch Handarbeit sichern können). Zu ihnen gehören Arbeitslose und -unfähige, Kranke, Gebrechliche, Alte und Kinder.[4] Für sie ist das Almosen notwendiges Mittel zur Sicherung des Lebensunterhaltes. Komplementär stellt der Bettel zur Subsistenzsicherung, im Unterschied zum Bettel "aus Begierde nach müßigem Leben oder nach mühelosem Erwerb von Reichtum", eine unter der Stufe der Handarbeit liegende und umfassend anerkannte Form wirtschaftlicher Existenzmöglichkeit dar.[5] Was später mit aller Gewalt bekämpft werden wird, reflektiert hier die durch formelle und materielle Ungleichheit erzwungene Notwendigkeit einseitigen Nehmens. Insofern mildert die gesellschaftliche Anerkennung des Bettels die negativen Folgen, die mit der Aufhebung der Geltung des Reziprozitätsschemas einhergehen: Stigmatisierung und Dankbarkeitsverpflichtung des Bedürftigen. Das Almosen transformiert sich tendenziell zur - wenn auch mangelhaften - ausgleichenden Leistung. Es ist Entschädigung für die Tatsache der Armut.

Ein Almosen zu geben, ist für den mittelalterlichen Menschen (neben dem Beten und Fasten) die dritte Möglichkeit, Genugtuung für begangene Sünden zu leisten. Die satisfactio tritt an die Stelle der zeitlichen Sündenstrafen, ist aber keine Wiedergutmachung der Sünden selbst. Ob jemand das Almosen in Form einer Spende an Bedürftige leistet oder als frommes Vermächtnis für Kirchenbau, Klöster und Hospitäler, "der Nutzen der Vergabung für das Seelenheil des Stifters blieb davon prinzipiell unberührt"[6]. Die Verdienstlichkeit und Gültigkeit des Almosens ist an Bedingungen geknüpft, die auf Seiten des Gebenden liegen. Ihre Erfüllung sichert über den materiellen Akt hinaus seinen inneren Wert.

Zunächst ist das Almosen aus der rechten Gesinnung heraus, mit caritas, zu geben. Christliche Nächstenliebe, die im anderen Menschen Gott zu lieben sucht, soll die Leistung bestimmen. Nicht Liebe im Rahmen eines direkten personalen Bezugs zum Empfangenden, sondern Liebe zu Gott und damit Indifferenz im Hinblick auf die bedürftige Person, ihrem Schicksal und ihren Eigenschaften.[7] Ein Kalkül, die Gabe reziprok zurückzuerhalten, ist ausgeschlossen. Im Umbruch zur Neuzeit, als sich die Regeln des Almosens aufzulösen beginnen, wird, die Neuerungen abwehrend, besonders dieser Aspekt der rechten Gesinnung hervorgehoben. Der Almosengebende "solle sich hüten, der wirklichen Bedürftigkeit des Armen, seiner persönlichen Lage, allzu gründlich nachzuforschen; nur zu leicht könne eine solche vorgebliche Prüfung, ein solches Mißtrauen, der Deckmantel der mangelnden Liebe, der mangelnden christlichen Gesinnung und Gebewilligkeit sein"[8]. Innere Gesinnung also statt Prüfung und Diagnose der Bedürftigkeit! Eine bemerkenswerte Aussage des Domingo de Soto, Dominikaner und Kritiker der spanischen Armengesetzgebung, illustriert das Erfordernis der Liebe angesichts eines als unabwendbar empfundenen Fatums: "Wenn du also einen Menschen siehst, der vom Schiffbruch (!) der Armut heimgesucht wurde, dann richte nicht, sondern hilf ihm in seinem Elend! Warum machst du dir unnötige Arbeit? Gott hat dich vor jeglicher derartiger Sorge und Neugier befreit."[9]

Eine weitere Bedingung des Almosens ist seine Subsidiarität. Es soll nach anderen Möglichkeiten der Hilfe eintreten und zur Beseitigung des Mangels unmittelbar geeignet sein. Es soll kein "üppiges" Leben gestatten, aber das Hinreichende gewähren. Thomas von Aquin hat hierzu eine Systematik der sieben geistigen und sieben leiblichen Defekte vorgelegt. Den leiblichen Defekten ist durch die sieben biblischen Werke der Barmherzigkeit zu begegnen:

>   die Hungernden speisen;
>   die Durstigen tränken;
>   die Nackten bekleiden;
>   die Fremden beherbergen;
>   die Kranken besuchen;
>   die Gefangenen loskaufen;
>   die Toten bestatten.[10]

Die thomistische Klassifikation lenkt den Blick auf objektive, zweifelsfrei feststellbare Notlagen. Es sind Phänomene absoluter Armut. Die Sicherung der physischen Existenz und der Würde des Menschen stehen im Vordergrund. Die individuelle Person des Bedürftigen und die Gründe seiner Not, ob sozialstrukturell verursacht oder individuell verschuldet, treten dagegen zurück. Der bloße sinnliche Eindruck genügt, um das barmherzige Werk auszulösen. Das Almosen strebt folglich keine ganzheitlichen Problemlösungen an. "Daß die Ursachen für den Hunger der Hungernden – die zu speisen eines der Werke ist – in jedem einzelnen Fall ganz verschieden sind, das berührt die ethische Verpflichtung, ihn zu speisen, ganz und gar nicht. Ihre Geltung hängt nur davon ab, ob der Bedürftige wirklich Hunger leidet und ob im Augenblick offenbar keine andere Möglichkeit besteht, ihn zu stillen. ... die Beseitigung des Mangels, und nicht die Veränderung des ihm zugrunde liegenden Zustandes ist das Ziel des Almosens."[11] Sein Zweck, ein gutes Werk zu sein, ist erreicht, wenn der konkrete Mangel behoben ist.

Die Verdienstlichkeit des Almosens schließt weiterhin ein, daß beim Spender ein über die Sicherung seines standesgemäßen Lebensunterhaltes hinausgehendes "superfluum" vorhanden sein muß – neben dem "Lebensnotwendigen" und dem "Standesnotwendigen" die dritte Stufe des Besitzes in der mittelalterlichen Gesellschaft. "Wer von seinem Überfluß gibt – wozu ein jeder verpflichtet ist –, verhält sich 'de praecepto', der Vorschrift entsprechend, und schon das ist verdienstlich; das Almosen vom Notwendigen zu geben, ist nicht verpflichtendes Gebot, sondern 'evangelischer Rat', ein Verhalten 'de consilio', und darum besonders verdienstvoll."[12]

Seine Almosentätigkeit bringt den Menschen folglich weder unter den gottgegebenen Stand, in den er hineingeboren wurde, noch erlaubt sie, daß er qua unstandesgemäßer Akkumulation der Reichtümer darüber hinaustritt. Erst wenn der eigene standesgemäße Unterhalt gesichert ist, setzt das verpflichtende Moment ein. Und erst vom Überfluß muß abgegeben werden. Die im heutigen Verständnis als paradox empfundene Gleichzeitigkeit von Liebe und Pflicht, von christlicher Barmherzigkeit einerseits und obligatorischer Abgabe zur Rettung des Seelenheils andererseits, gewährleistet die Reproduktion des Einzelnen, seines Standes und der sozialen Ordnung auf dem gegebenen Niveau.

In der Gabe blieb dagegen die Reproduktion des Einzelnen und des Gemeinwesens auch dann gesichert, wenn die gesamten Güter im Kampf um Status und Ehre verausgabt und zerstört wurden.

In Differenz zur Relation: Reichtum - statusetablierende Gabe begründet das Almosen die Beziehung: standesverpflichtende Abgabe vom Überfluß - Notlage des Bedürftigen. Das ursprünglich den Göttern zugedachte Opfer, materielles Unterpfand der Kommunikation des Menschen mit ihnen, wird mit deren Einverständnis und durch sie vermittelt dem Armen zugeleitet. "Der Reiche gibt, was er gibt, Gott, und der Arme nimmt, was er nimmt, von Gott."[13] Die frommen Vermächtnisse und Stiftungen substituieren das heidnische Totenopfer. "Die Kirche übernahm es, für das Seelenheil der Toten zu sorgen und beanspruchte als Gegengabe den bisherigen Totenteil als Seelenteil."[14] Marcel Mauss hat in diesem Zusammenhang auf den Bedeutungswandel hingewiesen, den das arabische sadaqa und das hebräische zedaqa erfahren haben. Bedeuteten sie ursprünglich ausschließlich Gerechtigkeit, so erhalten sie erst später die Bedeutung von Almosen. Nemesis rächt sich "für die Armen und die Götter an dem Übermaß an Glück und Reichtum einiger Menschen ..., die sich seiner entledigen müssen"[15]. Die Idee der Verteilungsgerechtigkeit ist also trotz faktischer Ungleichheit und Ausbeutung des Armen noch im Almosen enthalten. Der Tendenz nach korrigiert es nachträglich die vorausgegangene Verletzung des Reziprozitätsschemas, ohne jedoch die grundlegende Reziprozität wiederherstellen und die soziale Differenzierung aufheben zu können und zu wollen.

Die Beziehung zwischen dem Almosenspender und seinem Gott ist indes keine reziproke, in der stellvertretend für den Bedürftigen nun eine jenseitige Macht zur Gegenleistung für die Mildtätigkeit des Menschen verpflichtet wird. Der Gebende erlangt mit der Almosenpflicht nicht auch das Recht auf den "himmlischen Lohn". Gott steht außerhalb der menschlichen Gesetze und die Beziehung zwischen ihm und den Menschen ist eine hierarchische. Es ist die ihm zugeschriebene Macht, seine Gnade, Liebe oder sein Mitleid mit den Menschen, die ihn verzeihen und das Seelenheil gewähren lassen, und manchmal auch schon irdischen Lohn. "Gott kann sich reziprok verhalten, aber nicht für die ihm gegenüber erwiesene Großzügigkeit, sondern für den Gehorsam gegenüber seinen Geboten."[16] In diesem Zusammenhang weist Gouldner auf einen ethnographischen Befund hin, der erst vor diesem Hintergrund exakt interpretiert werden kann. Die besonders sorgfältige Befolgung von Ritualen hat nicht die Funktion, den Göttern reziprok Verpflichtungen aufzuerlegen, "sondern soll vielmehr Nachlässigkeit im Rituellen vermeiden, die göttliche Strafe und Vergeltung zur Folge haben könnte"[17]. Die Menschen können sich lediglich einer übernatürlichen Sanktionierung würdig erweisen und die Gefahren göttlichen Mißfallens verringern.

Die Erlösungshoffnung des Menschen, die seine Almosentätigkeit motiviert, wird häufig begleitet von der Furcht vor den charismatischen Fähigkeiten und Sanktionsmöglichkeiten des Armen. Der Bedürftige besitzt die göttliche Gabe des Segnens und Verfluchens[18]; der Bettler den "bösen Blick"; die Zigeunerinnen lassen das Haus verbrennen, wenn sie das gewünschte Almosen nicht erhalten, und die wandernden Handwerksburschen senden den bösen Zauber über das ungastliche Haus[19]. Diese Gefahren abwehrende und Unheil vorbeugenden Wirkungen des Almosens entspringen dem heidnischen Opferbrauch im Kampf gegen böse Mächte und gefährliche Dämonen.

Die fundamentale Bedeutung, die die Reziprozität für jede menschliche Beziehung hat, wird nun leicht erkennbar. Während sich die Wechselseitigkeit der Gabe selbst motiviert und die Gleichrangigkeit der Partner sowohl voraussetzt als auch konstituiert, stellt sich jetzt das Problem, Ego zum Geben ohne Reziprozitätserwartung zu bewegen.[20] Die eigene Seele zu retten (und nicht dem Armen zu helfen) substituiert die ausbleibende Gegenleistung Alters. Die soeben dargestellten religiösen und kulturellen Muster greifen hier motivbildend ein. Sie beziehen sich auf die im Almosen und in den strukturhomologen Instituten des Geschenks und des Opfers manifeste Aufhebung des Reziprozitätsschemas und die aus jedem einseitigen Spenden und Geben resultierenden Spannungen einer asymmetrischen Beziehung. Es sind funktionale Äquivalente des qua Reziprozität mobilisierten obligatorischen Geschenks der Gabe.

Die Regeln für die Verdienstlichkeit des Almosens (rechte Gesinnung, Überfluß, Hinreichung und Nachrangigkeit) zeigen deutlich, daß der Ausgangspunkt der Gebende und sein ethisches Verhalten ist. Er wird zum Geben verpflichtet, kann damit sein eigenes Seelenheil retten, aber auch andere, sogenannte "arme Seelen" erlösen. Auf seiten des Empfängers steht dem lediglich eine einzige Handlungsvoraussetzung gegenüber: der konkrete Mangel, der nicht durch Arbeit beseitigt werden kann. Soweit er seinen Lebensunterhalt nicht durch Handarbeit sichern kann, ist er, wie bereits ausgeführt, zum Bettel berechtigt; und das heißt: nicht auf die Geltung des Reziprozitätsschemas verpflichtet. Der Selbstbezug des Almosens schließt somit den Bedürftigen strukturell aus. Er verschwindet "als berechtigtes Subjekt und Interessenzielpunkt vollständig, das Motiv der Gabe liegt ausschließlich in der Bedeutung des Gebens für den Gebenden"[21]. Es ist keine Hilfe dem Ziel, sondern der Wirkung nach. Der Empfänger ist als Person gleichgültig, ohne Rechte und Pflichten gegenüber dem Spender. Er hat keinen Anspruch auf das Almosen. Umgekehrt verbindet der Gebende mit seiner Gabe keine Forderungen an den Bedürftigen. Die Leistung des Armen besteht darin, kraft seiner armen Existenz Mittel für einen nützlichen Zweck zu sein. Das schließt Verpflichtungen gegenüber dem Spender aus. Die aus altruistischer Hilfemoral heraus geleistete Kritik an der durch das Almosen bewirkten Objektivierung des Armen greift zu kurz, wenn sie darin Zynismus zu sehen glaubt, daß der "aufgrund der Herrschaftsverhältnisse notwendigerweise Verarmte jetzt als Objekt der Anlaß zu christlichem Tun"[22] ist. Vielmehr entlastet der Selbstbezug des Almosens den Bedürftigen geradezu von Stigmatisierung und Dankbarkeitsverpflichtung. Bestimmt sich die Reziprozität der Gabe durch beide Seiten in gleichem Maße verpflichtende Regeln: die Gabe zu geben, anzunehmen und zu erwidern, begründet das Almosen eine komplementäre Beziehung. Die Pflicht des Einen ist implizit das Recht des Anderen[23], auch ohne daß es im Kontext humanistischer Hilfemoral und sozialstaatlicher Leistung als Rechtsanspruch kodifiziert ist. Mehr noch und umgekehrt: indem der Arme dem Gebenden erst die Gelegenheit zur Wohltätigkeit verschafft, er die Voraussetzung dafür ist, daß jener seiner Pflicht nachkommen und seine Seele retten kann, muß der Reiche im Grunde dem Armen dankbar sein. In dieser Perspektive ermöglicht der Arme die gute Tat des Gebenden. "Kann dein Almosen dich von allen deinen Sünden und vom ewigen Tod erlösen und kann deine Seele beschirmen, daß sie nicht kommt in die Finsternis, so sollst du Gott immer lieben, daß du arme Leute findest, denen du es geben magst .."[24]. Daß dem Armen nichts geschenkt wird, darauf weist auch Freud in der folgenden Geschichte hin, die abschließend wiedergegeben wird. "Ein Schnorrer begegnet auf der Treppe des Reichen einem Genossen im Gewerbe, der ihm abrät, seinen Weg fortzusetzen. 'Geh heute nicht hinauf, der Baron ist heute schlecht aufgelegt, er gibt niemand mehr als einen Gulden.' - 'Warum soll ich ihm den Gulden schenken? Schenkt er mir was?'"[25] Im Almosen erinnert das kollektive Gedächtnis oder soziale Unterbewußte (Lévi-Strauss) den historischen Sündenfall der Enteignung des Armen von seinen Produktionsmitteln und der Aneignung seines Arbeitsprodukts.

Exkurs: Zum Bedeutungswandel des Armutsbegriffs

Der Begriff "arm" hat im Mittelalter verschiedene Bedeutungen. In einem allgemeinen Sinne wird er zur Bezeichnung eines Mangelzustandes verwendet. Dabei meint der "arme man" (= der hörige Bauer) oder die "arme lute" zunächst die rechtlich-ständische Position der Untergebenheit. Der "Mangel an Privilegien, an Herrschaftsbefugnissen, macht sie 'arm', d.h. schutzbedürftig"[1]. Daneben wird der zum Tode verurteilte Verbrecher als der "arme man" bezeichnet. Er ist schutz- und rechtlos, gesellschaftlich geächtet. Ihm mangelt es an Ehre. Mangel an sozialem Ansehen überhaupt, heißt "arm" sein. Schließlich erfaßt der Begriff den rein wirtschaftlichen Mangel und meint die vermögenslosen und unterstützungsbedürftigen Leute.
Die rechtlich-ständische und die ökonomische Bedeutungsdimension des Armutsbegriffs werden je nach Stadt- oder Landverhältnisse auch getrennt verwendet. Im Früh- und Hochmittelalter bezeichnete das Verhältnis von "potens" und "pauper" die Statusdifferenz nach Maßgabe von Verfügungsgewalt, Macht und Herrschaft. Reich ist derjenige, der herrscht; arm derjenige, der dient. Aus "pauper" "im Sinne von 'minderem Recht' leiten sich weitere, damit zusammenhängende Bedeutungen ab, wie 'machtlos', 'schutzbedürftig', 'von geringem Stand' usw., welche alle hinweisen auf Kernbegriffe des mittelalterlichen Herrschaftsverhältnisses: auf Munt, Gewere und Vogtei, auf Begriffe, die das wechselseitige Verhältnis zwischen Herrn und Beherrschten definierten"[2].
Die für die Gabe beziehungskonstitutiven Strukturelemente der Statusetablierung, Autonomie, Anerkennung und Gefolgschaftssicherung qua aristokratischem Tausch enthält also auch der mittelalterliche Armutsbegriff. Beide Begriffe reflektieren somit ein zugrunde liegendes politisch-ökonomisches Verhältnis.
Im Übergang zur Neuzeit verengt sich der Begriff; er verarmt. Die Armut entpolitisiert sich. Die ökonomische Dimension erscheint nicht mehr eingebunden in standesrechtliche Beziehungen und gesellschaftliche Verhältnisse, sondern wird im Kontext individuell-moralischer Schuldzuschreibung vereinseitigt. Der "Arme" wird zum "Asozialen"; beispielsweise bei Malthus, der in der Unwirtschaftlichkeit den Grundfehler der Armen sah.[3] Sie werden Objekte der Sozialpolitik, die es zu erziehen und zu resozialisieren gilt.[4]
Neben der Bedeutungstransformation zur Asozialität hin erfolgt, vermutlich seit dem letzten 1 1/2 Jahrhundert, eine Wandlung der "Armut" zur Mitleidskategorie. Aus dem "blinden Armen" wird der "arme Blinde".[5]

2.3 Die Hilfe

Der Verlust der Reziprozität in den grundlegenden gesellschaftlichen Beziehungen ist die Geburt des moralischen Transfers einer Leistung nach unten, zum Armen hin. Der unmittelbare Bezug auf den Bedürftigen selbst bildet sich allerdings erst in reiner Form mit der "Hilfe" heraus. Die entscheidenden Veränderungen vom Almosen zur Armenpflege und Fürsorge in der Wende zur Neuzeit hat Scherpner erstmals herausgearbeitet.[1] Es sind allgemeine Wandlungen, die teilweise bereits im Spätmittelalter in privaten Stiftungen enthaltene Bestimmungen zur Verteilung des Almosens aufgreifen, sich nun jedoch als systematische obrigkeitliche Regelung der Armenpflege durchzusetzen beginnen.[2] Bereits vollständig in der berühmten Schrift des Vives: "De subventione pauperum" 1525 zu Brügge enthalten, haben sie im wesentlichen bis heute Geltung für den allgemeinen, die Beziehung zwischen Bedürftigem und Helfendem strukturierenden Typus der Hilfe. Diese These bedürfte eingehender historischer und sozialwissenschaftlicher Untersuchungen im Kontext der langfristig sich vollziehenden gesellschaftlichen Transformation und Herausbildung einer kapitalistischen Produktionsweise, in deren Dienst die Neuerungen stehen. Meilensteine in der Entwicklung des Typus wären etwa, nach dem Rückschlag in der praktischen Behandlung des Armenwesens in der Mitte des 16. Jahrhunderts, die Zeit der Aufklärung und die Aktivitäten der menschheitsbeglückenden Philantropen und, für die deutschen Verhältnisse, insbesondere die Ausbildung des Elberfelder Systems (1853) und des Straßburger Systems (1907).[3]

Gegenüber dem Almosen und dessen Motiv: "jedermann wolt gen himl", wie es lakonisch ein Augsburger Chronist um die Mitte des 15. Jahrhunderts notiert[4], verknüpft die Hilfe ein "gemein nutz"-Interesse mit dem des individuellen Armen an der Beseitigung seiner Not. Eine obrigkeitliche Organisation und Verwaltung des Almosens löste bereits früher unter dem Zwang auftretenden Massenelends zeitweise die unmittelbare Almosenvergabe durch den Bürger ab und griff regulierend in die naturwüchsige Bearbeitung des Problems der Beseitigung von Notlagen ein.[5] Die eindeutig auf den Gebenden zentrierten Strukturelemente des Almosens blieben davon jedoch unberührt. Jetzt hingegen wird die Praxis zweideutig (Foucault). Die Gaben, die den Bedürftigen zugeteilt werden, transportieren das Ordnungsbedürfnis der aufkommenden bürgerlichen Gesellschaft und die Botschaft des auf Akkumulation und Mehrwertproduktion drängenden gesellschaftlichen Mehrprodukts. Nicht mehr um Gleichheit sichernde Verschwendung geht es (wie in den primitiven

Kollektiven) noch um Statusstabilisierung und Konsumtion und Kumulation
der Reichtümer (wie in den feudalen Gesellschaften), sondern Kapitalisierung ist das gesellschaftlich formierende Prinzip, das eine individuelle
Reziprozitätsverpflichtung in Form des Tausches äquivalenter Waren universalisiert und als dominierende öffentliche Verkehrsform institutionalisiert.[6] Anfangs von den neuzeitlichen Städten und Magistraten vermittelt
und organisiert, übernimmt mit fortschreitender Trennung von Politik und
Ökonomie der sich ausdifferenzierende Zentralstaat die Durchsetzung des
(als allgemein deklarierten) Interesses des Kapitals. Es wird später zu
zeigen sein, daß die allgemeine Grundlegung der dilemmatischen Struktur
des Hilfe-Typus und die Gegenläufigkeit seiner Orientierungen: Allgemeininteresse versus individuelles Bedürfnis des Armen von hier ausgeht und
sich bis in die mikrosoziale Beziehung fortpflanzt.

Vor dem Hintergrund der Herausbildung einer öffentlichen Gewalt und der
Emanzipation des Stadtbürgertums vom kirchlichen Regiment greifen die
städtischen Obrigkeiten ordnend und disziplinierend in das lokale Leben
ein. Neben der traditionellen Aufgabe der Rechts- und Friedenswahrung geht
es zunehmend um Herstellung und Sicherung der inneren Ordnung, Beseitigung
der moralischen Mißstände, Bekämpfung von Bettel und Vagabondage und Durchsetzung von Arbeitspflicht und individueller Subsistenzsicherung. Steinert/
Treiber sprechen in Anlehnung an Oesterreich von einem mit dem Prozeß der
Zentralisierung von Herrschaft einhergehenden Vorgang der "Sozialdisziplinierung", in dem die unterschiedlichen, "von oben" initiierten Maßnahmen
gegenüber den Armen und insbesondere den Bettlern kumulieren.[7] Worum es
geht, hat Marx für die englischen Verhältnisse in voller Drastik dargestellt.[8] Und Hegel hat es für die bürgerliche Gesellschaft so formuliert:
"Es ist nicht allein das Verhungern, um was es zu thun ist, sondern der
weitere Gesichtspunkt ist, daß kein Pöbel entstehen soll."[9] Die Faktizität
der Notlage allein als Voraussetzung für den Empfang einer Leistung genügt
nicht mehr. Normentsprechendes Verhalten muß hinzutreten. Damit wird den
Armen ihr natürliches Recht zum Betteln genommen.[10] Die Gruppe der Bedürftigen wird nach dem rechtlichen Kriterium der Anspruchsberechtigung und
dem moralischen der Würdigkeit differenziert. Ortsansässige "Hausarme"
(mit Groß- und Kleinbürgerrechten) sind zum Bettel und Tragen des Bettelzeichens, das der Diskriminierung fremder und einheimischer Bettler dient,
berechtigt.[11] Sie werden dauerhaft unterstützt, wobei man die Erwartung
äußert, daß sie sich "ingezogen, still, fromblich, ehrlich und unverwislich halten, damit sie dhein ergernus geben"[12]. Fremde Bettler erhalten

eine einmalige Unterstützung und werden weitergeschickt. "Unwürdigen"[13]
Bettlern, die den moralischen Normen der politisch sich durchsetzenden
städtischen Handwerkerschichten widersprechen ("ehrsamkeit", "sparsamkeit",
"frombheit" und "fleiß"), das sind insbesondere die Arbeitsunwilligen, die
Alkoholiker, Spieler, Ehebrecher und Kriminellen, wird "grundsätzlich jede
Hilfe verweigert. Wenn man ihnen trotzdem bisweilen das Almosensammeln gewährte, dann nur 'in der letzten Not', also aus caritativen Motiven. Im
übrigen waren für sie Straf- und Erziehungsmaßnahmen vorgesehen, um sie
sozial und wirtschaftlich in die Stadtgemeinde zu integrieren. Wenn das
nicht half, wurden sie der Stadt verwiesen. Alle Maßnahmen, die in diese
Richtung gingen, dienten der Einrichtung einer 'guten policey', d.h. sozialer Ordnung"[14]. Mit der Differenz: verschuldet/unverschuldet arm und: würdig/unwürdig wird die im Almosen noch reflektierte Idee der Verteilungsgerechtigkeit aufgegeben und auf die Frage der gerechten Verteilung der (für
die Armenpflege) verfügbaren Mittel (unter die würdigen Armen) reduziert.
Ohne es hier im einzelnen am historischen Material belegen zu können, muß
angenommen werden, daß diese Verkürzung einen Prozeß der vollständigen Verdrängung der Frage gesellschaftlicher Verteilungsgerechtigkeit überhaupt
aus Armenpflege, Fürsorge und Sozialarbeit einleitet.
Im Zentrum der neuen Moral von Zucht und Ordnung steht die Arbeitspflicht
des bedürftigen und arbeitsfähigen Armen. Auch im Mittelalter war der vermögenslose Arme gehalten, seinen Lebensunterhalt durch Handarbeit zu gewinnen. Diese Verpflichtung stand im Rahmen einer Arbeitsethik mit jenseitiger Begründungsweise. Alle körperliche Arbeit und d.h. alle erwerbende Tätigkeit ist bei Thomas von Aquin "nur insofern sinnvoll, als sie durch materielle Sicherung der Existenz des Einzelnen und des Bestandes der menschlichen Gesellschaft die Unterlage schafft für die aktive und kontemplative
Bemühung um das Heil der Seele"[15]. Jetzt wird die vita activa in sich wertvoll und Arbeit zum "Universalmittel, wenn es darum geht, irgendeine Form
des Elends zu beseitigen. Arbeit und Armut werden in eine einfache Opposition gestellt"[16]; genauer: kausal miteinander verknüpft. Armut ist individuelles Versagen, das auf dem Laster der Faulheit beruht. Sie ist nicht
mehr anerkannter Stand in einer von Gott gewollten Ordnung, in die der
Mensch nicht einzugreifen hat; nicht mehr unabänderliches Fatum. Entsprechend zielt die Lösung des Problems von Not und Mangel auf das Individuum,
auf die Durchsetzung der individuellen Reproduktionssicherung qua Arbeit.
Noch einmal Hegel: "Wird der reichen Klasse die direkte Last aufgelegt,
oder es wären in anderem öffentlichen Eigenthum (reichen Hospitälern, Stif-

rungen, Klöstern) die direkten Mittel vorhanden, die der Armut zugehende Masse auf dem Stande ihrer ordentlichen Lebensweise zu erhalten, so würde die Subsistenz der Bedürftigen gesichert, ohne durch die Arbeit vermittelt zu seyn, was gegen das Princip der bürgerlichen Gesellschaft und des Gefühls ihrer Individuen von ihrer Selbständigkeit und Ehre wäre ..."[17]. Die spezifische Produktivkraft der Arbeit als Quelle von Mehrwert,[18] unter den Bedingungen fiktiver Äquivalenz[19] und privater Aneignung des Mehrprodukts, erklärt die Universalisierung der Arbeitspflicht und des händlerischen Tausches zwischen Eigentümern von Waren und als solche auch formell gleichen Staatsbürgern. Bettel einerseits und Almosentätigkeit andererseits sind vor diesem Hintergrund nicht-reziproke Alternativen der Subsistenzsicherung, die die Geltung des Lohnarbeitsverhältnisses[20] in Form des Äquivalententausches untergraben. Über Jahrhunderte hinweg werden sie folglich bekämpft: kontrolliert, kriminalisiert und ausgerottet.

Die Verknüpfung der Hilfeleistung mit der Arbeitspflicht macht das individuelle Markt- und moralische Versagen des Bedürftigen evident. Weil er auf dem Markt keinen Tauschpartner für seine Ware Arbeitskraft findet, trifft ihn das Stigma mangelnder Reziprozitätsfähigkeit; nicht im umfassenden Sinne der Gabe, sondern reduziert, insofern er einerseits kein Äquivalent für sein Arbeitsvermögen erhält und andererseits nicht über die zur Subsistenzsicherung erforderlichen Tauschmittel verfügt; was impliziert, daß er empfangene Leistungennicht erwidern und seine Unterlegenheit unter die Macht des Gebers nicht aufheben kann. Die Unterstellung, daß nicht die Marktökonomie die Armut des Armen verursacht, macht ihn zum mit Defiziten behafteten Individuum, das es zu bessern gilt.[21] Folglich genügt nicht mehr personindifferente caritas, die den Mangel ausgleicht. Es geht weitergreifend um die "gänzliche Befreiung aus dem Zustand der Armut"[22]. Die Hilfe ist auf Veränderung, auf Behebung des Wesens der Bedürftigkeit angelegt. Das fordert die personbezogene Prüfung der Verhältnisse, die Erforschung der Ursachen der Not, die Diagnostizierung und Identifizierung als Bedürftiger und Anspruchsberechtigter, die Beobachtung und Überwachung.[23] Diese Elemente der Ökonomie der gründlichen Hilfe fließen strukturierend in den Beziehungstypus ein. Erziehung und Heilung fallen zusammen. Neben die materielle Unterstützung ("narung", Kleidung, Arbeitsbeschaffung, Ausbildung der Kinder[24]) treten Belehrung und Unterweisung, Strafe und Zwang und als ultima ratio der Ausschluß von der Hilfe. "Nicht was einer fordert, sondern was ihn fördert, muß man geben"[25], ist die Devise des Vives. "Da ihnen (den Armen, R.S.) infolge ihrer gedrückten Lage und infolge der Verwilderung, in die sie hinabgesunken sind, sehr häufig die dazu nötige Einsicht fehlt, muß man sie behandeln, wie kluge Ärzte mit unsinnigen Kranken und weise Vaäter mit ihren bösen Kindern verfahren: nämlich sie, ob sie wollen oder nicht, zu ihrem Vorteil zwingen ... Ermahnung und Züchtigung ist eine Almosenart, die ... höher steht als das bloße Geldausteilen."[26] Zwang zum Glück also! Und was Glück ist, bestimmt nicht das arme Subjekt selbst, denn es ist a priori als defizitär gesetzt. Der Mangel, moderner: das Problem bedarf der stellvertretenden Definition durch das Außen, dem Allgemeinen, das es "im Interesse des Armen" zu beseitigen sucht. Im Gegenzug ist der Arme gefordert, an der Behebung seiner Notlage und der vorab als individuell zugeschriebenen Ursachen mitzuwirken. Er muß sich verändern, an das normative Modell des sich privat reproduzierenden Lohnarbeiters und selbstverantwortlichen politischen Stadt- und Staatsbürgers anpassen. Allgemeiner: er muß einen von Affektbeherrschung, Disziplinierung und Zivilisierung bestimmten Verhaltensstandard ausbilden, der sukzessive die Anwendung äußerer, staatlich monopolisierter und organisierter Gewalt und Kontrolle zu mindern erlaubt.[27] Das ist sein Beitrag zur Hilfe. Dennoch hebt diese Form der Gegenleistung nicht die strukturelle Asymmetrie der Beziehung zwischen Gebendem und Bedürftigem auf und stellt etwa Reziprozität sich austauschender Gleicher her. Im Kontext der Hilfe hat der Arme nichts zu geben und zu erwidern, was die Macht des ersten Gebers aufheben und beide Seiten des Verhältnisses in gleichem Maße auf die Geltung der Regeln des reziproken Tausches verpflichten könnte. Ebensowenig "besitzt" er, wie im Almosen, eine als legitim anerkannte arme Existenz mit der ihn entlastenden Folge, daß ihm im Grunde nichts geschenkt und folglich auch nichts abverlangt werden kann, nicht Dankbarkeit noch Wohlverhalten.

Die historisch sich ausdifferenzierende personbezogene Not-Hilfe-Relation[28] ist somit entschieden komplizierter strukturiert als die Relation: Überfluß - objektive Notlage, die auf dem einfachen Komplement von Ausbeutung und Entschädigung des Armen für die Tatsache der vorausgegangenen Aneignung seines Arbeitsprodukts beruht. Neu ist, daß der historische Prozeß der Enteignung des Armen von seinen Produktionsmitteln geleugnet wird und ihn die Hilfe nicht mehr standesbezogen von der Geltung des Reziprozitätsschemas entbindet, sondern im Gegenteil: in gesteigertem Maße darauf verpflichtet. Nicht in dem einfachen Sinne, daß entsprechende Verhaltenserwartungen formuliert und unmittelbar durchgesetzt werden, was stärker die herrschaftssichernden Sphären der Justiz und Polizei übernehmen, sondern eher durch das Faktum selbst: daß ihm gegeben wird, obwohl der nicht erwidern kann und obwohl ihn als individuellen Marktversager nichts zum Empfang der Gaben berechtigt. Wenn, wie Gouldner schreibt, in unserer Gesellschaft Menschen, "die etwas ohne Gegenleistung haben wollen (who want something for nothing) gewöhnlich als gestörte oder unreife Menschen angesehen"[29] werden, dann wird darin das ganze Ausmaß der Veränderung gegenüber der mittelalterlichen Betrachtungsweise deutlich. In diesem Kontext kann mit der Hilfeleistung nur die ständige latente und manifeste Erinnerung, Vergegenwärtigung und Konfrontation des Armen mit der Geltung der Reziprozitätspflicht (in Form des äquivalenten Warentausches) als zentraler normativer Standard einerseits und der individuellen Abweichung davon andererseits einhergehen. Die Differenz zwischen Zuschreibung und Anforderung, zwischen dem, was ist und dem, was sein soll, vergrößert sich.

3 Analysen

3.1 Das Strukturproblem sozialarbeiterischen Handelns

Die historische Rekonstruktion des Hilfe-Typus zeigt, daß es mit der Regulierung und Behebung von Not und Mangel um die Universalisierung einer individuell geltenden Reziprozitätspflicht in Form des äquivalenten Warentausches geht. Es ist diese doppelte Zielsetzung, die die Unmittelbarkeit des naturwüchsigen (und notwendig zufälligen) Almosenspendens überwindet, um sie anderen, nicht vom Armen her bestimmten Verpflichtungen zu unterwerfen: "der Herrschaft des sozialen Gesichtspunktes über das Almosen" (Simmel) oder konkreter: den Erfordernissen des kapitalistischen Verwertungsprozesses und seinem Interesse an der Aufrechterhaltung des Wertgesetzes. Das begründet die Notwendigkeit einer obrigkeitlich-staatlichen Vermittlung des Typus und die mit dieser Form gesetzten strukturellen Restriktionen. Einige wenige Argumentationsschritte müssen hier genügen, um die Verbindung zwischen Hilfe-Typus und makrosozialen Determinanten herzustellen.[1]

Die Besonderheit und Eigengesetzlichkeit der Marktökonomie erfordern eine außerökonomische Instanz, die einerseits formell durch Rechtsetzung die ökonomische Vergesellschaftung der Produzenten gewährleistet, indem sie diese als Privateigentümer und Rechtssubjekte setzt, die ihre Waren qua Markt und Vertrag austauschen. Diese Instanz ist der historisch sich ausdifferenzierende Zentralstaat. Er verallgemeinert die Regeln des Äquivalententauschs und garantiert den, die Waren formell gleichsetzenden Tauschverkehr (unbeschadet seiner inhaltlichen Ungleichheit) als Bedingung der Mehrwertproduktion und des Kapitalverhältnisses überhaupt.[2] Diese Gleichsetzung der Warenposten durch den Tauschvollzug impliziert "eine Besitzveränderung, welche den Eigentumsstand eines jeden unversehrt läßt"[3]. Auf der anderen Seite muß der Staat materiell den historisch sich ändernden Funktionsbedingungen des Warenverhältnisses entsprechen und die allgemeinen materiellen Produktionsbedingungen gewährleisten.[4] Dazu muß er dem privat angeeigneten Mehrprodukt Ressourcen (Steuern) entziehen und damit den Einzelkapitalen Mehrwert. Insofern greift er restriktiv in den selbstreferentiellen Akkumulationszwang ein, an dessen Verlaufslogik er gleichzeitig gebunden ist (abschöpfend und umverteilend). Er muß der "Eigengesetzlichkeit der Marktökonomie folgen ... statt ihr entgegenzusteuern"[5]. Staatliche Umverteilungsmaßnahmen kollidieren somit unvermeidlich mit den Ansprüchen der privaten Einzelkapitale und des Gesamtkapitals einerseits und dem Erfordernis, die durch den Markt verursachten Defizite und Ungleichheiten zu beseitigen, hier: dem individuellen Interesse des Armen auf Behebung seiner Notlage zu entsprechen.

Ausgehend von dieser allgemeinen Bestimmung erscheint das Strukturproblem des Hilfe-Typus im, über die Steuerungsmedien Recht und Geld[6] vermittelten Mangel. Das in zwei Richtungen: auf der Ebene des Rechts, insofern generalisierte Lösungen des Problems von Not und Armut, die, mit gewissen Einschränkungen, das Institut des Almosens systematisiert fortsetzen würden, nicht oder nur halbherzig möglich sind. Warum? Eine sozialstaatliche Garantie des auf Ausgleich und Wiedergutmachung zielenden Mindesteinkommens[7] beispielsweise unterläuft die Rechtsfigur des gerechten Tausches äquivalenter Waren zwischen Privateigentümern, deren Wirksamkeit ja gerade aus der fallweisen, selektiven Aufhebung resultiert (und erst dadurch die Chance individualisierender Einwirkung und Verpflichtung auf diese Figur eröffnet). Die generalisierte Form hätte dagegen der starren Logik bürokratischen Routinehandelns im Sinne der Subsumtion des Einzelfalls unter allgemeine Regeln technischer Art zu folgen (z.B. analog der Kinder- und Wohngeldbewilligung). Sie nivelliert die verschiedenen Einzelfälle, abstrahiert von ihren Besonderheiten und betrachtet die Leistungsansprüche ausschließlich unter einer konditionalen "wenn-dann"-Formulierung[8]: wenn A (Einkommen unter x DM), dann B (Leistung). Insofern diese Form der Hilfe überpersönlich erfolgt, allein auf Grund der Faktizität des Mangels, ist sie nicht stigmatisierend und dankbarkeitsverpflichtend. Es leuchtet ein, daß sich der Leviathan als Repräsentant des "gemein nutz" damit nicht nur den Zugang zum Einzelfall versperrt, sondern auch die Rechtssubjekte vom Zwang privater Reproduktionssicherung entbindet, indem er andere als durch Arbeit vermittelte Formen der Subsistenzsicherung zuläßt und legitimiert. Sein Interesse kann daher nicht sein, ein lückenloses soziales Netz zu knüpfen, das jeden einzelnen auffängt, unbeschadet der Ursachen der Not. Die "Chance" des Durchfallens durch die mal mehr, mal minder groben Maschen muß strukturell erhalten bleiben!

Die zweite Ebene des Ressourcenmangels des Hilfe-Typus ist die materielle des Geldes oder der obrigkeitlich umzuverteilenden Mittel. Sie ergänzt die rechtlich begründeten Restriktionen für die generalisierte, ausschließlich auf die Behebung materieller Probleme begrenzte Lösungsform und fundiert die Beschränkungen, denen der individualisierende Modus (mit Bezug auf Ausbildung und Etablierung einer professionalisierten Form der Problembearbeitung[9]) unterworfen ist. In therapeutischer Form bezieht er sich auf den

Objektbereich Verhalten, läßt sich aber auch mit Bezug auf den Bereich Armut in Form sozialanwaltlichen Handelns ausgebildet vorstellen: Vergabe materieller Hilfen allein nach Maßgabe von Professionsnormen und Bedürfnissen des Einzelfalls. Die sozialtherapeutische und die sozialanwaltliche Variante des individualistic approach bilden gleichsam die Endpunkte eines Kontinuums, das die Handlungsmaxime: konsequente Verfolgung des Interesses des Armen zur Grundlage hat und ein hierarchisches System von Bedürfnissen und Mitteln zur Sicherung der Reproduktion und Integrität des Einzelnen abdeckt: konkrete Maßnahmen wie Nahrung, Kleidung, Obdach etc. als auch Leistungen nach Maßgabe des gesellschaftlich-kulturellen Reproduktionsniveaus sowie Beratung, Information und Therapie. Prototyp wäre der psychoanalytische Diskurs. In ihm wird gleichsam repressionsfrei "für die Dauer der Kommunikation ... die 'Ernstsituation', also der Druck der gesellschaftlichen Sanktionen, so glaubhaft als möglich außer Kraft gesetzt"[10]. Seine Lösungen bestimmen sich von der genetischen und strukturellen Besonderheit eines Problems, ohne kontrafaktisch Ziele der Normdurchsetzung und Realitätsanpassung zu verfolgen.

Ebenso wie der generalisierte Weg hat auch der nach Standards professionalisierten Handelns auszubauende individualisierende Modus die Aufhebung der individuell geltenden Reziprozitätspflicht zur Voraussetzung. Tritt dort die Einseitigkeit der Beziehung zwischen dem empfangenden Subjekt und dem gebenden gesellschaftlichen Allgemeinen noch unverhüllt zutage, erscheint sie hier vermittelt über einen in die Beziehung eingelagerten professionalisierten Helfer. Zwischen diesem und dem sozialen Ganzen stellt sich die Wechselseitigkeit her. Substitutiv für den Armen, der die empfangene Leistung nicht erwidern kann, muß der Staat die Subsistenz des einzelnen Berufsangehörigen sichern (was strukturell das Einfließen von Interessen ermöglicht, die denen des Bedürftigen entgegengesetzt sind). In diesem Punkt unterscheidet sich auch eine zu professionalisierende Sozialarbeit (und verhindert sie zugleich) fundamental von den klassischen Professionen mit Klientenbezug. Professionelle Autonomie und universelle Orientierung entfalten und etablieren sich nur auf der materiellen Basis wechselseitigen Geben und Nehmens und der ihr inhärenten Dialektik von Freiheit und Abhängigkeit. Erst sie erlauben dem Arzt und dem Analytiker und, von den funktionsteilig in das Rechtsverfahren eingebundenen Angehörigen der juristischen Profession, dem Anwalt, das individuelle Interesse gegenüber den Ansprüchen des Allgemeinen zu vereinseitigen. Ihre Leistungen werden vom Klienten erwidert, sei es in der unmittelbaren Form des Honorars oder indirekt durch die Sozialversicherungssysteme, die sich ihrerseits auf den staatlich vermittelten, reziproken Tausch der Teilnehmer stützen.[11] Es ist dieser Kontext der Wechselseitigkeit zwischen autonomen Partnern, der ein strukturelles Gegengewicht zur Asymmetrie der Binnenbeziehung bildet, die die jeweilige funktionsspezifische Problembearbeitung herstellt. Als der prinzipiell Reziprozitätsfähige verbleibt der Patient nicht in der Schuld des Professionellen. Beide Formen der Gegenleistung sind jedoch dem Armen versperrt. So wenig wie er eine stellvertretend wahrgenommene Problembearbeitung honorieren kann, so wenig verfügt er über aus Arbeit resultierende Subsistenzmittel, von denen er vorbeugend und versichernd Beiträge abzweigen kann, die im Bedarfsfall, dem Honorar funktional äquivalent, als Gegengabe fungieren können. Er bleibt unvermeidlich den Strukturbedingungen einseitiger (und damit Ungleichheit stabilisierender) Leistungstransfers unterworfen. Die Anstrengungen der beruflichen Helfer, Reziprozität in die Beziehung zum Klienten einzuführen und Symmetrie herzustellen, reflektieren im übrigen dieses Grunddilemma der Hilfe.[12]

Eine sozialstrukturelle Skizze des Strukturkonflikts von Fürsorge und Sozialarbeit erklärt somit nicht nur die den Hilfe-Typus konstituierende handlungsverpflichtende Gleichzeitigkeit der Bezugspunkte: Armut und Verhalten, sondern zeigt auch die Restriktionen, die angemessene Lösungswege verhindern, weil sie, praktisch folgenreich, den Verzicht auf den normativ-kontrollierenden Zugriff auf den Armen voraussetzen. Bezogen auf den Objektbereich Armut schlagen sie unmittelbar und unverfälscht auf das helfende Handeln durch. Die Rede von der "Verwaltung des Mangels" deutet das an. Bezogen auf den Objektbereich Verhalten und die Bearbeitung psychosozialer Probleme, die nur dann gelingen kann, wenn die Selbstverantwortlichkeit des Klienten konsequent respektiert wird, drücken sich die Einschränkungen im Tatbestand unzureichender Kompetenz aus. Beide Restriktionsebenen überlagern sich und steigern wechselseitig ihre Defizite, insofern die Arbeit am Verhalten wieder im Kontext des Mangels erfolgt (allgemeine materielle und personelle Unterausstattung) und die Ausbildung stimmiger Problemlösungen beeinflußt, während die nicht verfügbaren materiellen Hilfsmittel durch dem Objektbereich Verhalten entstammende inadäquate Individualisierungsstrategien kompensiert werden (Pädagogisierung/ Psychologisierung der Armut). Kurz: nur durch und im Mangel kann sich die Gleichzeitigkeit von sozialer Kontrolle und Heilung realisieren und entfalten. Sie bewirkt eine unvermeidliche Vermischung divergierender und sich wechselseitig beschneidender Problemlösungslogiken: die subjektbezogene, therapeutisch-helfende mit der "gemein nutz"-bezogenen, auf Normanpassung zielenden.[13] Mit Blick auf die Struktur der Beziehung zwischen Bedürftigem und Helfendem resultieren daraus erhebliche Probleme, die systematischer Analysen bedürften. Hier kann nur die Richtung knapp angedeutet werden. Dazu drei Beispiele:

1. Der Respekt vor der Autonomie und Würde des Armen ist Grundbedingung jedweder Hilfe, die außerhalb primärer, auf Reziprozität beruhender Sozialsysteme erfolgt. Ob, wann und wie lange der Bedürftige eine Leistung in Anspruch nimmt, ist ausschließlich seiner Entscheidung vorbehalten und vom Sozialarbeiter als Ausdruck der Autonomie der Lebenspraxis anzuerkennen. Im Hinblick auf eine psycho-soziale Beratung oder Therapie verletzt beispielsweise der Versuch, den Armen von seiner Hilfebedürftigkeit, sprich: Therapienotwendigkeit zu überzeugen (oder ihn implizit zur Therapie aufzufordern), dieses Kriterium der Freiwilligkeit. Mehr noch: er zerstört bereits im ersten Schritt (noch) verfügbares Selbsthilfepotential und vorhandene Bestände an Autonomie und Entscheidungsfähigkeit, die Voraussetzung für die selbstverantwortliche Herstellung einer Therapiebeziehung wären. Paradox formuliert: Erst das dem Subjekt konsequent zugestandene Recht auf Borniertheit und Widerstand, unbeschadet psychologischer und sozialwissenschaftlicher Kenntnis der inneren und äußeren, seine Handlungen determinierenden, dumpfen Zwänge, die nur den "Anschein einer autonomen Existenz" (Bourdieu) erwecken; erst das Nicht-Müssen mobilisiert die Bereitschaft zur Therapie und Heilung. Der prinzipielle Respekt vor dieser Entscheidungsfreiheit, mag sie auch noch so fiktiv sein, erzeugt strukturell eine autonome Entscheidung; in die eine oder andere Richtung, für oder gegen Beratung und Therapie.

Mit Bezug auf materielle Hilfen folgt aus diesem Kriterium, daß der verschämte Arme, der eine ihm zustehende Leistung nicht in Anspruch nimmt, nicht zur Beantragung und Annahme überredet werden darf. Die Kenntnis der strukturellen Ursachen von Armut, der Verteilungsungerechtigkeiten und institutionellen Hemmschwellen gegen die Inanspruchnahme[15], würde aus übergeordneten Gerechtigkeitserwägungen in die Beziehung zum Klienten verlagert mit der negativen Wirkung, daß ihm auch noch Respekt und Anerkennung genommen werden. In der Hilfe der Sozialarbeit kann es nicht darum gehen, die gesellschaftlichen Ursachen der Armut in der Interaktion mit dem Bedürftigen zu lösen. Das schließt eine umfassende Information über mögliche Ansprüche jedoch nicht aus.

2. Sozialarbeitern wird bekanntlich kein Aussageverweigerungsrecht eingeräumt. Sie können im Rechtsverfahren zur Preisgabe vertraulicher Informationen des Klienten gezwungen werden. "In Abwägung des schutzwürdigen privaten Lebensbereiches und des Interesses der Allgemeinheit an einer wirksamen Strafrechtspflege ist ein Zeugniszwang für Sozialarbeiter gerechtfertigt."; so das Urteil des Bundesverfassungsgerichts vom 19.7.1972.[16] Es unterstreicht noch einmal die für den Hilfe-Typus konstitutive Gleichzeitigkeit von klientorientierter Hilfe einerseits und "gemein nutz"-bezogenen Funktionen andererseits. Im Konflikt zwischen den beiden gegenläufigen Interessen gibt das gesellschaftliche Allgemeine letztlich den Ausschlag. Gemeinnutz vor Eigennutz! Der Zeugniszwang hat Konsequenzen für die Beziehung zum Klienten. Während die Interaktion: Anwalt/Mandant oder Arzt/Patient durch das den Professionsangehörigen zugestandene Zeugnisverweigerungsrecht strukturell so geschützt ist, daß sich auf dieser Grundlage die Berufsnorm der Schweigepflicht für den Klienten überzeugend entfaltet und er vertrauensvoll den relevanten Sachverhalt bzw. sein Problem schildern kann, ohne negative Sanktionen fürchten zu müssen[17], muß die mangelnde institutionalisierte Vertrauenssicherung des Hilfe-Typus durch methodische Handlungsgrundsätze kompensiert und herbeibeschworen werden, z.B. dem der "Vertraulichkeit"[18]. Sie erweisen dem für eine wirksame klientbezogene Hilfe zwingend notwendigen Interaktionsschutz ihre Referenz, ohne sich jedoch auf eine strukturelle Grundlage dafür stützen zu können. Damit verführen sie unvermeidlich den einzelnen Sozialarbeiter, in mehr oder minder überschießenden Reaktionen um das Vertrauen der Klienten zu werben und seine "persönliche" Vertrauenswürdigkeit unter Beweis zu stellen, die aber aus dem soeben dargestellten Grund nicht konsequent durchgehalten werden kann. Auch die Handlungsregel: "den Klienten akzeptieren" und weitere, auf die hier nicht im einzelnen eingegangen werden kann, reflektieren den Grundwiderspruch des Hilfe-Typus. Obgleich sie die Klientorientierung zu stärken suchen, gelingt es ihnen nicht, die Dominanz des gesellschaftlichen Allgemeinen als Handlungsrichtung zu überwinden. Letztlich steigern sie nur die "Verwirrung" in der Interaktion zwischen Sozialarbeiter und Klient.

3. Der doppelte Bezugspunkt des Hilfe-Typus verlangt vom einzelnen Sozialarbeiter, daß er die Besonderheiten einer konkreten Problemlage in generalisierte Leistungs- und Verhaltensnormen übersetzt.[19] Während sich diese objektive notwendige Transformation zwischen fallspezifischer psycho-sozialer Hilfe und sozialer Kontrolle eher unbemerkt in Form der Zurichtung des individuellen Falls unter Zugrundelegung eines impliziten, dem Alltag ver-

hafteten Normalitätsurteils vollzieht (und damit das Realitätsprinzip
durchsetzt), zeigt sie sich zugespitzt dann, wenn der Einzelfall nach kodifizierten Rechtsnormen behandelt werden muß (z.B. bei einem Entzug der
elterlichen Sorge oder der Durchführung einer Fürsorgeerziehung usw.).[20]
Eine solche Übersetzung ist aber prinzipiell nicht möglich. Das aus folgendem Grund: Die Individualität und Besonderheit des Einzelfalls oder anders:
die Qualität diffuser Sozialbeziehungen kann im Hinblick auf die Differenz:
intakt/ nicht intakt nur in konsequentem Verstehen der unspezifisch-vagen
und kontextgebundenen Bedeutungen der Kommunikation primärer Sozialsysteme
erfaßt werden. Sie sind im Original nur bedingt reproduzierbar und in eine
neue Sprache, z.B. der des Berichts, übersetzbar. Die Transformation in juristische Termini und normative Verhaltensbegriffe muß sich daher primär
auf den Inhaltsaspekt der kommunizierten Texte beschränken[21] - und verfehlt
die fallspezifischen Momente der Intaktheit der verhandelten Beziehungen.
Mehr noch: rückkoppelnd zerstört sie die Struktur therapeutischer Orientierung und das in ihr enthaltene Potential von heilender Integration und Re-
Sozialisation.

Hypothese I beschließt die analytische Skizze des Handlungsproblems des
Hilfe-Typus:
"Der Hilfe-Struktur-Typus verlangt vom Sozialarbeiter in der konkreten
Handlungssituation, zwischen den gegenläufigen Interessen des bedürftigen
Armen und des Allgemeinen und den ihnen jeweils zugehörigen Sphären thera-
peutisch-helfenden und sozialen Kontrollhandelns (i.S. der Durchsetzung
allgemeiner Normen und Verhaltensstandards) zu vermitteln. Das erzeugt unausweichlich und regelhaft ambivalente und gebrochene Interaktionen mit
dem Klienten, sowohl vertikal als auch horizontal im Zeitablauf[22]."

Erläuterungen: Das Interaktionsproblem der Sozialarbeiter-Klient-Beziehung
darf nicht kurzschlüssig der individuellen Motivation und persönlichkeitsspezifischen Besonderheit des einzelnen Sozialarbeiters zugeschrieben werden, etwa seinem "Helfer-Syndrom". Es ist strukturell begründet durch die
für den Hilfe-Typus konstitutive Gleichzeitigkeit der Logik der Mangelbe-
seitigung/Hilfe einerseits und der mittels des Ressourcenmangels realisierten Logik verhaltenskontrollierender und disziplinierender Integrationsleistung andererseits. Für die Sozialarbeit und ihre historischen Vorläufer
hat das zur Folge, daß die beiden divergenten Orientierungen weder zu einem
einzigen und konsistenten Problemlösungsmodus synthetisiert werden können
noch ein funktionsspezifischer Typus begründet werden kann, der ausschließ-

lich der Durchsetzung des Klientinteresses verpflichtet ist. Die strukturelle Divergenz begründet somit eine objektive "Handlungslücke", einen Definitions- und Handlungsspielraum[23], den der einzelne Sozialarbeiter ausfüllen muß. Er kann dabei nicht auf eine autonome Problemlösungskompetenz zurückgreifen, sondern muß individuell, als konkrete Person handeln. Anders: in die objektive "Handlungslücke" können persönlichkeitsspezifische Merkmale und Pathologien naturwüchsig einfließen und sich ausagieren. Die "unanticipated consequences" des Handelns sind entsprechend hoch. Zum Vergleich: Die Struktur professionalisierten therapeutischen Handelns wird in ihrer Logik nicht von den Persönlichkeitsmerkmalen eines Professionsmitgliedes bestimmt. (Man denke an das in gleichem Maße bei Ärzten und Therapeuten anzutreffende "Helfer-Syndrom" oder an die Juristen nachgesagte zwangshafte Persönlichkeit[25], die gleichwohl kompetent handeln.) Deren materielle Kraft und Autonomie erlaubt allenfalls, daß ihnen der Professionalisierte seine persönliche Handschrift aufdrückt.

Exkurs: Professionalisiertes Handeln[1]

Die Soziologie der Gegenwart geht, so die revidierte Professionalisierungstheorie, von einem degenerierten Professionalisierungsbegriff aus, der letztlich nichts anderes meint als ein auf spezialisiertes Wissen sich gründendes Expertentum. Die zentrale Differenz zwischen der Tätigkeit eines Arztes oder Juristen und der eines Ingenieurs (letztere gilt als prinzipiell nicht professionalisierbar) sei damit beispielsweise nicht erfaßbar. Weiter, und das trifft auch die klassischen Professionalisierungstheorien wie die von Marshall[2] und Parsons[3], sei der verwendete Professionalisierungsbegriff zu sehr dem Klientenbezug und der institutionellen Erscheinungsebene verhaftet, wenn er sich auf Kriterien stützt, die von der Strukturlogik professionalisierter Tätigkeit aus betrachtet, lediglich abgeleitete sind, wie Kollegialitätsprinzip, Selbstverwaltung der Ausbildung, Autonomie der Berufsausübung, Professionsethik, non-profit-Orientierung. Demgegenüber geht die Reformulierung davon aus, daß professionalisierte Tätigkeit auf drei zentrale gesellschaftliche Handlungsprobleme antwortet und diese entsprechend ihrer jeweils ausgebildeten Handlungslogik stellvertretend für die Alltagspraxis bearbeitet: Wahrheitsfindung, Konsensbeschaffung und Therapieleistung. Im Zentrum der professionalisierten Tätigkeitsbündelungen steht bevorzugt eine der drei Wertuniversalien, wenngleich die anderen einfließen und sich verbinden. Von dieser allgemeinen Bestimmung her stellen die Bereiche Medizin, Rechtspflege, Wissenschaft und Kunst die gesellschaftlichen Handlungsproblemfelder dar, in denen sich autonome, von keinen institutionellen Einflüssen beeinträchtigte problemlösende Handlungslogiken ausdifferenzieren mit immanenten Angemessenheitskriterien der Geltung der Handlungsergebnisse. Diese unterscheiden sich strukturell von alltagspraktischen Problemlösungen und manifestieren sich in den Berufen des Arztes/Therapeuten, Juristen, Wissenschaftlers und Künstlers.

Die Kategorie der Professionsautonomie zielt nun auf die Institutionalisierung der jeweiligen Professionsnormen in einer autonomen Handlungsstruktur, die einen allgemeinen Problemlösungstypus generiert, der sich marktmäßigen und administrativen Kontrollen entzieht. Dessen Logik und Struktur sind gekennzeichnet durch die Gleichzeitigkeit von Theorieverstehen (Anwendung der theoretisch-wissenschaftlichen Grundlagen) als dem Allgemeinen und Fallverstehen (Kenntnis und Reflexion der Besonderheit des Einzelfalls) als dem Besonderen. Diese Einheit von Theorie und Praxis

begründet die Nicht-Standardisierbarkeit professionalisierten Handelns.
Beide Komponenten, universalisierte Regelanwendung auf wissenschaftlicher
Basis einerseits und hermeneutisches Fallverstehen andererseits, stehen in
logischem Widerspruch zueinander und sind prinzipiell nicht miteinander
vereinbar.[4] Der idealisierten Erwartung nach konstituiert diese "widersprüchliche Einheit" den professionalisierten Handlungstypus. Eine Vereinseitigung in die eine oder andere Richtung würde die zugrunde liegende
Struktur selbst verletzen und auflösen. Die Vereinseitigung der wissenschaftlichen Komponente führt zur technologisch-ingenieuralen Wissensapplikation ("Apparatemedizin") und zur Konditionierung der Lebenspraxis;
mit der Betonung des hermeneutischen Prinzips rutscht die spezifische Beziehung ab in die Intimität partikularer Primärbeziehungen, wie sie zwischen Gatten und Eltern-Kindern ausgebildet vorliegen. Deprofessionalisierung meint somit die Verletzung des institutionalisierten Handlungstypus
und der damit einhergehenden Aufweichung der Professionsstandards. Das einzelne Professionsmitglied, das vom Professionsmodell abweicht, handelt in
diesem Sinn nicht deprofessionell. Umgekehrt handelt der einzelne Sozialarbeiter, wie der einzelne Lehrer, auch dann nicht professionalisiert,
"wenn er in seinem konkreten Handeln an ein idealtypisch entworfenes Modell professionalisierten Handelns heranreicht, weil er von keiner institutionalisierten Struktur (mit den Kennzeichen der autonomen Kontrolle der
Professionsstandards, der Rekrutierungskriterien, Regelung der Ausbildung,
non-profit-Orientierung) gedeckt wird"[5]. Es ist individuelle, heroische
Sonderleistung, die sich auf eine unspezifische Hilfe-Moral stützt. Aus
der Professionalisierung resultiert somit eine nicht hoch genug zu veranschlagende Handlungsentlastung, die den einzelnen Angehörigen vor Ausbeutung schützt. Die berufliche Tätigkeit erfolgt alltäglich habitualisiert.

Der skizzierten professionellen Autonomie steht theoretisch die Kategorie
der Autonomie der Lebenspraxis gegenüber, personifiziert in den Figuren
des Patienten, Klienten, Kunstrezipienten oder höher aggregierter Systeme
wie einer konkreten Gesellschaft, die beispielsweise als Partner wissenschaftlichen Handelns erscheint. In den Professionen mit unmittelbarem
Klientenbezug stellt der Klient oder Patient eigenverantwortlich und ausschließlich aufgrund von Leidensdruck die Beziehung her. Er erteilt gleichsam einen Behandlungsauftrag und delegiert einen Teil seiner lebenspraktischen Autonomie an den professionalisierten Experten. Diese Delegation
bleibt jedoch an die regulative Funktion seines Leidensdrucks gebunden:
die Behandlung einzugehen, fortzusetzen und zu beenden. Der Leidensdruck

sichert die Autonomie der Lebenspraxis und gewährleistet die Freiwilligkeit der Behandlung. Das Professionsmitglied handelt in Respekt vor dieser lebenspraktischen Autonomie stellvertretend deutend unter konsequentem Verzicht auf Entscheidungsübernahme, Empfehlungen und Ratschläge. Seine Entscheidungen treffen zwar auf Lebenspraxis selbst, sie bewegen sich aber im Rahmen der Behandlung oder des Mandats und müssen sich auf die wissenschaftliche Basis bezogen, begründen lassen; gleichzeitig oder nachträglich z.B. durch den pathologischen Befund.

Soweit die Grundzüge dieses Theorieversuchs. Die revidierte Professionalisierungstheorie behauptet nun, ohne es im einzelnen auszuführen, die Nicht-Professionalisierbarkeit der Sozialarbeit. Dies aus folgendem Grund: sozialarbeiterisches Handeln sei zwei entgegengesetzten Sphären professionalisierten Handelns gleichzeitig verpflichtet, der Sphäre normenbestandssetzenden Rechtshandelns einerseits und der Sphäre therapeutischen Handelns andererseits. Beide Bereiche schließen sich jedoch von ihrer Handlungsstrukturlogik her wechselseitig aus. Dennoch zusammengeführt, restringieren sie sich gegenseitig und erzeugen das für Sozialarbeit konstitutive Dilemma.

Die Logik therapeutischen Handelns

Professionelle Therapieleistung zielt auf die Wiederherstellung und Heilung des Individuums, dessen Beeinträchtigungen resultieren aus den, in diffusen Beziehungen existenten und von ihnen nicht erbrachten funktionalen Äquivalenten. Sie ist Spezialisierung auf die in den Primärbeziehungen naturwüchsig nicht herbeigeführten Problemlösungen, in denen heilende Funktionen wirksam werden könnten. Das Modell der klassischen Psychoanalyse, das in der Einheit von Theorie und Praxis in reiner Form Existenzprobleme bearbeitet, gilt als Beispiel für eine gelungene Professionalisierung. Die für professionalisiertes Handeln überhaupt konstitutive strukturelle Ambivalenz zwischen den diffusen und spezifischen Elementen der Beziehung ist in der analytischen Therapie selbst Mittel und Medium der Restitution des Subjekts. Das Handeln von Arzt und Patient wird einerseits gesteuert durch die spezifische Dimension. Beide sind Rollenträger und insofern austauschbar. Andererseits ist die Beziehung den genau gegenteiligen diffusen Elementen unterworfen, die auf konkrete, unverwechselbare Personen mit einzigartiger Bildungs- und Individuierungsgeschichte verweisen. Das macht den Spannungsbogen aus. Für den Patienten bedeutet die Gleichzeitigkeit von Spezifizität und Diffusität, daß er einerseits auf

Grund seines Leidensdrucks eigenverantwortlich die Beziehung zum Arzt herstellt und ein Arbeitsbündnis eingeht. In dieser spezifischen Sicht ist er als gesundes, vernünftiges Subjekt angesprochen und zur Einhaltung der Regeln verpflichtet, die mit der Patientenrolle verbunden sind, insbesondere als ganze Person uneingeschränkt zu kommunizieren und das Honorar zu leisten. In der Beziehung sorgt der Leidensdruck andererseits dafür, daß der Patient seiner Kommunikationspflicht nachkommt und "Texte produziert", denen der Analytiker stellvertretend deutend folgen kann. Insofern ist er Partner einer diffusen Beziehung, für die gilt, daß, spezifischen Beziehungen genau entgegengesetzt, alles kommunizierbar ist und "der Ausschluß eines bestimmten Themas begründbar sein muß"[6]. Insoweit dem Patienten qua Übertragung im Analytiker die Objekte früherer und gegenwärtiger Primärbeziehungen erscheinen, ist er der Kranke. Für den Analytiker resultiert aus der strukturellen Ambivalenz, daß er einerseits den Patienten als vernünftigen Vertragspartner behandeln muß, der in der Lage ist, seinen Rollenverpflichtungen nachzukommen. Andererseits hat er ihn als behandlungsbedürftig und eben darum unvernünftiges Subjekt zu betrachten. Die Übertragungsangebote, mit denen der Patient Erfahrungen der frühen Kindheit wiederholt und unbewußt auf den Analytiker verschiebt, darf er nicht im Sinne einer realen diffusen Beziehung interpretieren, sondern muß die beruflich-spezifische Leistung stellvertretender Deutung erbringen und ihm die unverständlichen und unbewußten Bedeutungsgehalte seiner Äußerungen zuteilen. Die Gegenübertragungen des Analytikers zeigen dagegen an, daß er in die Beziehung mit dem Patienten als ganze Person mit einzigartiger Bildungsgeschichte eingebunden ist. Sie muß er wiederum auf der Basis psychoanalytischer Theorie als Erkenntnisquelle nutzen und kontrolliert handhaben, damit die "als-ob-Kommunikation" (als ob eine diffuse Beziehung vorliegt) nicht in eine reale diffuse Beziehung umschlägt. Er wird gleichsam zum neutralen Projektionsschirm, auf dem sich die Übertragungen des Patienten abbilden. Die auf der Einheit von Theorie und individueller Lebensgeschichte beruhende Deutungskompetenz erwirbt der Analytiker in der Lehranalyse. Deren zentrale Bedeutung liegt nicht allein in der unmittelbaren Qualifikation, sondern darüber hinaus darin, "daß er eine Analyse in der Rolle des Patienten durchmach(t), um sich von eben den Krankheiten zu befreien, die er später als Analytiker zu behandeln hat"[7]. Dieser Teil der beruflichen Sozialisation ist gegenüber anderen Ausbildungen insofern wichtig, weil in der analytischen Psychotherapie die Heilung des Patienten nur mittels einer kontrollierten und bewußten Handhabung der Beziehung selbst her-

beigeführt wird und die Deutungsarbeit eingeschränkt oder verfehlt wird,
wenn der Analytiker "selbst unter dem Zwang unbewußter Motive eigene Ängste auf sein Gegenüber projiziert oder bestimmte Verhaltensweisen des Patienten nicht wahrnimmt"[8].

Die juristische Handlungslogik

Zielt die Therapieleistung auf die Beschaffung und Wiederherstellung der
physischen und psychosozialen Integrität des privaten Einzelnen, ist das
juristische Handeln genau gegenläufig der Aufrechterhaltung des gesellschaftlichen Normenkonsens, dem Allgemeinen, verpflichtet. Es setzt dann
ein, wenn naturwüchsige Formen der Konsensbildung nicht mehr möglich sind
und die Konfliktparteien im vorgerichtlichen Raum keine Einigung herbeiführen können. Paradox formuliert: Rechtshandeln muß eine Übereinkunft
herbeiführen, "die vollgültige Konsenstruktur hat, obwohl gleichzeitig
manifest geworden ist, daß eine urwüchsige kommunikative Einigung nicht
mehr möglich ist"[9].

Ausgehend von der durch den Widerspruch zwischen formaler und materialer
Rationalität konstituierten Inkonsistenz der Normen wird die strukturelle
Ambivalenz des juristischen Handelns gesehen in der Gleichzeitigkeit eines
gesellschaftlich geforderten pragmatischen, nicht formal-logischen, Normenkonsens (sei er auch noch so fiktiv) und der objektiv notwendigen Mehrdeutigkeit und Inkonsistenz des Normensystems, die den Spielraum für Dissens und Konflikt und damit auch für sozialen Wandel eröffnet. Im Vergleich zum kommunikativen therapeutischen Handeln erlaubt diese "sachbezogene" widersprüchliche Einheit den Professionsangehörigen, ohne eine beruflich sozialisatorische Selbsterfahrung wie der Lehranalyse, die diffusen Momente der Beziehung zum Mandanten latent zu halten und Übertragungsreaktionen zu minimieren bzw. zurückzuweisen.

Die Angehörigen der juristischen Profession vertreten nun funktionsteilig
in das Rechtssystem eingebunden den Konsensanspruch der Gesellschaft gegenüber dem individuellen Einzelinteresse im Rahmen eines der Wiederherstellung verletzter Normen dienenden Entscheidungsprozesses mit kodifizierten Verfahrensregeln. Staatsanwalt und Rechtsbeistand stehen, obwohl sie
als Antipoden die Bühne betreten, im Dienste derselben Sache. Im Interesse
der von ihnen vertretenen Parteien nutzen sie den Deutungsspielraum der
Normen aus, müssen sich gleichzeitig aber an den gegebenen Normenkonsens
halten, d.h. ihre Interpretationen müssen mit dem kodifizierten Recht und
den geltenden Rechtskontexten vereinbar sein. Der Staatsanwalt als Vertre-

ter des öffentlichen Konsensinteresses bringt die Beweismittel und Interpretationen vor, die, bezogen auf die verletzte Norm, den Rechtsbrecher belasten und auf der Grundlage zuerkannter lebenspraktischer Verantwortlichkeit einem der Wiedergutmachung verpflichteten Schuldspruch zuführen. Damit verschafft er der Geltung der Normen und dem Allgemeininteresse Genugtuung. Der Rechtsbeistand vereinseitigt stellvertretend für seinen Mandanten die diesen begünstigenden Interpretationen und unterdrückt die belastenden. Er übersetzt die Darstellung des Sachverhaltes in juristische Termini, interpretiert unter Berücksichtigung der besonderen Umstände des Einzelfalls die Tat mit dem Ziel, ein entlastendes Urteil herbeizuführen. Die Bindung an die allgemeine Rechtsordnung schließt somit in Differenz zum therapeutischen Handeln eine das Normensystem überschreitende Klientorientierung aus. Es dominiert die Verteidigung des fallspezifisch sich darstellenden Sachverhaltes und nicht die der partikularen konkreten Person.

Die Gegenläufigkeit von Rechtshandeln und therapeutischem Handeln läßt sich am Kriterium der jeweils zugelassenen kommunikativen Reichweite zeigen. In der therapeutischen Beziehung ist, wie oben erläutert wurde, der Patient verpflichtet, alles zu thematisieren, was ihm einfällt. Das ist Bedingung seiner Heilung. Der Analytiker ist entsprechend berechtigt, auch die Äußerungen und Handlungsteile zu deuten, die vom Patienten verworfen werden; mehr noch: er muß es geradezu. Insofern weicht er extensiv ab von der im Alltag praktizierten Nutzung kommunikativer Texte, die Verwerfungen zu respektieren hat. Im Rechtsverfahren sind die streitenden Parteien hingegen nur noch "fallweise aufgerufen, auf der Tatbestandsebene zu erläutern, und zwar im vornormativen Raum". Die von ihnen selbst zugelassenen Handlungsprotokolle werden selektiv auf ihre Zulassungsfähigkeit hin geprüft. Der Jurist weicht folglich restriktiv von alltagspraktischer Kommunikation ab. Er darf nicht alles benutzen, was hier zugelassen ist, sondern muß nach streng formalisierten Regeln und Kriterien bestimmen, was für die Deutung im Entscheidungsfindungsprozeß erlaubt ist und was nicht.[10]

3.2 Genese und Funktion des Hilfe-Selbstverständnisses

Das ist das Problem: bei gleichbleibend mangelnden reziproken Basisbedingungen für die Ausbildung einer eindeutig klientorientierten Problemlösungskompetenz und gleichzeitiger Verpflichtung des Armen auf die Geltung des Reziprozitätsschemas muß die Handlungsfähigkeit des Fürsorgers/Sozialarbeiters als bestimmt durch die Notlage des Armen gewährleistet werden. Hier greift das Hilfe-Selbstverständnis als ein auf das objektive Strukturproblem des Hilfe-Typus antwortendes Deutungsmuster ein.[1] Es verarbeitet den sozialen Sachverhalt, der es im Ursprungskontext überhaupt hervorbringt, zu einem interpretativen Argumentationsmuster, das rückwirkend die Widersprüchlichkeit des Handlungsproblems mildert, Problemlösungen vorantreibt und neue Folgeprobleme und Inkonsistenzen erzeugt. Einerseits nach Kriterien logischer Konsistenz und Angemessenheit strukturiert, weisen seine einzelnen Elemente andererseits auch eine nur psychologische Verträglichkeit auf.[2] Einmal vom Entstehungskontext abgelöst, gewinnt das Hilfe-Selbstverständnis eine eigene, das berufliche Handeln mitstrukturierende Wirksamkeit. Damit geht es über bloße Einstellungen und Meinungen des einzelnen Helfers hinaus, kann also nicht unter dem Blickwinkel individueller Verhaltenskonsistenz gemessen oder als Ausdruck innerpsychischer Mechanismen und Syndrome gewertet werden. Wenn es auch forschungspraktisch aus den empirisch gleichförmigen Einstellungen gewonnen wird, erklärt es dann jedoch als erschlossene überindividuelle "soziale Tatsache" diese Einstellungen.[3] Sie sind letztlich Derivate, Konkretionen und Ausprägungen des allgemeinen Musters.

Die Analyse der Struktur-Typen der Gabe, des Almosens und der Hilfe kann unter dem Gesichtspunkt ihnen entsprechender und generalisierter Handlungsmotivierungen zeigen, daß weder der totale Austausch der Gabe noch der strukturelle Selbstbezug des Almosens ein auf den Empfänger der Leistung bezogenes Hilfe-Selbstverständnis ausbilden kann. In der Gabe sind Hilfe und Beistand integrierte Elemente des sich selbst motivierenden reziproken Tauschs von Kollektiven. Das Almosen ist systematisch motiviert durch das jenseitige Heilsversprechen der religiösen Gemeinschaft. Der moderne Hilfe-Typus bezieht sich dagegen unmittelbar auf das arme Individuum. Es ist der Endzweck und die Beseitigung des Mangels das deklarierte Ziel. Damit kann er ein allgemeines und unspezifisches Hilfe-Selbstverständnis begründen, das, einmal ausgebildet, wiederum zur Stiftung der Beziehung zwischen Bedürftigem und Gebendem beiträgt.

Während in den Anfängen der obrigkeitlichen Armenpflege der Hilfe-Begriff kaum verwendet wird und die konkreten Leistungen im einzelnen noch benannt werden ("narung", Kleidung, Erziehung etc.), scheinen die im Verlauf der historischen Entwicklung sich auflösenden ständisch-reziproken Hilfesysteme und die sich ausdifferenzierenden, bislang von diffus-partikularen Systemen wahrgenommenen Funktionen einen allgemeinen und abstrakten Hilfe-Begriff zu verlangen, der die unterschiedlichsten Formen der Not und der Abhilfe in sich vereint. Wie sich das Hilfe-Selbstverständnis im einzelnen zu einem eigenen Deutungsmuster ausbildet und bis in die Gegenwart hinein ausprägt, bedürfte genauer sozialgeschichtlicher Untersuchungen.[4] Es gibt deutliche Hinweise dafür, daß es in der Zeit der Aufklärung zu einem vorläufigen Abschluß gelangt. Jetzt gibt der Bürger selbst seinem armen Mitbürger; nicht standesbezogen, sondern als Individuum. Ein allgemeines Gefühl der Menschenfreundlichkeit treibt ihn. Er will einfach das Gute und nicht mehr "gen himl". Er beginnt, "sich um das Leben der anderen zu kümmern, um deren Gesundheit, Ernährung, Wohnung"[5]. Bereits Vives begründete das Almosenspenden triebtheoretisch (er sprach von der "Wollust der Freigebigkeit"; von der "wunderbaren Süßigkeit", die in der Befriedigung des Hilfstriebes liegt[6]). Das breitet sich jetzt aus und führt zu einem wahren Schwelgen im Glücksterror sentimentaler Humanität. Die unzähligen philantropischen Gesellschaften, die in dieser Zeit gegründet werden ("Armenfreunde", "Patriotische Gesellschaft","Verein zu Rat und Tat" usw.[7]), zeugen davon.

Als freiwillige moralische Leistung wird Wohltätigkeit zur bürgerlichen Tugend und allgemeinen Norm, substitutiv für religiöse Motivationsmuster. Das in der Gabe und im Almosen enthaltene obligatorische Moment wird abgekoppelt: nicht mehr Pflicht und Freiheit zum Geben, sondern Vereinseitigung des Freiwilligkeitsaspekts. Damit verliert der Arme sein implizites Recht auf die Hilfe (wie im Almosen) - und erhält die Pflicht, dankbar zu sein. Beide Formen der Entlastung von Dankbarkeit fehlen künftig: die Einbettung der Hilfe in ein auf Reziprozität beruhendes Sozialsystem und der Selbstbezug des Almosens. Die in der Aufklärung thematischen Fragen des "Handlings" der Hilfe reflektieren die extreme Asymmetrie der Beziehung zwischen helfendem und empfangendem Individuum und die daraus resultierenden Probleme. Ähnlich wie in der Almosenlehre konzentriert sich alles auf den Gebenden und sein Fingerspitzengefühl. Es entstehen Kunst- und Benimmregeln, die Takt, innere Feinfühligkeit, Diskretion und Rücksichtnahme auf die "Delicatesse"[8] des Bedürftigen fordern. Der Freiherr von Knigge schreibt: "Die Art, wie man Wohlthaten erzeigt, ist oft mehr wehrt, als die Handlung selbst. Man kann durch dieselbe den Preis jeder Gabe erhöhn, so wie von der andern Seite ihr alles Verdienst rauben. Wenig Menschen verstehen diese Kunst; es ist aber wichtig, sie zu studieren; auf edle Weise Gutes zu thun; die Delicatesse Dessen zu schonen, dem wir es erzeigen; keine schwere Last von Verbindlichkeit aufzulegen; erwiesene Wohlthaten weder auf feine, noch auf grobe Art vorzuwerfen; dem beschämenden Dank auszuweichen; nicht Dank zu erbetteln, und dennoch dem dankbaren Herzen nicht die Gelegenheit zu rauben, sich seiner Pflicht zu entledigen."[9] Und er fordert vom Gebenden: "doppelte Schonung im Umgang mit Denen, welchen Du Gutes erwiesen, aus Furcht, sie mögten argwöhnen, Du wolltest Dich für Deine Mühe bezahlt machen, sie Dein Übergewicht (!) fühlen lassen ..."[10]. Konnte es auf Grund der prinzipiellen Gleichheit der Teilnehmer der Gabe darum gehen, den Gegner "flach" zu drücken, damit sein "Name an Gewicht verliert" (der sich ja für den Angriff auf seine Autonomie revanchieren mußte), ist nun alles zu vermeiden, was den Bedürftigen demütigt, ihm seine abhängige Lage vor Augen führt und die Ungleichheit steigert. Auf seiten des Armen kann die Bitte um Hilfe jetzt zu einer "peinlichen" Angelegenheit werden. Ihre Zurückweisung zerstört das Image des Bittenden und versetzt den Zurückweisenden in eine als unangenehm empfundene Lage.[11]

Der historisch sich durchsetzende Hilfe-Begriff bildet auch das zentrale Interpretationsmuster für die ausdifferenzierten beruflichen Formen der Hilfe (Fürsorge, Wohlfahrtspflege, Sozialarbeit)[12]. Auch hier reflektieren die moralischen und idealen Bedeutungsgehalte vorwiegend Attitüde und subjektive Befindlichkeit des Helfenden. Er muß spontan getroffen sein von der Not; muß unkalkuliert und uneigennützig geben und helfen, von eigenen Interessen absehen; er muß mit offenen Händen geben. Er muß zu Hilfe eilen und schnelle Abhilfe schaffen; Not duldet keinen Aufschub! Das sind zentrale Deutungselemente, die Selbstüberwindung, Verzicht und Opfersinn[13] akzentuieren und die bewirken, daß der Helfer systematisch, weil moralisch und nicht beruflich angesprochen, ausbeutbar wird: in Richtung Klient, dessen bloßer Hilfe-Appell ausreicht, Handlungsdruck auszulösen und in Richtung Öffentlichkeit/Anstellungsträger, die das Helfen verlangen und die reziproke, zur Subsistenzsicherung notwendige Gegenleistung (stellvertretend für den Armen zu erbringen) tendenziell versagen können. Wo es um Not geht, kann nicht von Geld gesprochen werden! Anders: Der Sozialarbeiter ist verpflichtet, die auf ihn gerichteten moralischen Erwartungen zu erfüllen - und vollzieht unter der Flagge der Hilfe das historische Bündnis von sozialer Kontrolle und Behebung individueller Notlagen. Die Moral, einmal zur Grundlage beruflichen Handelns gemacht, legitimiert und mystifiziert den fundamentalen Strukturkonflikt. Sie errichtet systematisch Barrieren, die nicht überwunden, Schwellen, die nicht überschritten werden.[14] Und genau daraus resultiert eine weitere Funktion des Hilfe-Selbstverständnisses: rückwirkend dazu beizutragen, den Handlungstypus zu erhalten und zu reproduzieren. Es kann gewissermaßen wie ein flexibles Scharnier Gemeinwohl- und Klientorientierung miteinander verbinden, indem es Notlagen als "Hilfebedürftigkeit" und Mangelbeseitigung/Veränderung als "Hilfeleistung" zu definieren erlaubt und tiefergreifende Analysen, die handlungspraktische Konsequenzen haben, tabuisiert. Der in jedweder Moral enthaltene Tabu-Effekt stützt die Handlungsfähigkeit des einzelnen Sozialarbeiters und hält die erzeugten Inkonsistenzen und Widersprüche vom Bewußtsein fern.[15] Er erlaubt auch in Situationen, die für den Armen wenig hilfreich sind, inkompatible Deutungen. Zum einen, weil im Zweifelsfall immer der Rückzug auf die Intention, die gute Absicht, dem Bedürftigen nützlich sein zu wollen und ihm zu dienen, möglich ist. Sie allein kann ausreichen, um Hilfe zu begründen. Zum anderen, weil die Vagheit des Begriffs, in Verbindung mit der a priori gesetzten Veränderungsbedürftigkeit des Armen, die nur schwer bestimmbare Ebene des Seelischen, Innerpersönlichen einzubeziehen erlaubt und in die ferne Zukunft verschobene (hilfreiche) Folgen des Handelns erhoffen läßt; oder weil abhängig vom faktischen Verlauf die Situation nachträglich als helfend bestimmt werden kann. Im Nebel der Hilfe verschwimmen die Konturen des Strukturkonflikts.

Hypothese II:
"Das mit dem Hilfe-Struktur-Typus sich ausdifferenzierende Hilfe-Selbstverständnis als berufliches Deutungsmuster der Sozialarbeit leistet einen funktionalen Beitrag zur Aufrechterhaltung und Reproduktion der durch den allgemeinen Typus präformierten empirischen Hilfe-Beziehungs-Strukturen, die wiederum gleichsam rückkoppelnd die Reproduktion des beruflichen Selbstverständisses ermöglichen."

Erläuterungen:
Die im Strukturkonflikt der Sozialarbeit begründete "Handlungslücke" verlangt individuelles Handeln und persönlichen Einsatz des einzelnen Sozialarbeiters. Sie eröffnet systematisch einen weiten, deutungsbedürftigen Spielraum, der durch das Interpretationsmuster "Hilfe" ausgefüllt wird. Es antwortet auf die Unvereinbarkeit der im Handlungstypus zusammenfließenden

Orientierungen, ohne jedoch deren Divergenz analytisch transparent zu machen. Entsprechend ist zwischen dem objektiven Handeln und der retrospektiven Deutung eine nur geringe Übereinstimmung zu finden. Diese wird vor allem nachträglich unter Berücksichtigung der "unanticipated consequences" des Handelns hergestellt. Anders formuliert: Denken und Handeln weisen eine vergleichsweise hohe Inkonsistenz auf. Die berufliche Identität ist entsprechend ungesichert, nur rudimentär ausgebildet.

Demgegenüber sind beispielsweise die sich professionalisierten Handelns stellenden Probleme prinzipiell von jedem einzelnen Professionsangehörigen nach den je geltenden Kriterien der Angemessenheit zu lösen. Der Arzt, Anwalt oder Therapeut handelt in der Beziehung zum Klienten in Ausübung seiner Rolle als Teilnehmer am professionellen Problemlösungsstandard, nicht als individuelle Person. Er "hilft" nicht, auch wenn das eine allgemeine Folge seines Handelns sein und vom Patienten so empfunden werden kann.[16] Soweit die Behandlung einer Erkrankung oder die Verteidigung eines Mandanten auf Grenzen der professionellen Problemlösungskompetenz stoßen, mobilisiert das analytische Ausdeutungen gemäß wissenschaftlicher Standards. Das einzelne Professionsmitglied wird nicht dazu verleitet, anläßlich eines allgemeinen Hilfe-Appells über seine spezifische Kompetenz hinausgehend zu "helfen". Für professionalisiertes Handeln gilt daher generell, daß aufgrund des objektiv zur Verfügung stehenden Problemlösungspotentials kompetent gehandelt werden kann. Die tatsächlichen Handlungsvollzüge sind damit übereinstimmend vom einzelnen Professionsangehörigen rekonstruierbar. Handeln und Denken sind weitgehend konsistent.[17] Das begründet berufliche Identität.

4 Material

4.1 Auswahl und Erhebungsverfahren

Das vorrangige Auswahlkriterium stützt sich auf eine falsifikationsmethodologische Einstellung gegenüber den formulierten Forschungshypothesen: das empirische Material sollte von überdurchschnittlich kompetenten und berufserfahrenen Sozialarbeitern stammen. Ausgeschlossen wurden Berufspraktikanten der Sozialarbeit und "ungelernte Sozialarbeiter".[1] Die einzelnen Indikatoren für die Beurteilung der Fachkompetenz waren "Zusatzausbildung", "Berufspraxis" und "Engagement". Als nicht zu unterschätzendes und nicht objektivierbares Kriterium muß außerdem das diffuse Moment "persönliche Sympathie" genannt werden. Von den hier untersuchten vier Fällen konnten drei auf der Grundlage dieser Vorabeinstellung ausgewählt werden. Der vierte Fall (Fall 2) war mir zuvor nicht persönlich bekannt gewesen. Der Kontakt kam hier durch Vermittlung eines Berufskollegen zustande.

Ein anderes wichtiges Auswahlkriterium sollte die breite Streuung des Materials in den Dimensionen: Sozialarbeiter, Institution und Klient sein; hinsichtlich der Sozialarbeiter nach den Variablen: Alter, Geschlecht, Berufsjahre, Arbeitsschwerpunkt; bezüglich der Institution sollte die Bandbreite von der kompakten amtlichen über Institutionen der freien Wohlfahrtspflege bis hin zur "freischwebenden" Projektgruppe reichen; die Klienten sollten unterschiedliche Problemlagen aufweisen, materielle und psycho-soziale. Wie der Kurzüberblick über das empirische Material zu erkennen gibt, ist die beabsichtigte Streuung relativ gut erreicht worden.

Insgesamt wurden ungefähr 15 Sozialarbeiter angesprochen. Davon war mir über die Hälfte persönlich gut bekannt. Der Kontakt zu den anderen kam durch Vermittlung zustande. Nach einem Erstgespräch erklärten von den 15 1o Sozialarbeiter ihre Bereitschaft, Tonbandaufzeichnungen von Beratungsgesprächen anzufertigen. Die sich wider Erwarten einstellenden Schwierigkeiten führten dazu, daß letztlich nur die in diese Untersuchung eingegangenen vier Fälle praktisch zum Erfolg führten. Bei einigen Sozialarbeitern wurde außerdem die Bitte um Material dann nicht weiter verfolgt, wenn bereits ähnliches Datenmaterial, etwa hinsichtlich des institutionellen Hintergrundes oder der Problemlage, vorlag.

Wie wurden die Sozialarbeiter im einzelnen über das Arbeitsvorhaben informiert? In mündlichen, telefonischen und schriftlichen Voranfragen wurde kurz der Forschungsplan skizziert und betont, daß in Abweisung der Helfer-Syndrom-Diskussion eine Analyse der strukturell begründeten Handlungspro-

blematik der Sozialarbeit geleistet werden soll, die ihr Hauptaugenmerk
auf das Berufsproblem und nicht auf die individuelle Sozialarbeiterperson
richtet. Gleichzeitig wurde strengste Anonymität und, soweit erforderlich,
Chiffrierung des Datenmaterials zugesichert. Soweit Interesse bestand,
sollten die Analyseergebnisse gegen Abschluß der Arbeit transparent gemacht
und zur Diskussion gestellt werden. Es wurde immer ausdrücklich den Sozialarbeitern selbst überlassen, einen Klienten auszuwählen, den sie für die
Gesprächsaufzeichnung geeignet hielten. Vorgaben bezüglich der Art, Dauer
und des Inhaltes eines Gesprächs wurden nicht gemacht. Es konnte eine kurze, nur wenige Minuten dauernde Interaktion sein, ein intensives psycho-
soziales Beratungsgespräch oder eine direktiv-kontrollierende Unterredung
mit einem "abweichenden" Klienten, wobei die Interaktion sowohl in der jeweiligen Dienststelle des Sozialarbeiters als auch im Rahmen eines Hausbesuches bzw. im Alltagsmilieu des Klienten aufgezeichnet werden konnte.
Betont wurde immer, daß es nicht das sensationelle und untypische Material
sein sollte, sondern Protokolle der ganz alltäglichen, gewöhnlichen Handlungsvollzüge.
Bis auf einen Fall wurden die Beratungsgespräche von den Sozialarbeitern
selbst aufgezeichnet und dann anschließend zur Verfügung gestellt. In Fall
3 wurde ich eingeladen, an der Gruppensitzung teilzunehmen und selbst die
Diskussion aufzunehmen. Meine Rolle beschränkte sich dabei auf "interes-
siertes Zuhören" und technische Bedienung des Aufnahmegerätes, ohne daß
ich im Sinne teilnehmender Beobachtung Notizen anfertigte über nicht-ver-
bale kommunikative Prozesse u.ä. Die Sozialarbeiter waren gebeten worden,
die Interaktionen möglichst vollständig aufzuzeichnen. In Fall 1 und 2 fehlen jedoch die Begrüßung; in Fall 2 hat der Sozialarbeiter von sich aus
mehrere Gespräche aufgezeichnet und entgegen den Instruktionen das Aufnahmegerät abgeschaltet, wenn ein Gespräch sich "verflacht habe". Ihm sei
wichtig gewesen, daß "das Wesentliche herauskommt". Nur in Fall 4 ist von
der Sozialpädagogin ein vollständiges Gespräch mit einer formalen Eröffnung und Beendigung aufgezeichnet worden.
Alle Sozialarbeiter-Klient-Gespräche fanden in den Diensträumen der Sozialarbeiter statt. In Fall 1 erstreckte es sich über 1 1/2 Stunden; in Fall 2
dauerte es 9 Minuten; in Fall 3 2 1/2 Stunden und in Fall 4 ca. 18-2o Minuten. Die Interviews wurden als unstrukturierte im Anschluß an die Auswertung der jeweiligen Interaktionsprotokolle durchgeführt, ohne daß die
Sozialarbeiter Kenntnis von den bereits vorliegenden Interpretationsergebnissen hatten. Die Dauer der Interviews betrug 1 1/2 Stunden (Fall 3) bis

2 1/2 Stunden (Fall 4). In Fall 1 wurde es in der Wohnung der Sozialarbeiterin geführt, in allen anderen Fällen in den jeweiligen Dienststellen. Damit hatten alle Befragten "Heimvorteil".

Das Material wurde insgesamt kumulativ erhoben und ausgewertet. Im folgenden ein Überblick über den zeitlichen Ablauf:

Fall 1:	Aufzeichnung des Beratungsgesprächs	Semptember	1980
	Durchführung des Interviews	November	1980
Fall 2:	Beratungsgespräch	Februar	1981
	Interview	Juli	1981
Fall 3:	Gruppensitzung	Oktober	1981
	Interview	Dezember	1981
Fall 4:	Beratungsgespräch	Oktober	1981
	Interview	Februar	1982

4.2 Kurzüberblick

Die folgenden Daten beziehen sich auf den Zeitpunkt der Aufzeichnung der Beratungsgespräche und der Interviews. Sie sind als relativ gesichert geltende diesen Texten entnommen und zusammengestellt worden. Anläßlich der Diskussion der Arbeitsergebnisse mit den Sozialarbeitern wurden fehlende sozialstatistische Daten nacherhoben.

<u>Die Sozialarbeiter:</u>

Alter		Geschlecht		Fam.stand		Kinder		Konfession	
25-29:	1	männl.:	2	led.:	2	1:	1	mit:	3
30-34:	2	weibl.:	2	verh.:	2	2:	1	ohne:	1
35-39:	1								

Berufsausbildg.		Berufspraxis		Zusatzausbildung		Zahl.d.Arbeitsst.	
bis 1970:	0	1-4 J.:	1	ja:	3	1:	2
bis 1975:	2	5-9 J.:	3	nein:	1	2:	1
bis 1979:	2					3:	1

Schulabschluß		vorh. berufst.		Gewerkschaft		Berufsverbd.	
Abitur:	1	ja:	3	ja:	2	ja:	0
2.Bildgs.-weg	3	nein:	1	nein:	2	nein:	4

Die Tabellen verdeutlichen, daß die beteiligten Sozialarbeiter eine Positivauslese bilden. Drei von ihnen haben eine Zusatzausbildung erworben (Nicht-direktive Gesprächstherapie; Gestalttherapie; Gemeinwesenarbeit); zwei haben in Verbindung mit ihrem Arbeitsfeld einen Lehrauftrag an einer Fachhochschule inne (geht nicht aus der Übersicht hervor); zwei Sozialarbeiter sind gewerkschaftlich organisiert, keiner jedoch Mitglied eines Berufsverbandes. Drei Sozialarbeiter haben vor ihrer Ausbildung zum Sozialarbeiter einen anderen Beruf erlernt und ausgeübt. Gegenüber den nicht berufserfahrenen Berufsanfängern verfügen sie damit über einen "Lebenserfahrungsvorschuß", der im Kontext der mangelnden autonomen Handlungskompetenz der Sozialarbeit einen nicht zu unterschätzenden naturwüchsigen Qualifikationsfaktor darstellt.

Die Institutionen:

- Sozialer Dienst eines Landkreises, organisatorisch dem Jugendamt zugeordnet (Fall 1);
- Allgemeiner Sozialdienst, früher Familienfürsorge, in einer Großstadt, organisatorisch der dezentralisierten Sozialstation zugeordnet (Fall 2);
- Freie Projektgruppe "Gemeinwesenarbeit" in einem Wohngebiet mit Schlichtbauten und Sozialwohnungen in einer Stadt mittlerer Größenordnung. Anstellungsträger sind Verbände der freien Wohlfahrtspflege (Fall 3);
- Beratungsstelle für Ehe- und Lebensberatung in einer Großstadt. Träger ist ein eingetragener Verein (Fall 4).

Die Klienten:

- eine siebzehnjährige Jugendliche, die zur Beratung kommt. Es geht um die Frage einer Heimunterbringung (Fall 1);
- eine junge Frau, alleinerziehende Mutter mit Kleinkind, die in Begleitung ihrer Freundin die Sprechstunde des Sozialarbeiters aufsucht, um Hilfe bei der Wohnungssuche zu erhalten (Fall 2);
- Bewohner verschiedener Obdachlosensiedlungen, die sich im Rahmen einer Sozialhilfegruppe treffen und Sozialhilfefragen diskutieren, Aktionen organisieren etc. (Fall 3);
- eine junge Frau, die ein erstes Beratungsgespräch wünscht und über Freß- und Magersucht klagt (Fall 4).

Die Auswahl der Klienten ist insofern einseitig und für die Tätigkeit in den kompakten Institutionen Familienfürsorge/Sozialer Dienst untypisch, als in allen Fällen der Kontakt zu den Sozialarbeitern freiwillig erfolgt. Das Kriterium des Einverständnisses mit einer Tonbandaufzeichnung des Gesprächs erklärt diese Einseitigkeit.

5   Methoden

5.1 Die Durchführung der Interviews

Mit den nur der Interviewerin bekannten Informationen über die objektive Struktur der jeweiligen Sozialarbeiter-Klient-Beziehung und die Hypothesen über das berufliche Selbstverständnis wurde mit den Sozialarbeitern ein offenes, unstrukturiertes Interview geführt.[2] Ein Interviewer-Leitfaden lag nicht vor. Den Sozialarbeitern war zuvor lediglich mitgeteilt worden, daß die folgenden drei Problemkomplexe "im Gespräch" erörtert werden sollten: die institutionelle Dimension (Arbeitsplatz, Arbeitsbedingungen, Tätigkeiten, Organisation etc.); die Dimension der Klientel (retrospektive Beurteilung der aufgezeichneten textförmigen Interaktion, Handlungsprobleme etc.); die berufsspezifische Dimension (Selbstverständnis, Ausbildungs- und Fortbildungsfragen, Qualifikation etc.). Entsprechend der Konzeption der Untersuchung kam der Beurteilung des Beratungsgesprächs die primäre Bedeutung zu. Das heißt aber nicht, daß sich dies im Interview auch quantitativ niedergeschlagen hat oder den Befragten gegenüber entsprechend hervorgehoben wurde.

Die Interviews sind in der Regel mit einer allgemeinen Erzählaufforderung zu objektiven Aspekten des institutionellen Handlungshintergrundes eröffnet worden, z.B.: Bezirk, Arbeitsplatz, Entstehung und Geschichte der Projektgruppe. In Fall 4 war es die Frage, wie die Sozialpädagogin ihren jetzigen Arbeitsplatz in der Beratungsstelle gefunden hat. Solche Eröffnungsfragen boten den Vorteil, daß sich die Interviewten zu Beginn an den objektiven Gewißheiten orientieren konnten, um von da ausgehend mit zunehmender Gewöhnung in die Situation zum freien Erzählen zu gelangen. Es blieb weitgehend dem Erzählfluß und der Situation überlassen, wann zu einem neuen Themenkomplex gewechselt wurde. Die (paradoxe) Maxime war: daß die Sozialarbeiter möglichst viel und wenig gesteuert erzählen sollten. Abschweifungen und scheinbar nicht zur Sache Gehörendes waren nicht zu beschneiden; anders: durch eine "neutrale" Haltung möglichst viel Text zu mobilisieren.

Mit der Offenheit der Interviews hatten 3 der 4 Sozialarbeiter keine Schwierigkeiten. In Fall 1 und 2 entstand der klassische asymmetrische Beziehungskontext von Interviewer und auskunftgebendem Befragten; in Fall 3 benutzte der Sozialarbeiter die Gelegenheit, sich in selbstreflexiver Einstellung mit seiner Berufspraxis und den Handlungsproblemen auseinanderzusetzen und mehrere Jahre Gemeinwesenarbeit zu bilanzieren. Die Sozialpädagogin (Fall 4), die ein standardisiertes Interview erwartet hatte ("Hast Du'n Fragenkatalog?"), "rotierte" anfänglich in der extrem offenen und zum Erzählen verpflichtenden Situation. Sie verlangte nach ca. 20 Minuten mehr strukturierende Fragen.

Ohne hier eine systematische Auswertung der Interviews unter dem Gesichtspunkt ihrer technischen Durchführung und der Einflüsse aus der Beziehung Interviewerin-Befragte leisten zu wollen, sollen hier doch einige Anmerkungen zu den Kunstfehlern gemacht werden, die mit der generellen Schwierigkeit der Führung qualitativer Interviews zusammenhängen.[3] Der persönliche Kontakt zu den Sozialarbeitern und ihr Wissen, daß ich als Berufskollegin die Probleme der Praxis kannte, ließen einen latenten Grundkonsens hinsichtlich der Problematik des Berufs entstehen (bis auf Fall 4), der überwiegend offene, selbstkritische Thematisierungen und szenische Reproduktionen problematischer Handlungssituationen begünstigte. Es wurde mir dadurch ein relativ umfassender und gründlicher Einblick in die Arbeit des einzelnen Sozialarbeiters gegeben, wie er gewöhnlich dem von außen kommenden Sozialwissenschaftler verwehrt wird.[4] Andererseits lag darin auch ein Nachteil: Das Problem offener Interviews, Nähe und Distanz zum Befragten gegeneinander auszugleichen und (in Parsonsschen Termini) die Gleichzeitigkeit von Spezifizität (Beruflichkeit der Beziehung) und Diffusität (uneingeschränktes Erzählen des Befragten) zu sichern, trat hier in gesteigertem Maße auf und führte zu tendenziellen Vereinseitigungen in Richtung Nähe (bereits angezeigt durch das, außer in Fall 2 verwendete "Du"). Einige Aspekte dieser nicht immer gelungenen Balance sind beispielsweise bewußte Gegensteuerungen der Interviewerin, die Situation zu formalisieren und durch Distanz schaffende "Zurückhaltungen" die Beruflichkeit zu sichern. Das hat in Fall 1 der Sozialarbeiterin unnötig den Erzähleinstieg erschwert. Weiter wurden die sozialstatistischen Daten nicht systematisch (z.B. zu Beginn des Interviews) erhoben, da mir diese überwiegend ohnehin bekannt waren und entsprechende Fragen eine artifizielle Situation herstellen würden. Die Daten mußten dann anläßlich der Diskussion der Ergebnisse nacherhoben werden. Das genannte Problem hätte sich jedoch auffangen lassen, wenn es etwa unter Hinweis auf die Erfordernisse eines wissenschaftlichen Standards genügenden Interviews kurz thematisiert worden wäre. Weiter wurde auf Fragen nach den Gründen für die Berufswahl verzichtet. Und in Fall 1 und 2 führte die Vertrautheit mit dem Arbeitsfeld zu einer gewissen Reduktion der Neugierhaltung gegenüber dem Untersuchungsgegenstand, so daß implizite Verständigungen nicht immer durch Explikationsforderungen aufgelöst wurden. Unter dem Gesichtspunkt möglichst umfassender Informationsgewinnung, Ergiebigkeit und Offenheit der Mitteilungen sind diese Kunstfehler jedoch vergleichsweise geringfügig.

5.2 Das Interpretationsverfahren

Die Interpretation des empirischen Materials erfolgte unter Anwendung des qualitativen Verfahrens der "objektiven Hermeneutik", wie es in den einschlägigen Arbeiten dargelegt worden ist.[5] Statt die Grundsätze und Analyseschritte an dieser Stelle zu referieren, sollen die Falldarstellungen selbst, insbesondere Fall 1, einen annähernden Einblick in diese Kunstlehre geben. Die theoretischen Vorarbeiten zum Hilfe-Struktur-Typus und die im Exkurs referierten Überlegungen zur Logik professionalisierten therapeutischen Handelns fungieren als Heuristiken. Sie sind nicht auf das empirische Material zu applizierende theoretische Versatzstücke. Von dem sogenannten "Prinzip der Offenheit"[6] ausgehend, stellen sie vorläufige Strukturierungen des Forschungsgegenstandes dar, die die Formulierung entsprechender Hypothesen erlauben und die Interpretation des Materials anleiten. Die Ergebnisse wirken wiederum auf den Forschungsgegenstand zurück und bilden ihn präziser, differenzierter und gültiger heraus.
Analog den drei Dimensionen des empirischen Materials erfolgte die Analyse auf den Ebenen der Sozialarbeiter-Klient-Interaktion, der subjektiven Deutung und Wahrnehmung des beruflichen Handelns und der wenig beeinflußbaren institutionellen Handlungsdeterminanten. Der einzelne Sozialarbeiter bildet dabei die Untersuchungseinheit bzw. den empirischen Fall. Während methodisch das objektive Interaktionshandeln und die Selbstdeutungen je für sich interpretiert wurden, wobei die Ergebnisse der ersten Analyseebene als gesichertes Kontextwissen für die Interpretation der Deutungen verwendet wurden, ließen sich Daten der institutionellen Ebene nur partiell integrieren. Aus forschungsökonomischen Gründen mußte auf ihre systematische Erhebung und Interpretation verzichtet werden. Vor dem Hintergrund der Überlegung, daß, bedingt durch die strukturelle "Handlungslücke", dem einzelnen Sozialarbeiter ein sehr großer Spielraum für die Bearbeitung von Problemfällen zur Verfügung steht, der kaum eine unmittelbare Verbindung mit institutionellen und organisatorischen Handlungsbedingungen herzustellen erlaubt, ließ sich dies einigermaßen rechtfertigen. In einer pragmatischen Lösung wurden in den Fällen 1 und 2 über den allgemeinen institutionellen und latenten Handlungsdruck hinaus die juristischen Normen und organisato-

rischen Regelungen berücksichtigt, die für die Bearbeitung des konkreten Problems relevant gewesen sind.
Die Interpretation selbst umfaßt die folgenden Arbeitsschritte: Ausgangspunkt war immer das wortgetreu verschriftete Protokoll der Sozialarbeiter-Klient-Interaktion. Zunächst wurde die Eröffnungsszene sequentiell analysiert, d.h. sukzessive vom ersten aufgezeichneten Interakt eines der Gesprächspartner ausgehend, bis auf der Grundlage der herauspräparierten objektiven Bedeutungsstruktur eine Strukturformel formuliert werden konnte. In ihr wurde, zunächst noch mit hypothetischem Wert, die Typik der Interaktion unabhängig von möglichen Ausprägungen und Modifizierungen dargestellt. Vor dieser Folie wurde dann in einem zweiten Schritt das gesamte Textprotokoll durchgesehen nach falsifizierenden Belegstellen. Als drittes wurde eine nach einem Zufallsverfahren[7] ausgewählte Gesprächssequenz ausführlich interpretiert. Teilweise schloß sich daran die Interpretation einer weiteren Szene an. Auf der Grundlage der ersten Interpretationsergebnisse wurden weiter Hypothesen über das berufliche Selbstverständnis der handelnden Sozialarbeiter entworfen. Diese waren durch die Ergebnisse der Interviewanalyse zu bestätigen oder zu falsifizieren. Gleichzeitig mußten sie auch die objektive Sinnstruktur der Klient-Interaktion verifizieren.
Im Unterschied zur Analyse der Sozialarbeiter-Klient-Interaktion wurde die Interviewinterpretation und die Rekonstruktion des beruflichen Selbstverständnisses nur angenähert an das Verfahren der "objektiven Hermeneutik" durchgeführt. Sie folgt zudem nicht der methodisch extensiven und strengen Vorlage, wie sie von Oevermann, Allert und Konau an einem Beispielsfall gegeben worden ist.[8] Bleibt abschließend darauf hinzuweisen, daß die Interpretationen zunächst von mir geleistet und anschließend in einer Arbeitsgruppe und/oder in entsprechenden Veranstaltungen von Prof. Dr. U. Oevermann überprüft worden sind. Die Ergebnisse werden ausschließlich von mir verantwortet.

6 Fall 1: Frau M.

6.1 Die Interaktionsstruktur: "RIEKE, MIT FLIEGENDEN FAHNEN GEHST ABER NICH NE."

Das Beratungsgespräch ist eines aus einer Reihe mehrerer Einzelgespräche, die Frau M. mit der Jugendlichen im Anschluß an 2-3 Familiengespräche führte. Es umfaßt verschriftet 27 Seiten; das sind die Interakte 1 S 1 - 461 J 209. Zeitlich erstreckt es sich über ca. 1 Stunde und 20 Minuten. Das Gespräch findet im Büro der Sozialarbeiterin statt.
Die Interpretation wurde anhand der Eröffnungssequenz, einer zufällig ausgewählten Szene und der Schlußszene vorgenommen. Die Interaktionsstruktur wird am Beispiel eines Ausschnittes aus der Eröffnungsszene dargestellt.

Die Szene[1]:

1 S*1		"Ja einmal ist das, daß de von Deinen Freunden weg
2 J 1		"ja"
1 S 1		mußt. (Oder: "gehst"). Aber das mußte ne."
3 J 2		(gleichzeitig mit 1 S 1 bei: "Aber das mußte ne") "Aber des würd mir, des würd mir scho unheimlich schwer fallen aber - (Pause) hmm - "
		(lange Pause)
4 S 2		"Und dann is da so die Frage, was Du ja eigentliche auch noch gar nicht weißt, was fürn Beruf Du kriegst ne?"
5 J 3		(gleichzeitig mit 4 S 2 bei: "ne?") "Ja."

* S= Sozialarbeiterin, J = Jugendliche.

Der Interakt 1 S 1 ist die erste aufgezeichnete Äußerung. Begrüßung und Hinweise zum Aufnahmegerät mögen vorausgegangen sein. Hierzu ist nichts Genaues bekannt. Blendet man vorerst alle Kontextinformationen aus, um ausschließlich die vom Text selbst konstituierten Bedeutungen zu finden, dann ist zunächst nach möglichen pragmatisch sinnvollen Kontexten für diesen Interakt zu fragen. Wer könnte in welcher Situation sagen: "Ja einmal ist das, daß de von Deinen Freunden weg mußt. (Oder: gehst). Aber das mußte ne." ?

1. Der Vater oder die Mutter könnte zum Abschluß eines langen und ernsthaften Gesprächs mit ihrem halbwüchsigen Kind über dessen zunehmende Renitenz oder seinem starken Leistungsabfall in der Schule von ihm fordern, künftig die Freunde zu meiden, die ihrer Ansicht nach einen schlechten Einfluß ausüben.

2. Ein Erwachsener, der von einem Freund um Rat und Hilfe bei der Klärung einer für diesen sehr wichtigen Entscheidung gebeten worden ist, z.B. ob er eine Arbeitsstelle in einem anderen Ort annehmen soll, könnte mit dieser Äußerung die einzelnen zu erwartenden Folgen der Entscheidung

aufzulisten beginnen.

3. Ein Bewährungshelfer hat von den Eltern seines jugendlichen Probanden erfahren, daß dieser bei ihnen ausziehen und sich eine eigene Wohnung mieten will. Er konfrontiert den Jugendlichen nun mit den verschiedenen Entscheidungsfolgen und überprüft die Tragfähigkeit des Entschlusses.
4. Ein "etablierter" Bürger ist mit einem "Penner" am Wasserhäuschen ins Gespräch gekommen. Dieser hat ihm sein Herz ausgeschüttet, weil er zu einer Entziehungskur muß. Er drückt sein Mitgefühl aus, versteht dessen Kummer und versucht ihn zu trösten.

Die gedankenexperimentell entworfenen Kontexttypen lassen sich analytisch unterscheiden in Sozialisation/Erziehung, Beratung, Problemklärung, soziale Kontrolle im engen Sinne und Trost/Beistand. Sie enthalten die folgenden, für die pragmatische Erfüllung der Äußerung wesentlichen Kontextbedingungen:

1. Der Sprecher ist auf Grund situativer oder langfristiger Hilf- und Ratlosigkeit des Adressaten legitimiert, Forderungen und Verhaltenserwartungen an diesen zu richten. Er hat dabei Grund zu der Annahme, daß sich der Adressat nicht in der gewünschten Weise verhalten wird.
2. Der Sprecher steht entweder in einer partikularen, diffusen Beziehung zum Adressaten oder in einer beruflich-spezifischen. Im letzten Fall muß der Adressat ein Kind sein, demgegenüber der Gebrauch des "Du" in freundschaftlicher oder parentaler (väterlich/mütterlich) Einstellung gerechtfertigt ist.
3. Es geht um ein für den Adressaten der Äußerung sehr folgenreiches, seine ganze Person betreffendes Ereignis des Trennens auf Grund einer autonomen Entscheidung oder als Beschluß machtvoller und sanktionsfähiger Instanzen über den Adressaten.

Die einzelnen Beispiele erfüllen die Kontextbedingungen auf verschiedene Weise. Die Legitimation des Sprechers besteht in Beispiel 1 in der Erziehungskompetenz der Eltern; in Beispiel 2 in der Bitte des Adressaten um Rat und Hilfe; in Beispiel 3 im Resozialisierungs- und Kontrollauftrag des Bewährungshelfers und in Beispiel 4 in der, durch Kummer und Not ausgelösten moralisch-ethischen Hilfe-Verpflichtung, hier in Form des Trostes. Kontextbedingung 2 ist in den Beispielen 1 und 2 als partikulare Eltern-Kind-Beziehung und als Freundschaftsbeziehung gesichert. In Beispiel 3 wäre es wichtig, das Alter des Jugendlichen zu wissen. Ein Fünfzehnjähriger könnte noch problemlos geduzt werden; bei einem Siebzehn- oder Zwanzigjährigen erwartet man jedoch die Anrede mit "Sie". In Beispiel 4 berechtigt der soziale Ort "Wasserhäuschen", so wie der Tresen und die Bar, zum "Du" als Ausdruck einer zeitweisen Trinkgemeinschaft zwischen zwei sich bisher fremde Personen. In den Beispielen 1 und 4 ist die Kontextbedingung 3 als Entscheidung elterlicher Erziehungsgewalt über das Kind erfüllt und als möglicherweise vormundschaftsgerichtlicher Beschluß über den "Penner", d.h. als juristische Aufhebung der Mündigkeit und des Selbstbestimmungsrechtes; in Beispiel 2 ist sie als Folge einer autonomen Entscheidung eines voll sozialisierten Subjektes enthalten und in Beispiel 3 als Kontroll- und Überprüfungskompetenz des Sprechers.

Die gedankenexperimentell entworfenen Kontexttypen sind nun mit dem empirischen Kontext zu konfrontieren, in dem die Äußerung gefallen ist. Aufgrund unserer Kontextinformationen wissen wir, daß sich die Eltern der Jugendlichen wegen der Schwierigkeiten, die sie mit ihrer Tochter hatten, an die kommunale Erziehungsberatungsstelle wandten. Dort wurde eine Heimunterbringung angeregt. Nachdem die Sozialarbeiterin Frau M. einige Familiengespräche geführt hat, um sich von der Situation ein eigenes Bild zu verschaffen, folgten anschließend mehrere Einzelgespräche mit der Jugendlichen. Kurz vor dem hier protokollierten hat das Mädchen Frau M. mitgeteilt, daß es von Zuhause fort und in ein Heim gehen wolle. Es sitzt nun im Büro der Sozialarbeiterin, um seinen Entschluß zu besprechen. 1 S 1 fällt zu Beginn des Gesprächs.

Der Vergleich zwischen dem tatsächlichen Kontext und den gedankenexperimentell entworfenen Kontexttypen zeigt, daß die empirische Sozialarbeiter-Klient-Situation die Kontextbedingungen enthält, die 1 S 1 als pragmatisch sinnvoll erscheinen lassen. Das der Siebzehnjährigen gegenüber verwendete "Du" läßt vermuten, daß fallspezifisch diffus-partikulare Momente in die berufliche Beziehung einfließen, etwa in Richtung einer Peer- oder Eltern-Kind-Beziehung. Weiter ist zu erkennen, daß die Sozialarbeiterin in einem spezifischen Handlungskontext mit einem klaren Problemfocus sich nur sehr vage äußert. Ihr kommunikativer Interakt enthält sowohl Elemente unmittelbar sozialisatorischer Verhaltensregelung und sozialer Kontrolle, als auch der Beratung und des Trostes. Das zeigen folgende Paraphrasen: "Es wird eine Konsequenz Deiner Entscheidung sein, von den Freunden weggehen zu müssen. Das läßt sich nicht vermeiden!"; und als Forderung: "Ich erwarte, daß Du Dich von Deinen Freunden trennst. Das mußt Du aber wirklich tun!" Frau M. scheint davon auszugehen, daß das Mädchen sie fraglos verstehen und den gemeinten Sinn richtig dekodieren wird. Sie braucht nicht präzis und eindeutig zu sprechen.[2]

Eine ausführliche sequentielle Interpretation der Szene hat also zu klären, ob die Bedeutungsvagheit alltagssprachlicher Rede und die Vermischung von Beratungshandeln und Verhaltenskontrolle ein fallspezifisches Strukturmerkmal der Interaktion ist; ob systematisch spezifische und eindeutig bestimmbare Handlungsoptionen ausgeschlossen werden zugunsten der Produktion vager Interventionen; oder ob die Fallstruktur von 1 S 1 ausgehend sukzessive Bedeutungsspezifizität erlangt und diese schließlich systematisch reproduziert.

Zuvor soll jedoch in einem zweiten Interpretationsschritt der Interakt mit dem Kontext professionalisierten therapeutischen Handelns kontrastiert werden. Dieser heuristische Vergleich erlaubt es, die strukturelle Differenz zwischen sozialarbeiterischem Handeln in der hier vorliegenden empirischen Ausprägung und dem idealisierten Modell professioneller Handlungsautonomie in der Beziehung zum Klienten aufzuzeigen. Konstitutiv für professionalisiertes Handeln, so war ausgeführt worden[3], ist die Anerkennung der Autonomie der Lebenspraxis, wurzelnd im Leidensdruck des Patienten. Dies in zweifacher Hinsicht: 1. Das Leiden des Patienten begründet die Entscheidung, eine Behandlung einzugehen und sichert über die freiwillige Beziehungsstiftung hinaus die Behandlungsdauer. Es gewährleistet, daß der Patient die Behandlung will. 2. Über die Erfüllung des "come-Prinzips" hinaus greift der Leidensdruck regulierend in den Binnenraum der therapeutischen Beziehung ein. Nur aus seinem Leiden heraus kommt der Patient seiner Kommunikationspflicht nach und "produziert" Texte, denen der Therapeut deutend folgen kann. Mehr wissen und erhalten zu wollen, als jener aktuell zu sagen bereit ist, verbieten sich, ebenso unmittelbare Beeinflussungen und Verhaltensempfehlungen. Sie mobilisieren letztlich den Widerstand des Patienten und konterkarieren die Behandlung.

Aus dem Datenmaterial dieses Falls ist nun zu entnehmen, daß die Jugendliche freiwillig die Sozialarbeiterin aufgesucht hat. Es handelt sich also nicht um eine erzwungene Kommunikation, wie sie sonst so häufig im Sozialen Dienst stattfindet. Trivialerweise könnte Frau M. also einfach abwarten, ob und was die Jugendliche von sich aus als Problem thematisiert, bzw. mit einer sparsamen Geste oder Rede ihre Bereitschaft zuzuhören signalisieren. Sie könnte diese auch explizit auffordern, das Problem zu schildern, um dann dem Text zu folgen[4]. Statt dessen definiert sie das Problem und legt mit 1 S 1 das Thema fest. Sie macht das "weggehn von den Freunden" zum Verhandlungsgegenstand, auf den die Jugendliche reagieren muß. Andere Themen sind zunächst ausgeschlossen. Damit handelt es sich also nicht um den Fall einer qua Statusüberlegenheit vorgenommenen Verwerfung eines von der Klientin eingeführten Themas, sondern diese erhält in dem diffus-mitfühlenden Gesprächsklima von vornherein keine Chance, ihr Problem selbst zu definieren. Erzeugt wird eine fiktive Meinungsübereinstimmung mit der objektiven Wirkung, daß das zentrale Problem der Jugendlichen nicht zur Sprache kommt, nämlich, wie sich später zeigen wird, ihr Ent-

scheidungsdilemma. Unterstellt, hier läge ein psycho-therapeutisches Setting vor, ließe sich der Interakt analog einer therapeutischen Technik der Konfrontation interpretieren. Frau M. hält der Jugendlichen systematisch die geleugneten Gefühle der Angst entgegen, die die Trennung von den Freunden auslösen wird. Sie versucht, diese ins Bewußtsein zu heben. Über die Bearbeitung des Widerstandes könnte ein scheinbar autonomer Entschluß, die Familie zu verlassen, tragfähig werden, so daß das Mädchen den zu erwartenden Schwierigkeiten gewachsen wäre. Diese Lesart wird spätestens dann unplausibel, wenn man das folgende realitätsorientierte "Aber das mußte ne." berücksichtigt. Es weist die zuvor thematisierten fallspezifischen Affekte wieder zurück und fordert ein der Realität entsprechendes Verhalten.
Läßt sich eine Technik der Konfrontation somit ausschließen, bleibt noch die folgende, durch das redeeinleitende adversative "Ja" indizierte Möglichkeit zu diskutieren: ob Frau M. mit ihrer Äußerung eine vorausgegangene explizite Frage des Mädchens beantwortet, z.B. daß es gar nicht wisse, was auf es zukommen werde; oder in einem Statement Zeichen der Angst und Unsicherheit dekodiert hat und darauf reagiert. 1 S 1 wäre dann ein verständnisvoll-helfender Redebeitrag. Die Sozialarbeiterin gäbe die Frage nicht an die Jugendliche zurück, sondern nähme ihr die aktive Arbeit der Erforschung der eigenen inneren Realität ab. Mehr noch: in diesem Fall würde sie in wohlgemeinter Absicht nicht nur eine dem Informationsgehalt nach banale Antwort geben; jedes Kind und erst recht jeder Jugendliche weiß, daß Weggehen zugleich Trennung bedeutet. Frau M. würde auch genau die affektive Dimension des Themas zurückweisen, die von der Jugendlichen angesprochen worden ist, und das Mädchen von der emotionalen auf die Sachebene ziehen. Ein Durcharbeiten der durch die Entscheidung ausgelösten Gefühle würde verhindert. Nach dieser Lesart ist es die objektive Wirkung des Interakts, eine Gefühl und Verstand einschließende, tragfähige Entscheidung (in welche Richtung auch immer) zu verhindern. Folgende Überlegung verdeutlicht das: Die Bearbeitung der an den Entschluß der Jugendlichen, die Familie zu verlassen, gebundenen Affekte bedeutet immer auch eine Überprüfung der Entscheidung selbst. In der geschützten Interaktionssituation können die Hoffnungen und Wünsche auf der einen Seite und die Ängste und Ungewißheiten auf der anderen Seite in ihrem vollen Gewicht erlebt und bewußtseinsnah durchgearbeitet werden. Am Ende eines solchen Prozesses wird die Entscheidung erneuert und bekräftigt und kann Belastungen wie etwa die Trennung von den Freunden tragen; oder sie wird als Irrtum erkannt und zurückgenommen. An Ort und Stelle bleiben und Zuhause in der Familie die Pro-

bleme zu bewältigen, ist die andere Entscheidungsrichtung.

Die Gegenüberstellung des 1. Teils der Äußerung 1 S 1 mit dem Modell professionalisierten therapeutischen Handelns vermag somit zu zeigen, daß den erfüllten äußeren Bedingungskriterien: Leidensdruck und Freiwilligkeit im Binnenraum der Beziehung keine autonomierespektierenden Interventionen entsprechen, die den durch den Leidensdruck mobilisierten Text der Klientin und dessen Bedeutungshorizont nicht überschreiten. Die weitere Analyse bestätigt das. Der geforderten Realitätsorientierung und Themenfestlegung folgt im 2. Teil des Interakts eine deutliche Mißerfolgserwartung. "Aber das mußte ne." kann einmal heißen: "Das mußt Du auch wirklich tun, Dich von den Freunden trennen, ne" - und unterstellt, daß die Anziehungskraft der Freunde stärker sein wird als die Forderung, sich von ihnen zu trennen. Es kann aber auch heißen: "Damit mußt Du Dich abfinden, das läßt sich nicht vermeiden!".In dieser Lesart geht Frau M. davon aus, daß sich das Mädchen jetzt über die unerwünschten Entscheidungsfolgen beklagen wird und alles zugleich will, fortgehen und sich nicht trennen. Beiden Deutungsoptionen gemeinsam ist die unausgesprochene Erwartung, daß die fachkompetente Verhaltensempfehlung nicht selbstverständlich befolgt wird. Eine einmalige Thematisierung genügt nicht, es bedarf sicherheitshalber der Wiederholung. "Nicht wahr, Du bist doch auch dieser Meinung" ("ne"), fordert darüber hinaus noch die Zustimmung der Siebzehnjährigen zur Mißerfolgserwartung.

Als nächstes ist zu prüfen, ob hier ein Kontext bürokratischen Leistungshandelns vorliegt? Die konkrete Frage ist: "Paßt" der Interakt in einen solchen Rahmen? Dem idealisierten Erwartungsmodell nach besteht bürokratisches Leistungshandeln in der fallunspezifischen Anwendung rechtlicher Normen, beispielsweise des Jugendwohlfahrtsgesetzes und des Bundessozialhilfegesetzes.[5] Die Sozialarbeiterin hätte also eine von der Jugendlichen vorgebrachte Bitte um Heimunterbringung unter dem Blickwinkel der vorhandenen Leistungsnormen, der Voraussetzungen und Folgen zu prüfen. Das könnten etwa sein: Zustimmung der Sorgeberechtigten, Ersetzung der Zustimmung, Unterhaltsleistungen etc. Alle in Verbindung mit der Bearbeitung des Antrages notwendigen Fragen und Forderungen wären zugelassen: Nachweise und Bescheinigungen beizubringen, Unterschriften zu leisten, Auskünfte zu geben etc. Die Thematisierung von Verhaltensforderungen stellt dagegen einen regel und autonomieverletzenden Einbruch in die Privatsphäre dar, insofern nicht der Klientin zugestanden wird, was sie mit den erhaltenen Informationen und Leistungen anfängt; ob sie beispielsweise ihren Entschluß reali-

siert oder nicht. (Das gilt in gleichem Maße für ein ausphantasiertes Modell sozialanwaltlichen Leistungshandelns, das sich von der generalisierten bürokratischen Form vor allem durch die einzelfallbezogene Anwendung der Normen unterscheidet.) Die oben formulierte Frage ist nun leicht zu beantworten. 1 S 1 fügt sich deutlich nicht stimmig einem Kontext bürokratischen Handelns ein. Der Interakt verletzt die für ihn konstitutive Handlungslogik.
Gewissermaßen in Parenthese soll an dieser Stelle eine kurze Erörterung des objektiven Sinngehaltes des Interakts als Mißerfolgserwartung eingefügt werden, die den grundlegenden Unterschied zum professionalisierten Handeln zeigt. In der Arzt-Patient-Beziehung geht der Arzt a priori davon aus, daß seine fachliche Kompetenz fraglos anerkannt wird und seine Verordnungen befolgt werden. Er genießt einen strukturellen Vertrauensvorschuß (was sich nicht zuletzt in der Sprachform: "den Arzt seines Vertrauens wählen" - und nicht den Sozialarbeiter - niederschlägt), braucht nicht davon auszugehen, daß ein Patient seinen Empfehlungen nicht folgen und das Medikament nicht einnehmen wird. Die Möglichkeit der Erwartungsenttäuschung ist nicht Handlungsgrundlage. Wiederholt er eine Empfehlung, dann disqualifiziert er implizit die Wirksamkeit seines Problemlösungspotentials. Er selbst mißtraut seiner ärztlichen Kompetenz, weil er nicht wie selbstverständlich unterstellt, daß sein Rat befolgt wird. Eine Wiederholung der Verordnung könnte nur aufgrund fallspezifischen Wissens erfolgen, etwa wenn er deutliche Anzeichen dafür findet, daß ein Patient nicht seinen aus der Patientenrolle resultierende Pflichten nachkommen wird. Im psychotherapeutischen Handeln verweist eine Textwiederholung durch den Arzt auf die Technik der Konfrontation, die mit Bezug auf einen Widerstand des Patienten eingesetzt werden kann. Auch hier bestätigt die Ausnahme die Regel der Wirksamkeit und des Genügens einmaliger Thematisierungen.
Abschließend sind die Ergebnisse des zweiten Interpretationsschrittes zu resümieren: Ausgangspunkt war die Frage, ob der Interakt 1 S 1 als Äußerung eines Arztes/Therapeuten oder Sachbearbeiters denkbar wäre. Es wurde deutlich, daß ohne die Einführung einer Zusatzbedingung: persönlichkeitsspezifische Besonderheit des Sprechers die Verletzung des strukturell gesicherten Prinzips der Respektierung lebenspraktischer Autonomie nicht erklärt werden kann. Das weist zurück auf die für die Sozialarbeit geltenden fehlenden Basisbedingungen im Hinblick auf die Ausbildung und Durchsetzung eines konsequent klientorientierten Problemlösungshandelns und plausibilisiert die mit 1 S 1 geschaffene Situation der Beeinflussung und Manipula-

tion der Jugendlichen (als affektiv-diffuse Verführung oder rational-strategisches Kalkül). Beeinflussung oder Manipulation zielt nun immer darauf, den Klienten eigenen Zwecken verfügbar zu machen. Dabei können, aus welchen Gründen auch immer, weder Sanktionsmittel zur Durchsetzung des erwarteten Verhaltens angewandt werden, noch kann, weil es um Konsens geht, ein Diskurs geführt werden, der die möglicherweise unterschiedlichen Interessenlagen aufdeckt. Die in beiden Formen enthaltene prinzipielle Anerkennung lebenspraktischer Selbstverantwortung wird in der Manipulation unterlaufen und negiert.

Ist es bewußte Absicht der Sozialarbeiterin, die Jugendliche zu manipulieren? Wünscht sie, daß sich das Mädchen von den Freunden trennt und von Zuhause fortgeht? Und warum sagt sie es dann nicht deutlich i.S. einer fachlichen Empfehlung? Oder ist die Beeinflussung die nicht gewünschte Wirkung anderer bewußter Handlungsabsichten? Beispielsweise ist vorstellbar, daß Frau M. daran interessiert ist, eine eigene Entscheidung der Klientin herbeizuführen und sie gerade nicht zu beeinflussen. Warum versucht sie dann aber nicht, mit einer Geste die Redeaktivität an die Jugendliche zu geben, abwartend, welches Problem diese ansprechen wird? Und warum weist sie dann die affektive Ebene des von ihr eingeführten Themas: Trennung von den Freunden ab, so daß das Mädchen im Grunde nur noch der geforderten Realitätsanpassung zustimmen kann? Anders gefragt: Wie mag die objektive Bedeutung von 1 S 1 intentional repräsentiert sein? Welche Motive mag Frau M. haben? Die Antwort auf diese Fragen führt zuerst zu einer Betrachtung möglicher institutioneller Handlungsverpflichtungen und daran anschließend zum beruflichen Selbstverständnis.

Zunächst der institutionelle Hintergrund, der Soziale Dienst: Die hier von jedem Sozialarbeiter in der Bezirkssozialarbeit zu leistenden Tätigkeiten beinhalten schwerpunktmäßig die Bearbeitung von Jugendhilfeaufgaben, deren wichtigste gesetzliche Grundlagen das Jugendwohlfahrtsgesetz (JWG) und das Bürgerliche Gesetzbuch (BGB) sind. Für die vorliegende empirische Sozialarbeiter-Klient-Interaktion sind die folgenden rechtlichen Rahmen vorstellbar: Fürsorgeerziehung, Freiwillige Erziehungshilfe, Erziehungsbeistandschaft, Vormundschaft, Bearbeitung von Polizeimeldungen etc. Sie alle könnten unter Hinweis auf die objektiven Folgen abweichenden Verhaltens und auf das Sanktionsverhalten anderer Instanzen sozialer Kontrolle[6] Handeln im Sinne sozialer Kontrolle begründen. Frau M. würde in einem solchen Fall die gewünschte Verhaltensänderung nicht auf imperative und autoritäre Weise herbeizuführen versuchen, sondern eher über sanfte Techniken der Kooperation. Nun wissen wir, daß in diesem konkreten Fall kein rechtlicher Rahmen vorliegt, der den Handlungsspielraum der Sozialarbeiterin in Richtung unmittelbarer Verhaltenskontrolle erheblich einengt. Der Kontext mag allenfalls durch die unspezifischen Normen des JWG: "Beratung in Fragen der Erziehung" und/oder: "Erziehungshilfen während der Berufsvorbereitung, Berufsausbildung und Berufstätigkeit einschließlich der Unterbringung außerhalb des Elternhauses" (§ 5,1 JWG) bestimmt sein. Das bedeutet, daß die inhaltliche Ausfüllung weitgehend Frau M. überlassen bleibt. Sie kann sich beispielsweise darauf beschränken, mit den Eltern ein Gespräch über die Erziehungsprobleme zu führen und ihnen die Entscheidung überlassen, ob sie weitere Beratungen wollen. Berücksichtigt man jedoch, daß neben der Hilfeleistung Kontrollfunktionen zu erbringen sind, hier: das Recht des Kindes auf Erziehung und Schutz auch gegenüber den Erziehungsberechtigten zu gewährleisten, sind manipulative, die Eltern zu weiteren Gesprächen "motivierende" Techniken nicht fern. Frau M. kann auch eine Jugendliche, die von Zuhause fort will, in dieser Absicht bestärken; z.B. weil sie der Meinung ist, daß die bürgerliche Kleinfamilie die Kinder und Jugendlichen psychisch deformiert und emanzipatorische Ziele nur in den kollektiven Lebensformen/ Wohngruppe zu erreichen sind. Sie kann aber auch, die Ambivalenz solcher Entscheidungen berücksichtigend, fordern, zunächst in der Familie zu bleiben und in regelmäßigen Beratungsgesprächen zu lernen, die Konflikte besser zu bewältigen. Die Unbestimmtheit der Normen und die mangelnde professionelle Auslegungskompetenz führen jedenfalls dazu, daß substitutiv die individuelle Anstrengung und Phantasie des einzelnen Sozialarbeiters gefordert sind. Will er ein Prinzip der Anerkennung der Autonomie der Klienten realisieren, muß er nicht nur dem institutionellen Druck widerstehen und nicht handeln (wo Kontrolle gefordert wird), sondern sich auch dem aktivitätsverpflichtenden Hilfe-Selbstverständnis widersetzen.

Lassen sich direkte institutionelle Handlungseinflüsse als Erklärung für den manipulativen Charakter von 1 S 1 ausschließen und nur in Form eines allgemeinen, latent wirksamen Erwartungsdrucks der Institution fassen, dann wird ein die Interaktion mitstrukturierendes Einfließen persönlichkeitsspezifischer Merkale plausibel, das mit Motiven, resultierend aus der beruflichen Hilfe-Pflicht verbunden ist. Bleibt folglich die Frage nach den subjektiven Intentionen der Sozialarbeiterin: Welche Beweggründe würde Frau M. nennen, wenn man sie nach ihren Absichten befragte? Die Möglichkeit einer strategischen Diskreditierung (Frau M. handelt aus bestimmten Gründen bewußt so und weiß zugleich, was sie tut) und die eines "nicht-wissenden" einfachen Ausagierens negativer Voreinstellungen werden ausgeschlossen. Dazu müßte ein gehöriges Quantum an Bösartigkeit, Arroganz oder Verständnislosigkeit unterstellt werden. Frau M. wäre als "pathologisches Exemplar" eines dem Selbstverständnis nach helfenden Berufes einzustufen. Dagegen könnte die Sozialarbeiterin beabsichtigt haben, das Gespräch im Sinne eines "warming up" in Gang zu bringen, um die anfängliche Fremdheit aufzulösen, die gewöhnlich zu Beginn jedes Gesprächs zwischen den Partnern herrscht. Sie möchte eine gelöste Atmosphäre herbeiführen, die es der Jugendlichen erleichtert, über das, was sie bedrückt, zu sprechen. Möglicherweise ist das Mädchen auch etwas zaghaft und ängstlich, so daß ihr Frau M. nun "helfend entgegenkommt". 1 S 1 ist dann als implizite Redeaufforderung zu verstehen. Es geht primär um ein entspanntes Gesprächsklima. Dieses Motiv erklärt zwar das Datum, daß die Sozialarbeiterin das Gespräch aktiv eröffnet, es erklärt aber nicht die Wahl gerade dieses Themas. Genauso gut hätte sie die Berufspläne oder auch zu erwartende Reaktionen der Eltern ansprechen können.

Ein weiteres Motiv, das das zuvor diskutierte nicht ausschließt: Frau M. will der Klientin Verständnis signalisieren, weil sie weiß, daß die Trennung von den Freunden nicht leicht fallen wird. Sie möchte ihr Mitgefühl ausdrücken, um so in einem Klima emotionaler Nähe der Jugendlichen zu ermöglichen, über ihre Gefühle zu sprechen. Die Plausibilität dieses Motivs wird jedoch durch die bereits oben gestellte Frage eingeschränkt, warum Frau M. im 2. Teil der Äußerung die klientorientierte Perspektive wieder aufgibt und mit Bezug auf eine allgemeine Norm: "realitätsgerechtes Verhalten" die affektive Seite des Themas zurückweist, also gerade entgegen der unterstellten Absicht handelt. Ein, der Gleichzeitigkeit von Trost und Forderung nach Realitätsanpassung entsprechender Kontext läge z.B. dann vor, wenn die Trennung von den Freunden die Folge einer gegen den Willen der Jugendlichen durchgeführten Heimunterbringung wäre, etwa im Rahmen eines gerichtlichen Beschlusses zur Durchführung der Fürsorgeerziehung. Das mitfühlende Trösten würde dann die fehlenden Hilfsmittel kompensieren, die zur Aufhebung des ausgeübten Zwangs und zur Beseitigung der Notlage des Mädchens erforderlich sind. Diese Handlungssituation liegt aber nicht vor. Die Jugendliche hat selbst den Entschluß zum Weggehen gefaßt. Dessen affektiv belastende Folgen können qua Beratung bearbeitet und gemildert werden. Es muß also für die, trotz intendierten verständnisvollen Mitempfindens objektiv erzeugte Affektabweisung und Mißerfolgserwartung ein zusätzliches erklärendes Motiv gefunden werden. Das könnte beispielsweise der diffuse

Wunsch der Sozialarbeiterin sein, daß die Jugendliche von Zuhause fortgeht und bei ihrer Entscheidung bleibt; es könnte ein persönlichkeitsspezifisches Merkmal vorliegen, Gefühle der Angst und Trauer abzuwehren und in der Sicherheit bietenden unmittelbaren Realität zu verharren; und sie könnte auch einfach ein mißtrauischer Mensch sein, der den Klienten nicht viel zutraut, sich aber um eine freundliche Haltung bemüht. In jedem Fall würde eines dieser persönlichen Motive sich mit dem beruflich intendierten des "einfühlenden Verstehens" vermischen und auf der objektiven Bedeutungsebene des Textes Realitätsorientierung und Mißerfolgserwartung hervorbringen. Bleibt abschließend noch ein drittes, auf ein fachspezifisch-diagnostisches Wissen sich stützendes Motiv zu diskutieren. Die Sozialarbeiterin hält auf Grund ihrer Kenntnis der konkreten Problematik die Entscheidung, von Zuhause fortzugehen und für eine Zeit in einem Heim oder einer Wohngruppe zu leben, für eine erfolgversprechende und angemessene Problemlösung. Sie hat in mehreren Gesprächen diese Entscheidung erarbeitet und möchte nun eine Gefährdung oder sogar Revision vermeiden. Auch wenn in der Praxis eine direkte Beeinflussung eines Klienten notwendig werden kann[7], bedeutet das in diesem Fall vor allem: daß der Entschluß der Jugendlichen fragil ist und durch entsprechende Interaktionsstrategien gefestigt werden muß. Grundlage dafür ist die Definition der Sozialarbeiterin, was das Beste für die Klientin ist. Aber nicht nur auf Grund unseres Kontextwissens können wir eine solche klientbezogene praktische Handlungsnotwendigkeit ausschließen. Auch die der objektiven Bedeutung des 1. Satzes der Äußerung möglicherweise zugrunde liegende und genau gegenläufige Intention: Autonomiestiftung läßt diese Lesart unplausibel erscheinen. Danach könnte Frau M. allenfalls versuchen, die Klientin mit den zu erwartenden Folgen unterschiedlicher hypothetischer Lösungswege zu konfrontieren, um so eine tragfähige Entscheidung herbeizuführen, nicht aber die Entscheidungsrichtung zu beeinflussen. Letzteres wäre unvereinbar mit dem Moment der Respektierung der Autonomie der Lebenspraxis.

Die Interpretation an dieser Stelle abkürzend, wird das aus der Analyse anderer Gesprächssequenzen gewonnene Fallwissen für eine Plausibilisierung der Handlungsdispositionen und subjektiven Erwartungen der Sozialarbeiterin hinzugezogen. Hierzu wegen der besonderen, die Fallstruktur in einer Metapher verdichtenden Signifikanz der folgende Gesprächsausschnitt:

```
43 S 21    "Ich hab so den Eindruck, daß Du doch noch irgend-
           wo, daß Du am Knausern bist oder so, bei Dir?"
44 J 23    (leises Lachen) - (Pause)
           "Kann schwer abwägen, es is scho irgendwo - "
45 S 22    "Hm"
44 J 23    "aber - ich find es bringt nix, weil - (unverständ-
           lich)"
           ...
           "Denn gehts wieder paar Tag gut und fängts wieder
           an ..."
```

Nachdem Frau M. in der Eröffnungsphase die Probleme: Trennung von den Freunden; Beruf; Eltern und deren Verhalten und die Frage: Unterbringung in einem familienähnlichen Kleinstheim oder Regelheim angesprochen hat (ca. 4-5 Minuten), nimmt sie in den zögernden Reaktionen des Mädchens offensichtlich wahr, daß es noch stark an die Familie gebunden ist und im Grunde bislang keine klare Entscheidung getroffen hat. Suggestiv durchbricht sie nun zum ersten Mal das bislang tabuisierte Entscheidungsproblem, ohne es aber explizit als solches zu thematisieren (43 S 21). Die Antwort der Jugendlichen läßt deutlich die Hilflosigkeit im Umgang mit den familiären Konflikten erkennen, die sich scheinbar erruptiv selbst entzünden und entladen und denen sie im Grunde nur noch aus dem Weg gehen kann. Sie spricht gleichzeitig aber die Schwierigkeit an, sich zu entscheiden. Sie möchte "abwägen", die Gewichte in den zwei Schalen: "Zuhause bleiben" oder "Fortgehen" ermessen und beurteilen. Frau M. deutet das im Sinne instrumenteller Entscheidungsrationalität:

```
53 S 28    "So daß Du Zuhause jetzt auch schon ganz klar
           (Position ? ) bezogen hast was Du willst? - Und
           wie haben die Eltern drauf reagiert?"
```

Die dann folgenden Äußerungen scheinen die Sozialarbeiterin aber nicht zufriedenzustellen. Sie spürt das Zögern und die latenten Zweifel des Mädchens. Dann versucht sie es ein zweites Mal:

```
68 S 36    "Rieke, mit fliegenden Fahnen gehst aber nich ne."
```

Was bedeutet diese militärische Metapher? "mit fliegenden Fahnen" kann einmal heißen: "mit fliegenden, wehenden Fahnen zum Gegner, in das andere Lager übergehen (die Anschauung blitzschnell ändern)"[8]; es kann bedeuten: "mit fliegenden Fahnen und klingendem Spiel"[9] in den Kampf ziehen und es kann auf ein "mit fliegenden Fahnen untergehen" verweisen. Die beiden letzten Bedeutungsgehalte ergeben für die konkrete Situation wenig Sinn.[10] Der

Aspekt des Untergehens würde voraussetzen, daß die Sozialarbeiterin, obwohl sie weiß, daß das Mädchen im Heim untergehen wird, trotzdem den selbstzerstörerischen Schritt erwartet. Das kann ausgeschlossen werden. Angenommen, die Jugendliche steht vor einem Kampf mit den eigenen Schwierigkeiten, in den sie nun mutig-fröhlich "mit fliegenden Fahnen und klingendem Spiel" ziehen soll, dann ist dafür der Schauplatz relativ unwichtig. Sie kann ihn auch in ihrer Familie führen. Dazu braucht sie nicht fortzugehen.

Die erste Ausdeutung der Metapher im Sinne des Überlaufens und Verrats am alten Lager besitzt dagegen einige Plausibilität. Sie verweist auf die heimliche Erwartung der Sozialarbeiterin, daß sich das Mädchen von seiner Herkunftsfamilie trennt. Es wird implizit zur Fahnenflucht aufgefordert. Wie sind nun die zwei Orte bzw. Lager zu bestimmen; in welchem befindet sich die Jugendliche und in welches kann sie überlaufen? Auf der einen Seite ist eindeutig das Lager der Familie angesprochen. Hier werden naturwüchsig Sozialisations- und Reproduktionsfunktionen im Sinne der Bildung und Sicherung der Integrität des Einzelnen und des familiären Zusammenhangs wahrgenommen. Diesem Lager gehört die Jugendliche "noch" an. Auf der anderen Seite befindet sich das Lager der sozialpädagogischen Institutionen: die intime, familienähnliche Wohngruppe oder das Heim, repräsentiert durch Frau M. In ihm werden die von der Alltagspraxis nicht oder dysfunktional wahrgenommenen Aufgaben stellvertretend in beruflicher Form erfüllt; konkret auf die Situation des Mädchens bezogen: seinen besonderen individuellen Bedürfnissen Geltung zu verschaffen und in Einklang mit normativen Forderungen zu bringen, so daß es eine Identität ausbilden kann, die den unvermeidbaren Konflikten nicht mehr eskapistisch zu entkommen sucht. Dieses strukturelle Familiensubstitut bietet Frau M. nun qua Metapher und konkurrierend mit dem Herkunftslager der Jugendlichen (scheinbar zu Recht) als das eigentlich Bessere an. Im Gegensatz zum wenig einfühlsamen und verständnislosen, auf Konformität mit den sozialen Normen dringenden Primärsystem wird die Jugendliche hier wirklich verstanden. Hier herrscht besonderes Vertrauen und hier können auf der Grundlage der Befriedigung individueller Bedürfnisse Konflikte bearbeitet werden. Was der Sicherung und Wiederherstellung alltagspraktischer Lebenszusammenhänge dienen sollte, überschreitet die Grenzen beruflich-spezifischen Handelns, dringt als diffuse Erwartung autonomieverletzend in den Alltag ein. Die strukturelle Konkurrenz zwischen sozialpädagogischem Substitut und primärem Sozialsystem gibt dem Wunsch der Sozialarbeiterin Raum, daß sich das Mädchen von seinen El-

tern distanziert, die Familie verläßt und in ein Heim geht. "Rieke, mit
fliegenden Fahnen gehst aber nich ne." vereinigt somit kompromißbildend
die folgenden widerstrebenden Orientierungen und Erwartungen: Auf der einen
Seite deutet Frau M. ihr Verständnis für die schwierige, ja dilemmatische
Lage der Jugendlichen an. Auch sie weiß natürlich, daß es schwerfällt, sich
von der Familie zu trennen und in ein fremdes, ungewisses Lager zu gehen.
Sie weiß, wie ihr dabei zumute sein mag. Auf der anderen Seite hegt sie
jedoch die Hoffnung, daß sie bei der Stange bleibt und den Entschluß zum
Fortgehen aufrechterhält. Sie ist aber skeptisch, ob die Jugendliche es
auch wirklich schaffen wird. Implizit richtet sie also einen Vorwurf an die
Klientin, daß diese eben nicht "mit fliegenden Fahnen" überläuft, sondern
noch zögert und zweifelt, wo doch das bessere Lager für sie offensteht und
auf sie wartet.

Den Regeln therapeutisch-beratenden Handelns folgend hätte die Sozialarbeiterin spätestens an dieser Stelle die Zweifel der Jugendlichen zu thematisieren und einer Bearbeitung zuzuführen. Faktisch agiert sie jedoch
ein subjektives Bedürfnis aus (sei es nach Anerkennung, Zuneigung, Erfolg
o.ä.), das im "Überlaufen" des Mädchens befriedigt würde.

Kehren wir zum Interakt 1 S 1 zurück. Die Ausgangsfrage nach der subjektiven Motivation kann nun wieder aufgenommen und beantwortet werden. In den
Äußerungen der Sozialarbeiterin fließen die bewußte berufliche Orientierung des Verstehens und helfenden Entgegenkommens zusammen mit dem persönlichen Wunsch, daß die Jugendliche die Familie verläßt. Auf der Ebene der
objektiven Bedeutung des Textes erscheint infolgedessen eine in sich widersprüchliche Sinnstruktur. Sie ist der ständige Kompromiß zwischen den
divergierenden Erwartungen an die Klientin. Der persönlich-diffuse Wunsch
verhindert als unbearbeiteter, daß Frau M. ihre berufliche Intention in
entsprechende klientorientierte und autonomierespektierende Äußerungen um-
setzen kann, die der Jugendlichen einen breiten Raum zur Darstellung ihrer
Zweifel und Ängste eröffnen. Die Definition der Beziehung als berufliche
verhindert hingegen die explizite Selbstdarstellung als das bessere Lager
und die deutliche Formulierung der Erwartungen. Mehr noch: sie hält die Erkenntnis der Wirksamkeit des Wunsches als diffus-persönlichen und ohne
fachterminologische Einkleidung vom Bewußtsein fern und verhindert, daß
das intuitiv registrierte Zögern der Klientin aufgegriffen und offen angesprochen wird, statt in diskreditierender Verformung interaktiv matt zu
setzen. Auf die tiefere psychische Basis dieser diffusen Erwartung ist
hier nicht einzugehen. Einige Plausibilität hätte etwa die Vermutung, daß

hier eigene Ablösungsprobleme von der Herkunftsfamilie virulent sind und in der Problematik der Jugendlichen stellvertretend zu lösen versucht werden. Für die Zwecke dieser Arbeit reicht es aus, die Wirksamkeit persönlichkeitspezifischer Motive als einen die Interaktionsstruktur mitdeterminierenden Faktor nachgewiesen zu haben.

Bevor die Darstellung der fallspezifischen Interaktionsstruktur und ihrer Reproduktion fortgesetzt wird, sollen an dieser Stelle Hypothesen zum beruflichen Selbstverständnis der Sozialarbeiterin formuliert werden. Grundlage dafür sind die Interpretationsergebnisse der subjektiven Motivation für den Interakt 1 S 1. Frau M. wird vermutlich über ein Selbstverständnis verfügen, in dessen Zentrum eine personalisierte, einfühlende Hilfe-Orientierung steht. Ein verständnisvolles, Schwäche und Verletzbarkeit unterstellendes und die Jugendliche schützendes Entgegenkommen und ein identifikatorisch-tröstendes Einfühlen in deren Probleme lassen erwarten, daß sie eine kommunikative, von Nähe, Vertrautheit und emotionalem Miterleben geprägte Beziehung anstrebt und die genannten Aspekte als nützlich für die Hilfe betrachtet. Ihre behutsame, vage Sprache und die unterstellte Übereinstimmung signalisieren präverbales Verstehen. Dagegen wird sie soziale Distanz, Grenzerhaltung und affektive Neutralität ebenso wie eine präzise, direkte Sprache als eher störende Orientierungen interpretieren, die die Problemlage der Klientin und den auf ihr lastenden psychischen Druck verschärfen und steigern. Sie wird instrumentelle Problemlösungen und stellvertretend-fürsorgendes Handeln ablehnen und der Entscheidungsautonomie der Klientin einen hohen Stellenwert beimessen.

Als nächstes sind die der Jugendlichen im Anschluß an 1 S 1 zur Verfügung stehenden Handlungsalternativen zu diskutieren. Die objektive Forderung der Sozialarbeiterin, sich realitätsgerecht zu verhalten, erlauben ihr kaum mehr, Gefühle der Angst und des Zweifels auszusprechen, die sie bedrücken mögen. Sie kann auch nicht die verdeckte Skepsis und Mißerfolgserwartung zurückweisen. Gerade weil das Mißtrauen nicht auf der Textoberfläche erscheint, sondern nur latent (und dabei noch in freundlicher Einbettung), kann es nur schwer als solches dekodiert und gehandhabt werden. Die Jugendliche ist im Grunde dagegen wehrlos. Wie leicht außerdem eine explizite Zurückweisung als eine den Verdacht verstärkende und konflikterzeugende Selbstverteidigung ausgelegt werden kann ("Wer sich verteidigt, klagt sich an."), zeigt die folgende pragmatisch denkbare Reaktion: "Ja, ich will wirklich von Zuhause weg, Sie können mir ruhig glauben!" Den ausgeschlossenen Handlungsoptionen steht jedoch die pragmatische Verpflichtung gegenüber, auf die vorgegebene Problemdefinition zu reagieren und analog der Zustimmungsforderung ("ne") den Konsens mit der Sozialarbeiterin zu ratifizieren - und damit auch die implizite Entwertung und Diskreditierung. Im Grunde genommen kann die Jugendliche gar nicht reagieren. Sie ist handlungsunfähig. Da sie sich aber als Hilfebedürftige bei der Sozialarbeiterin befindet und, so kann unterstellt werden, weder souverän genug ist, um die Situation zu durchschauen und die Struktur als erkannte aufzulösen, noch sich erlauben kann, provokativ den Kontext zu sprengen und sich z.B. schweigend der Kommunikation zu entziehen, muß sie in irgendeiner Form Stellung nehmen. Sie beginnt von sich aus ihr "ja" (2 J 1) auszuführen. Offenbar ist sie der Meinung, daß Frau M. mit dem syntaktisch vollständigen ersten Satz ihre Rede beendet hat und sie jetzt den turn übernehmen kann. Ohne zu zögern knüpft sie an das vorgegebene Thema an, um mögliche Bedenken oder Einwände anzusprechen ("Aber"). Wider Erwarten setzt Frau M. ihre Rede aber noch fort, um sie mit: "Aber das mußte ne." abzuschließen. Die Lesart, nach der die Jugendliche möglicherweise schüchtern und redegehemmt ist, so daß ihr "helfend" und "aufwärmend" entgegengekommen werden muß, kann damit ausgeschlossen werden. Sie hat der Sozialarbeiterin spontan mit "ja" zugestimmt und die erste pragmatische sinnvolle Möglichkeit benutzt, um das, was sie bewegt, auszusprechen. Diese Daten sprechen für Gesprächsbereitschaft und gegen Zaghaftigkeit und Passivität. Die Absicht, ihr helfend entgegenzukommen, kann also nicht fallspezifisch motiviert sein, sondern ist generalisierter Bestandteil der Hilfe-Orientierung, mit der Folge: daß faktisch Defizite zugeschrieben (Schwäche, Verletzbarkeit, Hilflosigkeit) und Handlungschancen und Ressourcen nicht wahrgenommen und mobilisiert werden. Die Hilfe überlagert und verdrängt die Aktivierungsmaxime der Sozialarbeiterin.

In dem entstandenen Sprecherwechselkonflikt bricht die Jugendliche ihre Rede zunächst wieder ab ("Aber des würd mir"). Sie wartet, bis Frau M. zu Ende gesprochen hat. Dann setzt sie mit: "des würd mir scho unheimlich schwer fallen aber - " fort. Sie gibt eine, der vorgegebenen Realitätsverpflichtung und Affektabwehr folgende distanzierte ("scho") Zustandsbeschreibung der antizipierten Auswirkungen der Trennung von den Freunden. Dabei verleiht das "würd" ihrem Entschluß eher den Status einer Möglichkeit. Es reflektiert den nicht abgeschlossenen Entscheidungsprozeß. Die Zweifel und die Gefühle der Unsicherheit verweist das Mädchen in den Bereich des inneren Dialogs. Mit dem letzten "aber", das mit: "aber da kann man nichts machen" oder: "aber was soll ich sonst machen" vervollständigt werden könnte, beendet es den sprachlichen Austausch und schweigt. Es fügt sich dem: "Aber das mußte" und behält die Ängste und Bedenken für sich. Der Sozialarbeiterin gegenüber wird sich die Jugendliche wirklichkeitsgerecht verhalten und darstellen und nicht wie ein Kind klagen, das beides zugleich will: fortgehen und sich nicht trennen wollen. Sie wird den einmal gefaßten Entschluß realisieren und ihn nicht wankelmütig zurücknehmen. Was die Trennung von den Freunden und im Hintergrund die Entscheidung selbst für sie bedeuten, wird sie mit sich allein ausmachen. Mit dem nach einer Pause folgenden "hmm" zieht sie gleichsam den Schlußstrich unter den inneren Dialog. Das Themas ist abgeschlossen; es gibt dazu nichts mehr zu sagen.

Damit ist deutlich die erste Gesprächsrunde beendet. Frau M. ist mit dem Versuch, ein ungezwungenes, entspanntes Gespräch in Gang zu bringen, gescheitert. Die Jugendliche hat sich bemüht, die Erwartungen zu erfüllen. Sie hat weder den Kontext und die mit 1 S 1 gesetzten pragmatischen Verpflichtungen verletzt, noch hat sie sich passiv und schweigsam zurückgehalten. Dies zeigt, daß sie anerkannt und akzeptiert werden möchte. Ihr Bemühen um Konformität, was immer auch auf Abhängigkeit verweist, ist aber nicht unbegrenzt. Der Rückzug in den inneren Dialog und die implizit zurückgewiesene Mißerfolgserwartung zeigen Momente des Widerstandes an.

Auf die an diese erste Runde des sprachlichen Austausches anschließende zweite und die Struktur reproduzierende Runde (4 S 2 - 5 J 3) braucht hier nur noch kurz eingegangen zu werden. Erneut unterstellt, daß hier ein beratend-therapeutischer Kontext vorliegt, dann könnte Frau M., nachdem sie eine Zeitlang gewartet hat, ob die Jugendliche weitersprechen wird, jetzt eine Klärung herbeizuführen versuchen. Sie könnte diese beispielsweise bitten, ausführlicher darzustellen, was denn "unheimlich schwer fallen würd". Offenbar empfindet sie aber eine solche spezifische Intervention als zudringlich. Sie folgt den alltagsweltlichen Regeln von Takt und Diskretion, respektiert das Schweigen der Klientin und definiert ein neues Problem: Beruf. Mit diesem Themenwechsel verhindert sie aber erneut, daß das Entscheidungsproblem bearbeitet wird; sie belegt es gleichsam mit einem Tabu. In einer umständlichen Formulierung und förmlich um "den heißen Brei" herumredend versucht Frau M. also in Erfahrung zu bringen, ob für die Jugendliche die Berufsfrage inzwischen geklärt ist; d.h. ob sie sich inzwischen für einen bestimmten Beruf bzw. für eine Tätigkeit entschieden hat. Die Lesart, daß es sich hier um einen Fall zwangsweiser Berufszuweisung handelt, ist zwar objektiv im Text enthalten ("was fürn Beruf Du

kriegst"), aber empirisch unwahrscheinlich. Sie kann auch auf Grund der dem
Mädchen eingeräumten Mitsprache und Entscheidungskompetenz in dieser Angelegenheit ausgeschlossen werden. Der taktvoll-behutsamen Rede, die den Eindruck des Ausfragens zu vermeiden sucht, steht auf der Ebene der objektiven Textbedeutung wiederum eine mehrfache Diskreditierung der Klientin ge-
gegenüber. Deren "ja" (5 J 3) reagiert darauf. Es stimmt weniger dem propo-
sitionalen Gehalt und den Präsuppositionen von 4 S 2 zu, sondern ist als
sparsamste Möglichkeit zu verstehen, der pragmatischen Redeverpflichtung
zu genügen. Ein Schweigen könnte als Affront verstanden werden; ein "hm"
als Versuch statusumkehrender Situationskontrolle. Doch zurück zu 4 S 2:
Noch bevor die Jugendliche die Chance erhält, sich zur Berufsfrage zu äus-
sern, hat Frau M. bereits unterstellt, daß sie im Grunde genommen nicht
weiß, welchen Beruf sie will ("was Du ja eigentlich auch noch gar nicht
weißt"). Sie gesteht ihr zwar zu, daß sie hierzu etwas weiß, aber dieses
Wissen trifft nicht den Kern der Sache. "Eigentlich" weiß sie dazu nichts.
Weiter wird sie verdächtigt, seit dem letzten Gespräch (indiziert durch
das adversative "ja") keine Fortschritte gemacht zu haben, also das Problem nicht einer Lösung näher gebracht, geschweige denn gelöst zu haben.
Und schließlich bringt die Sozialarbeiterin mit einem "auch" zum Ausdruck,
daß die Jugendliche darüber hinaus auch in anderen Bereichen nichts weiß.
Das kann sich auf das Problem: Trennung von den Freunden beziehen und bedeutet dann, daß Frau M. ahnt, daß das Mädchen gar nicht von Zuhause fortgehen will. Es kann sich aber auch auf ein bisher noch nicht genanntes Problem beziehen, das sie aber als nächstes ansprechen wird.

6.1.1 Die Strukturformel

Die Gleichzeitigkeit beruflich-rollenförmiger Hilfe-Orientierung (als Ausdruck der Therapie-Funktion) und unkontrolliert einfließender persönlicher
Strebungen der Sozialarbeiterin (als Ausdruck sozialer Kontrolle der Lebenspraxis) konstituiert einen antithetischen und paradoxen Handlungskontext, der die Struktur dieser Sozialarbeiter-Klient-Beziehung bestimmt und
in ihrer Dynamik in unterschiedlichen Ausprägungen immer wieder reproduziert. Auf der einen Seite "mißversteht" Frau M. die Mitteilungen der Jugendlichen systematisch auf alltagsweltliche Weise, indem sie aus der kon-
fliktreichen ambivalenten Eltern-Kind-Beziehung die positive affektive
Bindung ausklammert und einseitig der negativen antagonistischen Dimension ihr Augenmerk schenkt. Dementsprechend produziert sie indirekte und
vage, suggestiv-verführende Interventionen, die die Jugendliche tendenziell

interaktiv wehrlos machen und sie der folgenden Paradoxie aussetzen: Sie soll sich freiwillig und autonom auf die gewünschte Weise verhalten; konkret: Sie soll sich freiwillig dazu entscheiden, bzw. bei ihrem Entschluß bleiben, von Zuhause fortzugehen. Sie soll freiwillig über relevante Aspekte und Folgen der Entscheidung sprechen. Gleichzeitig verhindert Frau M. aber der objektiven Wirkung nach alles, was diese Entscheidung gefährden könnte. Sie selegiert bevorzugt die Handlungsoptionen, die die Entscheidung scheinbar bekräftigen und schließt systematisch diejenigen aus, die sie zu schwächen vermögen. Die Jugendliche antwortet auf der anderen Seite darauf mit zurückhaltender und darum die Sozialarbeiterin nicht zufriedenstellender Konformität. Erzählt sie hingegen ausführlich und unter starker affektiver Beteiligung von den familiären Konflikten (das geschieht vor allem in der zweiten Gesprächshälfte), reagiert jene sparsam zuhörend, ohne die erhofften problemverstehenden Deutungen und Hilfen einzubringen. Die Klientin befindet sich nun in dem folgenden Dilemma: Wenn sie ihren Entschluß verwirklicht und die Familie verläßt, verletzt sie ihre Loyalitäts- und Treuepflicht gegenüber den Eltern und verrät oder verleugnet die vorhandene affektive Bindung. Darüber hinaus realisiert sie auch keine autonome Entscheidung, sondern erfüllt lediglich die Erwartung der Sozialarbeiterin mit der praktischen Konsequenz, daß sie noch den letzten Rest an Eigenständigkeit an das sozialpädagogische Substitut abgibt; gleich ob sie in ein traditionelles Regelheim geht oder in eine Wohngruppe. Wenn sie aber ihre Entscheidung zurücknimmt, sich nicht von den Eltern distanziert, enttäuscht sie die Sozialarbeiterin und weist deren Hilfe-Angebot zurück. Sie geht damit das Risiko ein, keine weiteren Hilfen zu bekommen, insbesondere solche, die ihr erlauben, gleichzeitig in der Familie bleiben zu können und in regelmäßigen Beratungsgesprächen zu lernen, mit den Konflikten besser umzugehen. Ihre Entscheidung könnte sie erst dann zurücknehmen, wenn sie nicht mehr hilfebedürftig ist, z.B. wenn sich die familiären Schwierigkeiten legen, die Lage wieder entspannt. Solange das Mädchen jedoch von der Hilfe abhängig ist, muß es sich in dem vorgegebenen antithetischen Bedeutungskontext bewegen und das Unmögliche versuchen: die Erwartungen der Sozialarbeiterin erfüllen und gleichwohl die Familie nicht zu verraten.

6.1.2 Interaktionsstruktur und allgemeiner Hilfe-Struktur-Typus

Die Rekonstruktion der empirischen Sozialarbeiter-Klient-Beziehung mag den Eindruck hervorrufen, daß letztlich doch persönlichkeitsspezifische Faktoren strukturdeterminierend sind und das Interaktionsdilemma verantworten. Es wäre aber kurzschlüssig zu fordern, daß die Sozialarbeiterin über therapeutische Selbsterfahrung etc. ihre eingeschränkte Deutungskompetenz zu bearbeiten hätte, um dann "bestausgestattet" eindeutig klientorientiert handeln zu können gegenüber solchen Klienten, die freiwillig ihre Beratung suchen. Diese, an das Helfer-Syndrom anknüpfende Problemlösung 1. Ordnung (Watzlawick) übersieht, daß hier ein über den Einzelfall hinausgehendes berufsstrukturelles Handlungsproblem vorliegt, das die empirische Hilfe-Beziehung in ihrer Pathologie präformiert und nicht durch den heroischen Lösungsversuch des einzelnen Sozialarbeiters überwunden werden kann. Inwieweit stellt nun die Fallstruktur eine empirische Ausprägung des allgemeinen Hilfe-Typus dar? Zwei zentrale Handlungsprobleme waren zu erkennen: das Handling von Akzeptanz und Anerkennung des Mädchens bei gleichzeitigem Wissen um sein Defizit und die Balance zwischen dem eigenen Veränderungs- und Hilfeanspruch und der Veränderungsbereitschaft und -fähigkeit der Jugendlichen. Beide sind Ausdrucksformen der allgemeinen übergreifenden Problematik, Nähe und Distanz zum Klienten gegeneinander auszugleichen. Die berufliche Hilfe der Sozialarbeit präformiert nun Vereinseitigungen in die eine oder andere Richtung der Problemzonen. Welche empirische Ausprägung die virtuelle Struktur jeweils erfährt und welche Richtung im Einzelfall dominiert, ist über die jeweiligen institutionellen Rahmenbedingungen und dem Objektbereich (Verhalten/Armut) hinaus auch abhängig von der Persönlichkeit des einzelnen Sozialarbeiters. Im vorliegenden Fall betont Frau M. die Nähe zur Klientin in Form von Konsensunterstellung, Vertrautheit und vager Sprache. Sie stellt tendenziell eine partikulare Beziehung her unter relativer Vernachlässigung der rollenförmigen Seite ihres Handelns. Das zeigt beispielsweise auch der geringe Formalisierungsgrad des äußeren Gesprächsrahmens. Nur indirekt wird etwa das Ende der Interaktion signalisiert.[11] Die Betonung der diffusen Dimension wird ergänzt durch die Vereinseitigung des Wissens um die Problematik der Jugendlichen; Ausdrucksformen sind das behutsam-schützende Entgegenkommen und diskreditierende Mißtrauen. Als generalisierte und nicht klientbezogene, wahrnehmungs- und handlungsleitende Orientierung werden die qua Akzeptanz mobilisierbaren Eigenkräfte an ihrer Entfaltung gehindert und tendenziell geschwächt. Im Hinblick auf das zweite Handlungsproblem vereinseitigt die

Sozialarbeiterin den beruflichen Hilfe-Anspruch in der Weise, daß sie den
Entschluß des Mädchens, in ein Heim zu gehen, als gesichert nimmt und das
Zögern nicht aufgreift. Die Erwartung, "mit fliegenden Fahnen" überzulaufen, hat Vorrang vor den Veränderungsmöglichkeiten der Jugendlichen.
Das Verhältnis von struktureller Handlungslücke und Ausfüllung durch die
Persönlichkeit des Sozialarbeiters verdeutlicht die folgende Überlegung.
So kann ein anderer Sozialarbeiter im Gespräch mit dieser Klientin durchaus die rollenförmig-distante Seite der Beziehung betonen und Momente der
Anerkennung und Veränderungsbereitschaft betonen, beispielsweise in dem Bestreben, den fürsorgend-entmündigenden Implikationen der Hilfe-Verpflichtung zu entkommen. Das würde wieder die Jugendliche überfordern, weil die
tatsächlich vorhandenen und nicht phantasierten Schwierigkeiten bagatellisiert und der Tendenz nach negiert würden. Letztlich bliebe sie ihren Problemen selbst überlassen.
Wie ist nun das allgemeine Strukturdilemma zu bestimmen, das nur durch den
Einsatz der ganzen Person des Sozialarbeiters bearbeitet, aber nicht gelöst werden kann? Soziale Kontrolle als Bestandteil des Hilfe-Typus rekurriert auf das allgemein geltende, normative Modell der sich qua Lohnarbeit reproduzierenden Arbeitskraft. Hilfsbedürftigkeit ist historisch gesehen vorrangig ökonomische, ist Armut. Sie wird zum Stigma des zu erziehenden und resozialisierenden Objekts der Hilfe im Sinne des kulturell
herrschenden Verhaltensstandards. Entsprechend der unterstellten Veränderungsbedürftigkeit müssen sich die Anstrengungen des Helfenden auf das Defizit, auf die Beseitigung der Ursachen der Not richten. Er wird folglich
systematisch gezwungen, hinter die äußerlich sichtbare Notlage zu sehen
und zu den eigentlichen, verursachenden Faktoren vorzudringen.[12] Seine
Aufmerksamkeit wird unvermeidlich an das Defizit gebunden; nicht um sich
wie im Almosen mit der Beseitigung des Mangels zu begnügen, sondern um
dauerhaft "Nicht-Bedürftigkeit" zu erzielen. Die "gründliche Hilfe" mobilisiert interaktive Techniken, die von der Anwendung von Zwang bis hin zu
sanft-beeinflussender Manipulation, von direktem Ausfragen bis zur problemausweitenden, suggestiven Meinungsvorlage reichen. Strukturtheoretisch
gesehen bilden Mißtrauen, Skepsis und Indiskretion wesentliche Bestandteile des sozialpädagogischen Habitus. Die bewußte Einführung "quasi-personaler" Anerkennungsverfahren ("den Klienten akzeptieren") versucht, diesen
negativen Orientierungen entgegenzusteuern. Weil beide Pole (Akzeptanz/
Kenntnis des Defizits) aber nicht in einer gesicherten Problemlösungskompetenz vermittelt werden können, entstehen Beziehungsstrukturen, in denen

in eigentümlicher Gleichzeitigkeit Momente der Anerkennung und des Mißtrauens, der Dramatisierung und Bagatellisierung von Problemen erscheinen. Die therapeutische Handlungsrichtung des Hilfe-Typus erzeugt demgegenüber eine Dankbarkeitspflicht des Klienten, weil sie sich unmittelbar auf den Bedürftigen bezieht, ohne daß dieser über Möglichkeiten zur Gegenleistung verfügt. Nimmt man hinzu, daß der Anspruch, eine individuelle Notlage zu beheben, nur qua heroischer Leistung des einzelnen Sozialarbeiters eingelöst werden kann, gegen die restringierende Kraft der Kontrollfunktion, dann muß das wiederum die Dankbarkeitsempfindungen des Klienten verstärken und tendenziell eine partikulare Beziehung entstehen lassen. Der Bedürftige fühlt sich dem konkreten Sozialarbeiter verpflichtet, weil er als Person und nicht mehr wie selbstverständlich als Mitglied eines Berufes gehandelt hat.

Die sich gegenseitig ausschließenden Orientierungen der sozialen Kontrolle und Therapie finden ihren Formelkompromiß in der "Hilfe". Er bietet die Möglichkeit, beide miteinander zu verbinden und die objektive "Handlungslücke" mittels verschiedener Interaktionsstrategien auszufüllen. So versucht Frau M. mit der Metapher: "mit fliegenden Fahnen" das Unvereinbare zu synthetisieren. Ihr berufliches Selbstverständnis, das auf Autonomiestiftung zielt, verbietet ihr, kontrollierende Verhaltensempfehlungen auszusprechen. Andererseits verhindern das defizitäre institutionelle Setting und eine unzureichende Kompetenz, die diffusen Momente von Übertragung und Gegenübertragung zu handhaben, eine konsequente, vom Einzelfall ausgehende Beratung; d.h. konkret: das Zögern der Jugendlichen aufzugreifen unter Verzicht auf Veränderungsansprüche, die über die Veränderungsbereitschaft der Klientin hinausgehen. Im Kompromiß der Metapher erweist sich Frau M. als "lebendiges Homolog" (Castel) des Strukturdilemmas. Das Herstellen von Konsens, sei er auch noch so fiktiv, von Nähe und Vertrautheit sind weitere interaktive Techniken zur Sicherung der Handlungsfähigkeit. Während die Gleichzeitigkeit von Kontroll- und Therapiefunktionen einen objektiven Dissenz zwischen Sozialarbeiter und Klient begründet hinsichtlich dessen, was Hilfe ist, müssen in dem Maße, in dem sich autoritative und sanktionsandrohende Verhaltenskontrollen verbieten, manipulative Verfahren eingesetzt werden. Deren Wirkung ist es, einen expliziten Diskurs über Situationsdefinition und Mittel zur Behebung der Not zu verhindern; im vorliegenden Fall: Eine unbeeinflußte Bearbeitung des Entscheidungsproblems der Jugendlichen müßte vorab gleichwertig die Möglichkeit der Rücknahme des Entschlusses, in ein Heim zu gehen und bei der Familie zu verbleiben, zulassen. Aus der strukturell gebrochenen Handlungssituation erwächst also ein genereller Konsensdruck, der beispielsweise auch Handlungsaktivität, helfendes Entgegenkommen etc. provoziert. Er ist umso stärker, je weniger Bedürftigkeiten objektiv feststellbar sind im Sinne absoluter Armut, bei denen über die Mittel der Beseitigung keine Zweifel auftreten können. Die zunehmende Definition von Notlagen in Kategorien psycho-sozialer Pathologie eröffnet demgegenüber einen großen Deutungsspielraum hinsichtlich dessen, was Hilfsbedürftigkeit ist und Veränderungsnotwendigkeit begründet.

6.2 Das berufliche Selbstverständnis: "ZWEI STÜHLE ALSO ..."

Das Interview mit Frau M. erstreckte sich über ca. 2 1/2 Stunden. Ihre Einstellung läßt sich global charakterisieren als bereitwillige Übernahme der Rolle der Befragten mit dem Bemühen, eine möglichst umfassende Darstellung des Handelns unter gleichzeitigem Einschluß der als "persönlich" bezeichneten Schwierigkeiten zu geben. Die trotzdem oder gerade deswegen (des Bemühens um Offenheit) vorhandene hohe affektive Belastung in der Interview-Situation (angesichts einer Handlungsproblematik, die das Scheitern und den Mißerfolg tendenziell als persönlich verursacht erleben läßt), zeigt die ungewöhnlich hohe Anzahl von Versprechern, die sie "produzierte".

6.2.1 Die Fallrekonstruktion

Wie sieht Frau M. ihre jugendliche Klientin und deren Probleme; wie stellt sich ihr das eigene Handeln dar? Von der Interviewerin aufgefordert: "Kannst Du mal so erzählen wie - der Kontakt entstanden ist, wie die Geschichte - ist" (S. 19)[13], gibt sie zunächst einen chronologischen Überblick über die Ereignisse. Ausgangspunkt ist die Forderung der Erziehungsberatungsstelle, eine Heimeinweisung für die Jugendliche einzuleiten:

> "Die Geschichte ist ganz kurz. Von der Rieke. Die Geschichte is so, daß die Erziehungsberatungsstelle von unten, die is nämlich mit im Haus, ähm, hm, die ham also so vier Psychologen rumflitzen und naja, wir stehen also nicht unbedingt, verstehn uns unbedingt nich mit denen so gut. Wenn die nämlich zum Teil behaupten, sie könnten also nur vier Stunden am Tag mit Klienten arbeiten und so - und äh von wegen Schweigepflicht und so, dat is also enorm bei denen geschrieben, kannst also schon mal passieren, dat die schweigen un irgendwo is son mißhandeltes Kind oder wat weiß ich, oder (?) und äh, also sie sind ganz klar was Besseres, das vermitteln se uns, auf alle Fälle kam die EB zu mir hoch und sachte: 'Da muß ne Heimeinweisung erfolgen!'"(S. 19)

Nach einer kurzen, im Staccato gehaltenen Wiedergabe der diagnostischen Ergebnisse, mit denen die Erziehungsberatungsstelle die Dringlichkeit einer solchen Maßnahme zu unterstreichen sucht:

"...'die Probleme der äh Rieke sind also so und so, die hat also
schon die sechste oder siebte Lehre', was weiß ich, wieviel Lehr-
stellen 'abgebrochen und mit den Eltern versteht se sich auch
nicht mehr' äh und äh 'die geht nich zur Schule und die geht nich
arbeiten, sondern die gammelt Zuhause nur rum ... konfliktfähig
is sie auch nich ...'"(S. 19/2o),

weist Frau M. die Forderung zunächst einmal zurück:

"'Hoppla', hab ich da so gesagt, 'soo ging ne Heimeinweisung
nicht!' - Hab da erst mal klar en P vorgemacht, hab sacht,
'Wenn, dann muß ich erst mal selbst die Situation kennenlernen',
weil ich ... der EB da nich direkt übern Weg traue." (S. 2o).

Damit ist der Rahmen für die weitere Erzählung gesteckt: In der konflikt-
haften Beziehung zwischen Erziehungsberatungsstelle und Sozialarbeitern
des Sozialen Dienstes ("wir ... verstehn uns unbedingt nich mit denen so
gut") wird vom objektiven Bedeutungsgehalt des Textes her auf der einen
Seite den Psychologen mangelnde Kompetenz und eine übereilte Heimeinweisung vorgeworfen. Demgegenüber nimmt Frau M. eine autonome sozialarbeiterische Handlungs- und Urteilskompetenz in Anspruch. Ihre antagonistische
und nicht selbstverständliche, sichere Abgrenzung gegenüber der Forderung
der Psychologin zeigt jedoch das strukturell ungesicherte berufliche
Selbstverständnis an. Dazu gehört auch das Unverständnis gegenüber einer
Professionslogik, die sich auf Schweigepflicht und Respektierung der Autonomie der Lebenspraxis beruft und die Ausübung von Kontrollfunktionen
(Heimeinweisung) an den Sozialen Dienst delegiert (was nicht heißt, daß
auch professionalisiert gehandelt wird). Und mit der Kritik an den Psychologen, die sich zu Recht auf eine begrenzte Leistungsfähigkeit und Belast-
barkeit in der therapeutischen Arbeit berufen, wird implizit der gleiche
Heroismus verlangt, den die Moral des Helfens von den Sozialarbeitern er-
zwingt und die eine relative Allzuständigkeit und tendenzielle Allmacht
mobilisiert. Vor diesem Hintergrund können die Grenzen quantitativer und
qualitativer Problemlösungsfähigkeit nur schwer akzeptiert werden. Mit Bezug auf die strukturelle "Handlungslücke" wäre die Akzeptanz der Grenzen
jedoch erneut individueller Heroismus, der gegen die geforderte Selbstausbeutung durchgehalten werden müßte. Phänomene der Selbstbeschränkung bestätigen insofern das für nichtprofessionalisierte Berufe typische ständige
Erbringen von individuellen Sonderleistungen.

Für die weitere Ereignisdarstellung läßt sich erwarten, daß Frau M. kaum
ohne eine korrigierende Abgrenzung die Forderung der Psychologin prüfen
wird. Sie wird ein latentes Bündnis mit der Jugendlichen eingehen, um diese vor der Heimeinweisung zu "retten". Anders formuliert: Das Strukturpro-

blem des Berufs, das dem einzelnen Berufsangehörigen kein ausreichendes
Problemlösungspotential zur Verfügung stellt, welches Handlungssicherheit
und Vertrauen in die eigene Kompetenz verleihen könnte, mobilisiert in
einer Situation, in der andere Institutionen die Wahrnehmung von Kontrollfunktionen verlangen, als Gegenreaktion die moralische Hilfe und Koalition
mit dem vermeintlichen "Opfer". Der zugemuteten Vereinseitigung des beruflichen Handelns in Richtung Kontrolle wird die Vereinseitigung in Richtung
klientorientierte Hilfe entgegengesetzt. Als nächstes markiert Frau M. als
herausragendes Ereignis das dann folgende Erstgespräch zwischen ihr, der
Psychologin, der Jugendlichen und deren Eltern, das auf Veranlassung der
Psychologin im Büro der Sozialarbeiterin stattfindet:

"Und dann wars also so, daß die Psychologin angerufen hatte -
bei den Eltern und hat gesagt: 'Alle müssen zum Jugendamt!'"
(S. 2o)

Offenbar von dem Vorgehen der Psychologin überrollt, kann sie ihre Absicht,
zunächst ein Einzelgespräch mit der Jugendlichen zu führen, nicht durchsetzen. Die Mitteilung:

"Und dann ist die Rieke also gekommen und äh - mit ihren
Eltern." (S. 2o),

deutet das an.

"Ja un dann habm wer alle, alle um den runden Tisch da schön
gesessen - und dann hab ich also gesagt: 'So fänd ich das also n bißchen beschissen, wie's gelaufen wär, n bißchen arg'
und ääh 'ich wollte doch jetzt mal hörn, wie's denn der Rieke
selbst gehn würde und was sie denn für Probleme hätte'. ...
und dann ham die Eltern losgelegt, was sie (die Jugendliche,
R.S.) alles falsch machte ..." (S. 2o).

Trotz eines auf der Textoberfläche angezeigten harmonischen Kontextes:
gemeinsame Lagebesprechung aller Beteiligten am runden Tisch, in dem Experten und Klienten nicht in ihrer Rollenträgerschaft, sondern als ganze Personen einen herrschaftsfreien Diskurs zwischen statusgleichen Partnern führen, weitet sich die Kontroverse zwischen Sozialarbeiterin und Psychologin
zum Disput zwischen zwei Parteien oder Lagern aus. Auf der einen Seite
sind das die Sozialarbeiterin, verbündet mit der Jugendlichen, und auf der
anderen Seite die Psychologin und die Eltern des Mädchens. Als passiv-er-
leidendem Opfer schützt Frau M. dabei die Jugendliche vor den Anklagen und
einseitigen Schuldzuschreibungen der Eltern und verschafft ihr "am runden
Tisch" Rederecht und einen prinzipiell gleichen Platz wie den anderen Anwesenden. Dabei schießt sie jedoch, salopp formuliert, über das Ziel hin-

aus. Sie vereinseitigt die diffusen Beziehungsmomente und handelt wie im Alltag naturwüchsig. Sie überschreitet die affektive Neutralität und Spezifizität der Beziehung mit dem Ergebnis einer genauen Umkehrung der Sündenbock-Strategie der Eltern: Schuldzuweisung an die Eltern und Schutz des Opfers. In dieser Perspektive erscheinen die Eltern nicht mehr als diejenigen, die aus ihrem Leidensdruck heraus die Erziehungsberatungsstelle aufgesucht haben. Sie sind nur noch Ankläger ihrer Tochter, latente Gegner im Kampf um die Jugendliche. Ein entsprechendes Interpretationsangebot der Interviewerin (Leidensdruck) wird an einer späteren Stelle von Frau M. denn auch zurückgewiesen bzw. ihnen ein bloß materielles Interesse unterstellt:

"... nja, sie hatten eigentlich Leidensdruck, finanziellen. Die Tochter hat ihnen einfach auf der Tasche gelegen ... deswegen sind die zur EB gegangen." (S. 25).

Zieht man ein erstes Resumee aus den hier nur ausschnitthaft wiedergegebenen Interpretationsergebnissen, dann enthält die Selbstdeutung zwei miteinander nicht vermittelte Theorien oder Einstellungen: Auf der einen Seite rekurriert die Sozialarbeiterin auf eine Sündenbock- oder Opfer-Theorie, derzufolge sie in der beruflichen Handlungssituation identifikatorisch-naturwüchsig entsprechend den Vorurteilshaltungen des Alltags handelt. Sie deutet das in Frage gestellte Verhalten der Jugendlichen als Reaktion auf das Verhalten der Eltern.[14] Auf der Beziehungsebene entstehen dadurch Bündnisse und konkurrierende Lager. Auf der anderen Seite wird ihr bewußtes Handeln jedoch angeleitet von einer Theorie der Familie als funktionales oder dysfunktionales Interaktionssystem, in dem zur Stabilisierung des pathogenen Gleichgewichts der Beziehungen das Mädchen Rieke in der Nachfolge der älteren Geschwister, die inzwischen das Familiensystem verlassen haben, nun Symptomträger und Opfer geworden ist:

"... ja und dann stellte sich ... raus, daß die (die Eltern, R.S.) irgendwie schon Probleme mit ihrn andern Kindern auch alle hatten ..." (S. 2o).

Gegenüber dem Konzept der systemischen Familientheorie haben gesellschaftstheoretische und materialistische Erklärungsansätze, die sich auf Armut oder Unterprivilegierung oder auch auf eine Kritik der bürgerlichen Familie stützen, Nachrang. Soweit Frau M. in späteren Ausführungen auf die Konstruktion der Fassadenfamilie zurückgreift, die sich durch einen Mangel affektiver Relevanz auszeichnet und ihren Zusammenhalt primär durch den Normdruck der traditional-dörflichen Umgebung findet, geschieht das im Kontext der Betonung eines besonderen Vertrauensverhältnisses zur Jugendli-

chen, kontrastiv zur unterstellten affektiven Irrelevanz der Eltern-Kind-
Beziehung. Und wenn sie an späterer Stelle mitteilt:

"... sie wußte also gar nicht, wo sie hingehörte ..."(S. 24),

dann hat das Mädchen, entsprechend den impliziten Regeln für Hilfe-suchen,
"no one to turn to"[15]. Das unterstreicht die Beratungsbeziehung in ihrer
singulären Bedeutung. Sie dient der Befriedigung der fallspezifischen Bedürfnisse der Jugendlichen, die in der Familie zugunsten der Anpassung an
die sozialen Normen unterdrückt werden:

"... ich hab wenigstens en Versuch gestartet, ihre Person zu
akzeptieren. Erst mal hinzunehmen, dat se das also gemacht
hatte ... sie sagt also, dat war irgendwo -- das erste Mal,
wo se da so mit jemanden drüber reden ..." (S. 28).

Doch zurück zu der oben angesprochenen Gleichzeitigkeit von Sündenbocktheorie und systemischer Familientheorie als zentrale Elemente des Deutungsmusters der Sozialarbeiterin. Zu einer familienorientierten Behand-
lungsweise würde nun das unerläßliche Prinzip der Allparteilichkeit[16] gegenüber allen Mitgliedern des Familiensystems gehören, gleich, ob sie unmittelbar anwesend sind oder nicht. Selbst in einem ausschließlich dualen
Arbeitsbündnis ist die relative Loyalität gegenüber den Beziehungspersonen
eines Klienten unabdingbar. Wie sich nun sowohl in der Analyse der Interaktionsstruktur als auch in der retrospektiven Deutung des Fallverlaufs
zeigt, ist die Allparteilichkeit nur als rudimentäre Haltung ausgebildet,
ohne konsequent handlungspraktische Folgen zeitigen zu können. Die der Alltagspraxis zugehörige Sündenbocktheorie, das mobilisierte Mitleid mit dem
vermeintlichen Opfer, hindern Frau M. daran, distanziert loyal allen Familienmitgliedern Geltung und Anerkennung zu verschaffen. Umgekehrt erfüllt
die Orientierung an der systemischen Familientheorie objektiv die Funktion, die Vorurteilsreaktionen auf der Oberfläche der Interaktion zu ver-
decken. Erinnert man an dieser Stelle noch einmal die individualpsycholo-
gischen Diagnoseergebnisse der Erziehungsberatungsstelle und bedenkt man,
daß Frau M. auch die Möglichkeit hätte, die Problematik des Mädchens als
"Verwahrlosung" oder "Gefährdung" zu interpretieren, dann liegt die Vermutung nahe, daß sie gerade mit der Familienorientierung von der Zuschreibung individueller Pathologien und Defekte wegzukommen sucht. Solange jedoch solche berufsspezifischen Handlungsstrategien nicht mit der biogra-
phischen Lebensgeschichte eines Sozialarbeiters, den Verzerrungen und Einschränkungen seiner Wahrnehmungsfähigkeit, den Wiederholungen unbewältig-
ter Konflikte, selbsterfahrend vermittelt werden, bleiben sie in letzter

Konsequenz kognitiv und normativ angeeignete Programme. Wie sich gezeigt
hat, konterkarieren die unbewältigten persönlichen Anteile und Konflikte
die zur Anwendung gebrachten Verfahren. Das Gespräch "am runden Tisch"
(ein integrierendes Motiv !) destruiert objektiv die Familienbeziehungen.
Ohne an dieser Stelle die Interpretation differenzierter darstellen zu wollen, bestätigen die Ergebnisse deutlich die Sinnstruktur der Interaktion,
die in ihrer Dynamik von der identifikatorischen Hilfe-Position und Parteinahme für die Jugendliche und der konkurrierenden Haltung zu den Eltern
bestimmt wurde.

Anschließend schildert Frau M. ihr weiteres Vorgehen:

> "... und dann äh hab ich also äh mit ja, zwei, drei Familiengespräche gemacht, so drei Familiengespräche gemacht und dann
> wurds den Eltern zu eng." (S. 2o).

"Dann wurds den Eltern zu eng" heißt, daß die Sozialarbeiterin in den Familiengesprächen, in denen sie den Beteiligten die jeweiligen Erwartungen
und Verhaltensgründe und das Zusammenspiel der Reaktionen transparent zu
machen versucht, die notwendige Allparteilichkeit nicht realisieren kann.
Objektiv überfordert sie die Eltern in ihren Möglichkeiten der Problemerkenntnis mit dem Ergebnis, daß diese die Gespräche nicht weiter fortsetzen
können. Sie werden bedrängt oder schärfer formuliert, in die "Enge" getrieben; im eigentlichen Wortsinn: hinausgedrängt. An einer späteren Stelle des Interviews kommt Frau M. noch einmal auf die Reaktionen der Eltern
zurück:

> "... die rutschten auf ihren Stühlen hin und her und ...
> und gingen dann raus, und mußten geschwind inn Garten und
> so ..." (S. 26).

Während die Sozialarbeiterin somit auf der Ebene der intendierten beruflichen Strategie: Familienberatung objektiv scheitert, kann sie auf der subjektiv-diffusen Ebene einen Erfolg für sich verbuchen und eine exklusive
duale Beziehung zur Jugendlichen einrichten:

> "... und das war dann auch wohl denen (den Eltern, R.S.) en
> bißchen zu gefährlich, wat ich auch verstehn kann ... (S. 21).
> ... Und da hab ich dat auch gelassen und hab, hab dann also
> öfters alleine mit Rieke gesprochen, und dann habn wer uns
> auch gemeinsam überlecht, ... mit der Schule und wie dat laufen kann ... und dann sind wer beim Arbeitsamt gewesen, hat se
> alles selbst gemacht dann anschließend, hat ich ihr also aufgezeigt und hat se alles selbst gemacht, beim Arbeitsamt gewesen und, auch son bißchen mit ihr Konfliktberatung gemacht
> und dann sacht se also selbst, sie wollte weg." (S. 22).

Auch in dieser Textstelle sind deutlich die identifikatorische Hilfe-Position und die personalisiert-diffuse, tendenziell symbiotische Peer-Beziehung ("wer") zu erkennen. Mit der unmittelbaren namentlichen Adressierung ("Rieke") rückt das Mädchen nicht mehr als Rollenträger ins Blickfeld, sondern erlangt als partikulare Person Bedeutung für die Sozialarbeiterin. Demgegenüber verweist die Satzplankorrektur ("dann sind wer beim Arbeitsamt gewesen, hat se alles selbst gemacht ...") wiederum auf das Bemühen, die berufliche Seite der Beziehung hervorzuheben und den möglicherweise entstandenen Eindruck zu korrigieren, die Jugendliche beeinflußt zu haben. Frau M. räumt also dem Prinzip: Hilfe zur Selbsthilfe einen hohen Stellenwert ein. Sie möchte die Eigenkräfte und Leistungsmöglichkeiten der Klientin nutzen und stärken. In ihrem beruflichen Selbstverständnis lehnt sie, und das bestätigt die im Rahmen der Interaktionsanalyse formulierten Hypothesen, stellvertretend-fürsorgende und instrumentell-versorgende Problemlösungen ab.

Im Zusammenspiel von Identifikation und kognitivem Respekt vor der Autonomie der Jugendlichen setzen sich schließlich die persönlichen Erwartungen durch. "... und dann sacht se also selbst" (damit das Resultat der Arbeit ankündigend), "sie wollte weg". Eine ausschließlich von der objektiven Bedeutung her gedeckte Paraphrase dieses Fazits ("also"), die nicht der Sozialarbeiterin persönlich angelastet werden darf, sondern im Kontext der objektiven Strukturproblematik des Berufs zu sehen ist, wäre etwa: "Rieke ist schließlich auch zu der Meinung gelangt, daß es besser ist, wenn sie von Zuhause fortgeht"; oder schärfer: "Und dann war sie so weit, daß sie also selbst gesagt hat, sie wollte weg". Die Jugendliche, die eben nicht "mit fliegenden Fahnen" überläuft, muß zu der erwarteten Entscheidung erst gebracht werden. Das macht die Anstrengung des Berufs aus.

Der endlich erreichte Entschluß des Mädchens wird zum Anlaß genommen, entsprechende Maßnahmen einzuleiten. Frau M. prüft nicht mehr dessen Tragfähigkeit, sondern handelt schnell:

> "... dann - blieb mir auch keine andere Wahl ... hatte auch
> schon (!) zwei Wohngruppen ... die sie eventuell genommen
> hätten ..." (S. 22).

Die Entscheidung der Jugendlichen erhält den Charakter eines objektiven Handlungszwanges. Der Sozialarbeiterin bleibt keine andere Wahl. Sie ist nur mehr ein die Wünsche der Klientin ausführendes Organ. Demgegenüber würde sich etwa ein Arzt oder Therapeut primär auf objektive Sachverhalte, z.B. einen pathologischen Befund stützen und von da ausgehend notwendige

Behandlungsschritte und Problemlösungen aufzeigen, sich aber nicht auf eine
Entscheidung des Patienten berufen. Damit würde er seine professionelle Autonomie aufgeben und sich in die Abhängigkeit vom Patienten begeben. Genau
diese Differenz in der Selbstdeutung gibt eine vorhandene oder nicht vorhandene unabhängige Problemlösungskompetenz zu erkennen. Die von Frau M.
negierten institutionellen Handlungsdeterminanten auf der einen Seite und
der faktische Vollzug einer Quasi-Entscheidung der Klientin auf der anderen Seite erweisen sich als zwei Seiten des identischen Problems der strukturell nicht gegebenen beruflichen Autonomie. Was sich anfangs gegenüber
der Erziehungsberatungsstelle und den Eltern als rettungsphantastisches
Bemühen dargestellt hat, die drohende Heimeinweisung zu verhindern, vollzieht sie nun "freiwillig" selbst, übt die Kontrollfunktion aus zum Nachteil einer fallspezifischen Hilfe- und Beratungsleistung. Dabei begründet Frau M. ihren Schritt nicht etwa mit einer Zuspitzung der Konflikte in
der Familie, wodurch der unterstellte Handlungszwang sehr viel mehr Plausibilität erhielte und ihre generelle Einstellung, Heimeinweisungen möglichst zu verhindern, nur fallspezifisch außer Kraft gesetzt und darum
als gültig bekräftigt würde.
Die in der Interaktion mit der Jugendlichen und ihren Eltern festgestellte
Inkonsistenz von Inhalts- und Beziehungsebene findet ihren Ausdruck auch
im Erzählduktus der Sozialarbeiterin. Die Chronologie der Ereignisse strebt
in zunehmender Spannung einem dramatischen Höhepunkt, einer unerwarteten
Wende zu:

> S: "... und dann, rief Rieke gar nich mehr an, sie kam nich
> mehr, seit dem 1.1o. arbeitet Rieke. Ganz normal, hat en
> ganz ordentlichen Freund ... geht regelmäßig arbeiten, geht
> regelmäßig zur Schule - es läuft."
> I: "Und wohnt Zuhause?"
> S: "Wohnt Zuhause."(S. 22).

Der unauflösbaren Paradoxie, sich autonom für ein Verlassen der Familie zu
entscheiden, entgeht die Jugendliche, indem sie das Feld räumt und die Beziehung zur Sozialarbeiterin abbricht. Sie ist also nicht nur nicht "mit
fliegenden Fahnen" ins andere Lager übergelaufen und "fahnenflüchtig" geworden, sondern erweist sich dem alten Lager gegenüber als loyal. Angesichts des Realitätsdrucks der näher rückenden Heimunterbringung nimmt sie
ihre Entscheidung zurück. Objektiv verweist sie die Sozialarbeiterin und
die durch sie repräsentierten sozialpädagogischen Einrichtungen auf ihre
substitutive Funktion gegenüber dem Primärsystem Familie. Sie erkennt jene
nicht in der erwarteten Weise als das eigentlich Bessere an. War oben da-

von gesprochen worden, daß Frau M. auf der Ebene der beruflichen Handlungsstrategien zwar gescheitert ist, sich auf der persönlich-diffusen Ebene jedoch erfolgreich mit der Jugendlichen verbünden konnte, dreht sich nunmehr das Verhältnis von Erfolg und Mißerfolg genau um: Der Zusammenhalt der Familie bleibt gewahrt, das Mädchen hat ohne eine sozialpädagogische Absonderungsmaßnahme mindestens nach außen die von den Eltern beklagten Verhaltensweisen abgelegt. Die Sozialarbeiterin könnte also jetzt den Verlauf der Ereignisse durchaus als erfolgreiche prophylaktische Beratung für sich verbuchen, in Übereinstimmung mit ihrer an anderer Stelle des Interviews geäußerten Meinung, daß es für sie bereits eine Veränderung ist, "wenn es zu keiner Heimeinweisung kommt" (S. 37)[17]. Das geschieht aber nicht. In ihrer Darstellung bleibt das Moment der subjektiven Enttäuschung, des persönlichen Mißerfolgs erkennbar. Sie fügt zu den einzelnen Erfolgsposten nicht die wesentliche Information hinzu, daß die Jugendliche weiterhin bei den Eltern wohnt. Diesen Dreh- und Angelpunkt der Beziehung unterschlägt sie gewissermaßen, und sie kann eine entsprechende Frage der Interviewerin auch nur knapp bestätigen, entgegen ihrer sonst so ausführlichen Erzähl- und Mitteilungsbereitschaft.

Zur Klärung des Geschehens müssen an dieser Stelle zwei Fragen beantwortet werden: 1. Warum meldet sich die Jugendliche nicht mehr und teilt der Sozialarbeiterin ihre gegenteilige Entscheidung mit? 2. Welche Form der Bewältigung findet Frau M. für die sie enttäuschende Wende? Zunächst zur ersten Frage. Unter Ausschluß des Kontextwissens lassen sich gedankenexperimentell verschiedene Gründe für den Kontaktabbruch der Jugendlichen vorstellen: die Konflikte in der Familie können sich gemildert haben, insbesondere unter dem Druck der geschaffenen Fakten (Einleitung der technischen Maßnahmen für die Durchführung der Heimunterbringung, Kostenregelung, Suche nach einem Wohngruppenplatz etc.); die Jugendliche mag eine andere relevante Person gefunden haben, mit der sie ihre Probleme besprechen kann; sie könnte von den Eltern daran gehindert werden, den Kontakt zur Sozialarbeiterin fortzusetzen; sie mag von Anfang an nur eine strategische Entscheidung getroffen haben, um mehr oder weniger bewußt Eltern und Sozialarbeiterin gegeneinander auszuspielen. Und unter Einbeziehung des Wissens um die paradoxe Struktur der Interaktion ließe sich vermuten, daß das Mädchen mit nachlassendem Leidensdruck und d.h.: verminderter Abhängigkeit von der Sozialarbeiterin auch das Feld räumen und die Situation durch Wegbleiben bewältigen kann. Die aufgeführten hypothetischen Handlungsgründe sind unvollständig. Sie lassen sich differenzieren und variieren. Die Mitteilungen der Sozialarbeiterin selbst zeigen, daß sich in der Perspektive der Jugendlichen die familiären Konflikte weitgehend gelöst haben. Nun, da sie wieder regelmäßig arbeitet und die Schule besucht, ist es offensichtlich nicht mehr notwendig, die Familie zu verlassen. Im neuen Freund hat sie zugleich den signifikanten Anderen gefunden, der die Sozialarbeiterin als vertrauten Gesprächspartner ablöst. Warum teilt sie aber Frau M. die Veränderungen nicht mit, sondern zieht sich stillschweigend zurück? Auch hier lassen sich wieder eine Reihe von Möglichkeiten auflisten: etwa daß sie sie einfach vergißt, z.B. weil sie verliebt ist; oder es ist ihr unangenehm, weil sie nicht als wankelmütig erscheinen will; oder als jemand, der eine schwerwiegende Entscheidung zuvor nicht gründlich bedacht hat; oder weil sie spürt, daß sie die Sozialarbeiterin enttäuschen wird. Eine plausible Erklärung, die von der objektiven Textbedeutung des Beratungsgesprächs selbst und des Interviews her gedeckt wird, ist die folgende: Zwischen den Alternativen: Bündnis mit der Sozialarbeiterin (= Trennung von der Familie) und Verbleib bei den Eltern (= Trennung von der Sozialarbeiterin) scheint es für die Jugendliche keinen dritten Weg zu geben, wie etwa Verbleib bei den Eltern und Fortsetzung der Beratungsgespräche. In dieser antithetischen Konstellation muß die Mitteilung, daß sie ihre Entscheidung wieder zurücknimmt, Frau M. notwendig enttäuschen. Es ist anzunehmen, daß sie genau das vermeiden will. Sie geht der unangenehmen Situation aus dem Weg.

Das führt zur zweiten Frage: Wie bewältigt Frau M. retrospektiv den sie enttäuschenden Kontaktabbruch? Wie geht sie mit einer Situation um, die auf der persönlichen Ebene als Mißerfolg zu werten ist, auf der beruflichen jedoch als objektiver Erfolg interpretiert werden kann. Zwei zentrale Deutungsstrategien stehen ihr zur Verfügung:

1. Sie kann die Arbeitsperspektive: "Heimunterbringung" und "Herbeiführung einer autonomen Entscheidung" überprüfen und deren logische Unvereinbarkeit feststellen. Sie kann den Fallverlauf und die Daten konsequent daraufhin untersuchen, inwieweit sich in ihnen die eingetretene Entwicklung ankündigt, jedoch von ihr nicht wahrgenommen worden ist. Eine solche Rekonstruktion hätte Distanz zum Fall und zum eigenen Handeln zur Voraussetzung. Eine Formulierung etwa: "Ich habe mir den ganzen Verlauf noch einmal angesehen, und ich hätte eigentlich bemerken müssen, daß die Jugendliche nicht wirklich fortgehen wollte", würde mindestens den Versuch einer solchen Interpretation zum Ausdruck bringen. Darin eingeschlossen wäre die selbstverständliche Anerkennung begrenzter fachlicher Kompetenz, die auf

der klaren Trennung von objektiver Handlungsstrukturproblematik einerseits und persönlichen strukturrealisierenden Anteilen andererseits beruht und das Scheitern nicht primär als persönliches Versagen erleben läßt. Da zwischen der Aufzeichnung des Beratungsgesprächs und dem Interview kaum mehr als zwei Monate liegen, ist nicht mit einer solchen distanzierten Fallrekonstruktion und der hierzu erforderlichen Veränderung persönlichkeitsspezifischer Merkmale zu rechnen.

2. Frau M. kann die Arbeit in der dualen Beziehung als relativ erfolgreich darstellen, muß dann aber einräumen, daß sie das Ziel: "Heimunterbringung" nicht erreicht hat.

Sehen wir uns den folgenden Textausschnitt an:

> "... vielleicht hab ich also schon ne Ecke Druck vermittelt ...
> Dadurch, daß ich also sachte: 'So, jetzt machen wer das und
> das und das' (klopft dabei auf den Tisch), ... es folgte Druck,
> kein luck-lack-Zeug mehr, also wo sie ausweichen konnte ..."
> (S. 22).

Und weiter:

> "... daß sie irgendwo gelernt hat, en Konflikt zu bewältigen ...
> Sie wußte eigentlich gar nich, welche, was ihre Entscheidung
> war, was sie für sich tun wollte ... Es is eigentlich, glaub
> ich, gar nich so wichtig, dat sie gesagt hat: 'Ich will ins
> Heim', sondern wichtig is einfach, daß sie gesacht hat: 'Ich
> tu was für mich, ich treff für mich die Entscheidung'." (S. 23).

"Druck vermitteln" und "Herbeiführung einer autonomen Entscheidung" sind die zwei diametral entgegengesetzten Handlungsorientierungen der Sozialarbeiterin. Das "Druck ausüben" durch eine Politik des Fakten-schaffens unterstellt innere Distanz und Anwendung fallspezifisch notwendiger Strategien, nicht jedoch die faktisch vorliegende identifikatorische Nähe zur Klientin. Es ist Handeln im Rahmen der Kontrollfunktion der Sozialarbeit: Normdurchsetzung qua Konfrontation mit der äußeren sozialen Realität und deren repressiven Implikaten; Verschärfung des sozialen Drucks statt Verminderung als Voraussetzung eines kommunikativen Diskurses. Das den Eltern unterstellte Bestreben, die Tochter auf Kosten der Entfaltung und Befriedigung individueller Bedürfnisse an die sozialen Normen anzupassen, setzt Frau M. im "Druck ausüben" fort. Die Interpretationslinie: "Herbeiführen einer eigenständigen Entscheidung" bezieht sich dagegen auf therapeutisches Handeln unter Anerkennung der Autonomie der Lebenspraxis. In ihrer Schilderung fügt die Sozialarbeiterin nun nicht die beiden gegensätzlichen Orientierungen zusammen, so daß die Paradoxie und das darin enthaltene allgemeine Strukturproblem der Gleichzeitigkeit von Hilfe und Kontrolle erkennbar wird. Stattdessen rückt in den weiteren Ausführungen das "Druck"-Argument in den Hintergrund. Der "Autonomie"-Aspekt erhält Vorrang. Förmlich gegen die latenten Zweifel der Interviewerin anredend, insistiert Frau M. mehrfach darauf, daß hier eine eigene Entscheidung der Jugendlichen vorgelegen hat. Im Rahmen dieser Deutungslinie spezifiziert sie auch einzelne Arbeitsschritte: Stärkung der Entscheidungsfähigkeit; eigene Bedürfnisse erkennen; Meinungen äußern lernen. Führt man sich noch einmal das anfangs eher beiläufig und mit Understatement erwähnte: "auch son bißchen mit ihr Konfliktberatung gemacht" vor Augen, wird die Verschiebung vom ursprünglichen Arbeitsziel:"Heimunterbringung" hin zur "Konfliktberatung" deutlich. Die Heimunterbringung verliert an Bedeutung. Sie wird zu einem beliebigen, austauschbaren Mittel zur Erreichung des neuen Beratungsziels: Auflösung bisheriger Fixierungen und Konfliktlösungsmuster und Transformation der Persönlichkeitsstruktur der Klientin. Vor dieser Folie kann die Arbeit als erfolgreich, als helfend gedeutet und die fachliche Kompetenz gewahrt werden. Diese Form retrospektiver Deutung folgt einem alltagspraktischen Interpretationstypus: "der negativen Sache nachträglich etwas Gutes abgewinnen". Das positiv bewertete Ergebnis hat zufälligen Charakter, ist nicht auf der Grundlage eines kontrolliert eingesetzten Problemlösungspotentials herbeigeführt worden. Geht man davon aus, daß eine adäquate Rekonstruktion dessen, was man tut an die materielle Voraussetzung einer verfügbaren Handlungskompetenz gebunden ist, sei es als subsumtionslogisches bürokratisches Verfahren oder als professionalisiertes Handeln, dann wird erneut die Nichtverfügbarkeit einer entsprechenden Kompetenz erkennbar. Die Unvereinbarkeit von Therapie/Hilfe und soziale Kontrolle/Normdurchsetzung bedingt sowohl den widersprüchlichen Rückblick auf die Arbeit mit der Jugendlichen, als auch den Interpretationswechsel von der Therapieleistung zur Kontrollfunktion und umgekehrt. Trotz des subjektiv erkennbaren Bemühens um eine Durchdringung und Erkenntnis des Fallverlaufs und der Bereitschaft, sich mit der eigenen Berufspraxis auch im Detail auseinanderzusetzen, verfügt die Sozialarbeiterin nicht über die klärenden Kategorien der objektiven Bedingungen ihres Handelns und Scheiterns. Stattdessen fungiert die moralische Hilfeverpflichtung als eine die Interpretation leitende Deutungsperspektive. Sie erlaubt, das eigene Handeln als sinnvoll und nützlich wahrzunehmen, weil ohne die Möglichkeit einer strukturellen Durchdringung des allgemeinen Berufsproblems jeder Mißerfolg als persönlich verschuldet erscheint.

6.2.2 Das Deutungsmuster

Ausgehend von einer, gleich am Anfang des Interviews plazierten Textstelle soll nun versucht werden, das Deutungsmuster der Sozialarbeiterin in seinen zentralen Strukturelementen zu rekonstruieren. Von der Interviewerin aufgefordert:

> "Und der Einfachheit halber, ich glaub, is es am Besten, wir fangn mal mit der Institution an, so, daß Du einfach mal erzählst, wie Dir das da so geht ..." (S. 1),

charakterisiert Frau M. zuerst stichwortartig die Institution: Sozialer Dienst (Bezirksgröße, Zahl der Sozialarbeiter und globale Aufgaben). Dann beschreibt sie das Gebäude, in dem sie arbeitet:

> "Jaa - ähm, ich sitz also im Riesengebäude, was mir also jeden Morgen, wenn ich hinmuß, Magenschmerzen bereitet, - 6 Stockwerke, 3oo Leute sitzen dadrin, em, en Klotz von Macht ... Beton, viel ganz viel Beton ... kalt isses, der ganz Bau strahlt ne unmheimliche Kälte aus. Und für die Orientierung von Klienten isses ganz arg beschissen ..." (S. 2).

Die Instituion als Ort und Verursacher starker affektiver Belastungen und psychosomatischer Phänomene. Der unmittelbar anschließende Perspektivenwechsel zum Erleben der Klienten läßt erwarten, daß sich Frau M. nicht primär als Mitglied und Vollzugsorgan der Behörde versteht, sondern daß sie die Interaktion mit den Klienten als davon abgetrenntes, personalisiertes Verhältnis begreift. Das Amt scheint die eigentliche fachliche Arbeit zu behindern und zu stören. Bereits an dieser Stelle kann vermutet werden, daß die Sozialarbeiterin versuchen wird, die negativen Einflüsse des Gebäudes, seine Kälte, Anonymität, Machtausstrahlung und Starre auszuklammern und in der Beziehung zu den Klienten gegenteilig Nähe, Wärme, leichte Zugänglichkeit, Offenheit und Flexibilität zu verwirklichen. Die Vermutung gewinnt an Plausibilität, wenn man eine alternative Lesart dagegenhält: die Anonymität und Größe des Gebäudes als positive Chance für die Klienten zu begreifen, die stigmatisierenden Kontakte zur Fürsorge (Sozialer Dienst und Sozialamt) zu verbergen. Damit sind auch mögliche Deutungsvarianten eines nach generalisierten Normen erfolgenden bürokratischen Helfens im Sinne sozialpolitischer Information und Beratung ausgeschlossen. Bei einer Präferenz für diesen Typus klientunspezifischer Hilfe würde Frau M. das Gebäude kaum als die beruflichen Handlungsvollzüge behindernd thematisieren. Die generelle Distanzierung von der Institution, findet sich im Verlauf des Interviews in folgenden Ausprägungen wieder: Unterscheidung zwischen verwaltungsmäßiger und fachlicher Arbeit (S. 5); zwi-

schen notwendigen Tätigkeiten in der Institution und Präferenz für den
Hausbesuch (S. 2); in der Kritik an den bürokratischen Regeln der Verwaltung, die "nich unbedingt am Klienten orientiert ist" (S. 7/8); oder darin,
daß sie "stark von den Pflichtaufgaben belästigt (!)" wird (S. 12). Diese
Deutungen reflektieren zugleich den Versuch, der Institution die Kontrollfunktion zuzuweisen und in der Arbeit mit den Klienten ausschließlich den
Hilfeauftrag zu realisieren. Solche Bemühungen durchbrechen in der Regel,
weil sie gegenreaktiv erfolgen, die Distanz zum Hilfesuchenden. Sie vereinseitigen die diffuse Seite der Beziehung, wenn, wie bei Frau M. der Fall,
zugleich eine persönlichkeitsspezifische Affinität dafür vorhanden ist.
Die soziale und affektive Nähe supponierenden Bedeutungsgehalte des Hilfe-
Selbstverständnisses begünstigen und unterstützen das, kontraproduktiv zur
Rollenförmigkeit und Spezifizität des Handelns. Ziehen wir die oben verwendete ungewöhnliche Formulierung: "strahlt ne unheimliche Kälte aus" hinzu
(die hier global als Widersprüchlichkeit von Anerkennungsverlangen einerseits und Versuch der Situationskontrolle und Distanzsicherung andererseits interpretiert wird) und berücksichtigen den Perspektivenwechsel vom
eigenen Erleben des Gebäudes zu dem, als identisch unterstellten, der Klienten, dann läßt sich schlußfolgern: daß Frau M. über Persönlichkeitsmerkmale verfügt, die eine empirische Realisierung der strukturell begünstigten Durchbrechung der Distanz zum Klienten empirisch wahrscheinlich machen.
Sie wird tendenziell als konkrete Person handeln. Die Differenz dieser
identifikatorischen Stellvertreterposition zu Deutungen von Angehörigen
professionalisierter Berufe zeigt sich beispielsweise darin, daß ein Arzt
die Schmerzhaftigkeit eines Behandlungsverfahrens zwar sieht, diese jedoch
nicht in affektivem Miterleben primär thematisiert, sondern auf die notwendigen Behandlungsschritte hinweist.[18]

Im Anschluß an weitere Ausführungen zum Gebäude zieht die Sozialarbeiterin
die folgende Konsequenz:

> "... und wer also da wirklich persönlich hilfebetroffen[19] is oder
> sich auch schlecht fühlt äh ... kann ich nich raten, dahin zu
> gehen" (S. 2).

Was auf den ersten Blick die Vermutung nahelegt, daß Frau M. den Klienten
tatsächlich abrät, die in diesem Gebäude sich befindenden Dienststellen
aufzusuchen, wird in den sich unmittelbar anschließenden Aussagen sogleich
widerlegt. Soweit ihre Klienten das Amt noch nicht kennen, bereitet sie sie
darauf vor. Sie handelt also nicht nur konsequent entsprechend ihrem personalisierten Hilfe-Selbstverständnis, indem sie Hausbesuche bevorzugt, son-

dern sie verkürzt auch qua Vorbereiten den unvermeidbaren Weg durch die Institution, damit die Klienten, ohne lange suchen zu müssen, zu ihr als dem rettenden Fluchtpunkt gelangen können. Trotz der Einbindung in die Institution erreicht sie ein Höchstmaß an klientorientierter Sozialarbeit:

S: "... deswegen mach ich auch sehr viel Außendienst, das heißt also, ich fahr zu den Leuten hin - äh und wenn ne Beziehung da ist äh hol ich die Leute auch schon manchmal ins Amt, aber dann bereite ich sie meistens schon vor ..."

I: "Wie machst das? Vorbereiten, sagst de?"

S: "... 'ob se das ...amt kennen würden in X?'"

I: (lacht)

S: "Und wenn se dann sagen:'ja', dann sag ich Ihnen: 'Is aber ganz schön groß dat Gebäude ne? Ganz schön schwer, sich da zurechtzufinden, glaub ich?' Dann erklär ich ihnen, wie se da rein müssen, wo se denn hinkommen und wo se dann ganz schnell aussteigen müssen und dann links durch die Glastür und gaaanz hintendurch

I: (lacht)

S: und dann rechts sitz ich (lachend) ..." (S. 2).

Die szenische Reproduktion zeigt, daß Frau M. im schrittweisen Aufbau ihrer Fragen den Klienten die Chance beläßt zu sagen, daß sie sich auskennen und selbst zurechtfinden. Von hier aus kann erwartet werden, daß sie nicht unflexibel von vornherein Hilflosigkeit und Hilfsbedürftigkeit unterstellt. Nur scheinbar widerspricht dies ihrer auf das Defizit der Jugendlichen zentrierten Aufmerksamkeit, die in der Interaktionsanalyse festgestellt wurde. War dort im Rahmen der Untersuchung der Binnenstruktur der Beziehung eine unzureichende Qualifikation bemerkt worden, die die äußerst schwer zu erreichende Balance gleichzeitiger Akzeptanz und Kenntnis des Defizits mißlingen läßt, geht es hier um die sehr viel einfachere Herstellung des äußeren Kontakts, einschließlich einer ersten Prüfung noch vorhandenen Selbsthilfepotentials.

Wie sieht im einzelnen die personalisiert gestaltete Beziehung zu den Klienten aus, und wie erscheinen jene in der Deutung der Sozialarbeiterin? Zunächst zum zweiten Teil der Frage: Von der Interpretation der Aussagen zum Gebäude ausgehend, kann erwartet werden, daß Frau M. die Klienten tendenziell als empfindsam und schutzbedürftig wahrnimmt. Es sind vor allem Mimosen und nicht Personen, die über eine eigene alltagspraktische Kompetenz verfügen (wie in Fall 3); oder negativ: die mit illegitimen Mitteln ihre Interessen durchzusetzen verstehen und das Sozialamt betrügen (wie in Fall 2) oder die bequem sind und nichts machen wollen (wie in Fall 4).

Im Interview findet sich eine einzige Textstelle, in der sie explizit ihr Klientenbild zeichnet. Im Rahmen der Erörterung des möglichen Gewinns aus der erworbenen gesprächstherapeutischen Zusatzausbildung nach Rogers erzählt Frau M.:

> "Klienten, also grad, ja Klienten merken eigentlich auch sehr
> schnell, ganz schnell, die sind unheimlich sensibel oft - äh
> sie sind auch sensibel, weil halt, weil se so im Leidensdruck
> stehn oder so ne, äh die merken eigentlich sehr schn schn
> sehr schnell und sehr echt, ob Du äh, da wirklich, ob Du wirk-
> lich Interesse an Ihnen hast ..." (S. 38).

Wie läßt sich dieses emphatische Statement mit der konkreten Parteinahme für die Jugendliche und der Schuldzuweisung an die Eltern vereinbaren? Es liegt nahe zu erwarten, daß das ideale Bild nur zu schnell mit der empirischen Wirklichkeit zusammenprallt, z.B. wenn ein Klient nicht der unterstellten Verknüpfung von Leidensdruck und Sensibilität entspricht. Dann verwandeln sich die identifikatorischen, schützenden Interventionen in latente Gegnerschaft zum scheinbar Unsensiblen. Während Frau M. in der Regel Partei ergreift für die Kinder und Jugendlichen (die sensiblen, schwachen Klienten), handelt sie gegenüber den Eltern (den scheinbar Starken, Unsensiblen) nicht selten konfrontativ, wie wir weiter unten sehen werden. Solche Muster wurzeln nun nicht in der Persönlichkeit der Sozialarbeiterin, sondern zunächst und als erstes in der doppelten Verpflichtung gegenüber Eltern und Kindern: die Eltern in Erziehungsfragen zu beraten und gleichzeitig die Interessen des Kindes gegenüber den Eltern zu vertreten ("... man soll ja Anwalt des Kindes oder der Jugendlichen sein", S. 32); d.h. darauf zu achten, daß das Recht und die Pflicht der elterlichen Sorge nicht verletzt werden. Damit ist strukturell das Fundament gelegt für eine Identifikation mit dem schwächsten Glied in der Kette und einer latenten Gegnerschaft zu den Eltern. Auf dieser Basis können sich die persönlichen Präferenzen und Animositäten empirisch entfalten. Ein Vergleich mit dem Handeln Professionalisierter verdeutlicht auch hier die Differenz. Der Arzt oder Therapeut ist in der Lage, sich konsequent auf die Behandlung des Patienten zu beschränken, ohne auf Grund seiner Kenntnis von physischen und psychischen Gewalttätigkeiten gegenüber seinem Patienten (etwa im Fall einer Kindesmißhandlung) sanktionierend eingreifen zu müssen. Seine Kompetenz besteht gerade darin, das wahrnehmen und aushalten zu können und gleichwohl in relativer affektiver Neutralität Opfer und/oder Täter zu behandeln.

Auch im Interview sind nun Äußerungen zu finden, die das ideale Klientenbild modifizieren und in sein Gegenteil verkehren. So negiert Frau M. bei den Eltern Leidensdruck und Sensibilität. Diese werden zu Gegner im Kampf um das Kind, wenn sie etwa davon spricht, daß sie gegen jene "Frontangriffe" richtet (S. 31); oder wenn sie einerseits ihre äußerst behutsame Annäherungsweise gegenüber, vom Scheidungsverfahren ihrer Eltern betroffenen Kindern szenisch reproduziert, andererseits aber vom harten Konfrontationskurs berichtet, den sie gegenüber den Eltern einschlägt:

"... ich konfrontier die Leute manchmal unheimlich ... wenn es also um um um Elterliche Sorge ... geht, da rück ich denen (den Eltern, R.S.) verdammt auf die Pelle ne." (S. 4o).

Nun zum ersten Teil der oben formulierten Frage: Wie deutet Frau M. die Beziehung zu den Klienten? Befragt nach dem möglichen Gewinn der, ergänzend zum Sozialarbeitsstudium erworbenen Nicht-direktiven Gesprächstherapie, teilt sie folgendes mit:

"Mir bringt dat unheimlich viel. Und zwar - bringt mir das auf der einen Seite - daß ich sehr schnell sehr nah am Problem bin - auf der andern Seite, dat ich mich, also rück zurücknehmen kann und sagen kann: 'Du bist Dein Problem und hier sitz ich'. Zwei Stühle also, während dess ich mich früher ganz oft - mitm Gefühl der Solidarität aufn Schoß des Klienten gesetzt hab oder der sich auf meinen ..." (S. 38).

Deutlich spiegelt der Text die nicht gelingende Balance zwischen Nähe und Distanz zum Klienten wider. In beide Richtungen wird die Grenze überschritten: zu große Nähe qua Identifikation einerseits und zu große Distanz und tendenzielles "Abschmettern" der Probleme andererseits ("Du bist Dein Problem"). Auch die Metapher: "zwei Stühle also" reflektiert das zentrale Problem, die spezifische und diffuse Beziehungsdimension gegeneinander auszugleichen. Sie steht in einer Linie mit dem, Bindung und Nähe betonenden Bild vom Gespräch "am runden Tisch" und der an anderer Stelle verwendeten "Weg"-Metapher ("... bis die Klienten auch mit mir den Weg gegangen sind oder ich mit ihnen, umgekehrt ...", S. 14). Die "zwei Stühle"[20] verweisen auf eine kommunikative reziproke Beziehung zwischen zwei statusgleichen und autonomen Gesprächspartnern, die einen von Herrschaftszwängen und Repressionen freien Diskurs führen. Hier gilt: gleiche Rechte und Pflichten für die Beteiligten; Chancengleichheit der Rede eines jeden; kein äußerer oder innerer Zwang wird ausgeübt und auch der Dissens ist dem Konsens gleichwertig anerkannt. Jeder sitzt auf seinem Stuhl, rutscht und zappelt nicht auf der Stuhlkante herum; sitzt nicht zwischen den Stühlen und nicht auf dem des anderen. Keiner macht sich die Probleme des anderen

zu eigen oder bürdet ihm seine Schwierigkeiten auf. Es besteht eine klare
Distanz zwischen ihnen. Es fällt auf, daß in dieser Deutung die rollenförmige Gebundenheit und die spezifische Dimension der Beziehung ausgeklammert werden. Dagegen kommen sie in den Berufsbildern: "Feuerwehrmann" (Fall 2) und "Moderator/Manager" (Fall 3) zum Ausdruck. Die "Stühle" unterstellen Handlungssituationen ohne spezifischen Kontext.
Das hier latent thematisierte Problem von Nähe und Distanz zum Klienten
läßt sich schärfer konturieren, wenn wir die Textstelle kontrastieren mit
der Deutung eines Berufspraktikanten der Sozialarbeit in einem Jugendhaus[21]:

> "... un ich bin da einfach so durch mit offenen Ohren un Augen
> und irgendwie so manchmal kam ich mir vor wie son, wie son, sone
> Alge oder sowas im Meer, so mit langen Fangarmen, die so überall äh so die Stimmung, die Gefühle und so wahrnimmt, so unheimlich sensibel ..." (S.31).

Gegenüber dem beruflichen "Rohling", der, objektiv überfordert, in einer
Mischung aus ziellosem Dahintreiben ("Alge") und sensibler Fusionierung
Kontrolle über die jugendlichen Klienten zu gewinnen versucht, handelt es
sich bei Frau M. um kontrollierte Versuche, die Momente der Übertragung
und Gegenübertragung zu handhaben. Dennoch ist folgendes einzuwenden:
1. Die Metapher unterschlägt die empirische Erfahrung, daß Klienten gewöhnlich nicht auf ihrem Stuhl sitzen, wenn man einmal davon ausgeht, daß
sie auf Grund von Leidensdruck die Beratung eines Sozialarbeiters suchen. Bleibt man im Bild, dann kann dies im Idealfall erst das Ergebnis
helfender Tätigkeit sein, die angestrebte Reziprozität erst am Ende erreicht werden. Insofern setzt die Metapher voraus, was am Ende der beruflichen Tätigkeit zu finden sein sollte. Die Orientierung am idealen Bild
erklärt und legitimiert Tendenzen des Zurückweisens der Übertragungsangebote eines Klienten, wie Parentifizierung, Abgabe von Eigenverantwortlichkeit, Wünsche nach Versorgung, Zuwendung und stellvertretender Problemlösung. Diese Phänomene wären jedoch in der Beziehung professionell zu handhaben.
2. Auch ein Sozialarbeiter sitzt nicht, wie die Metapher unterstellt, auf
seinem Stuhl. Angesichts des Strukturkonflikts, gleichzeitig Hilfeleistung
und Kontrollfunktionen zu erbringen, kann er nur "zwischen den Stühlen"
sitzen. Frau M. "rutscht" dabei qua Einfühlung tendenziell auf den Stuhl
der Jugendlichen. Die paradoxe Interaktionsstruktur und die widersprüchliche Fallrekonstruktion sind insofern angemessene Antworten. Solange Metaphern, wie die von den "zwei Stühlen" den objektiven Konflikt nicht re-

flektieren, behaupten sie normativ einen Zustand, den ein Sozialarbeiter
zwar individuell-heroisch anstreben, aber nicht erreichen kann. Sie verfälschen zugleich den Blick auf das eigene Handeln und verhindern eine
analytische Durchdringung der Strukturproblematik.

Zeigt sich somit, daß zwischen objektivem Handlungsstrukturproblem und einer in Anspruch genommenen Problemlösungsstrategie: Beratung/Kommunikation
auf der Grundlage der Anerkennung der Autonomie des Klienten eine objektive
Unvereinbarkeit besteht, dann resultieren daraus notwendig ständige Anstrengung, Überforderung und Überlastung eines Sozialarbeiters, will er
sich nicht auf die Funktion eines bloßen Vollzugsorgans institutioneller
Aufgaben reduzieren - und damit sein Hilfe-Selbstverständnis aufgeben. Der
individuelle Heroismus und persönliche Einsatz, die nichts anderes darstellen als das Verlassen der Rollenförmigkeit der Tätigkeit, finden im Interview auf verschiedene Weise ihren Ausdruck. So kann Frau M. nur schwer
zwischen Berufs- und Privatsphäre trennen, äußerlich wie auch innerlich.
In fast rigider Selbstdisziplinierung und zum Schutz vor der durch Arbeitsüberlastung und Hilfemoral unvermeidbaren Selbstausbeutung muß sie
versuchen, in Arbeitnehmermentalität die Arbeitszeit auf 4o Stunden zu begrenzen. (Nur am Rande sei hier angemerkt, daß dieser Einstellung im Grunde entspricht, die Arbeitsquanten innerhalb der 4o Stunden zu strecken, um
gut über die Runden zu kommen.)

"Wir[22] (die Sozialarbeiter des Sozialen Dienstes, R.S.) machen
uns da krumm, ich arbeite 4o Stunden ... und wat ich nachts in
meinen Träumen mache oder was also äh wie ich also meine Gedankken noch am Wochenende mit rumschleppe, dat kann also keiner
einschätzen ... ich kann das also nich da im Amt lassen." (S. 13).

Solche und andere Aussagen, wie die Hinweise auf die "Kraft", die der Beruf kostet; oder die an die Klienten abgegeben wird (S. 3, 14, 17), sind
nicht als individuelle Larmoyanz zu interpretieren. Sie zeigen, daß nicht
"kraft"-sparend, habitualisiert gehandelt wird, sondern immer als ganze,
konkrete Person. Das führt notwendig zu Enttäuschungen, zum Praxisschock.
Die Diskrepanz zwischen den in der beruflichen Sozialisation vermittelten
Strategien und der im Beruf selbst erlebten Realität verarbeitet Frau M.
in der Weise, daß sie die ursprünglichen Erwartungen an den Beruf, zu verändern, reduziert, nicht jedoch resignativ aufgibt. Dahinter steht die Erfahrung, daß "vielleicht der Mensch dat auch gar nich so verändern will"
(S. 36). Mit dieser vagen Umschreibung spricht sie genau das an, was die
psychoanalytische Kategorie des Widerstandes erfaßt, und was die unspezi-

fische Hilfe-Verpflichtung negiert. Im idealen Helfen- und Verändern-wollen bleiben die widerstrebenden Tendenzen des Klienten, sein Beharrungsvermögen und sein Eingerichtet-haben in der Not, unberücksichtigt. In Begriffen einer durch die Gabe konstituierten Beziehung des Gebens und Nehmens ausgedrückt: Das Geben und die Hilfe der Sozialarbeiterin fügen sich nicht dem Nehmen-wollen und -können der Klienten ein.[23] Der Veränderungsanspruch überschreitet die nur aus der Dialektik von Leidensdruck und Widerstand heraus bestimmbare Veränderungsfähigkeit.

> "... verändern, verändern ... jaaa, da warn das illusionäre Vorstellungen (in der Ausbildung, R.S.), verändern, und heute is ... für mich ne Veränderung, wenn ein Kind z.B. regelmässig die Schule besucht oder wenn - wenn es zu keiner Heimeinweisung kommt ... oder wenn sich schon mal alle um einen Tisch setzen, dat is für mich enorm Veränderung und im Studium wäre das, wenn sich alle um einen Tisch setzen, nur die Voraussetzung für eine Veränderung - ..." (S. 37).

Plastischer und eindringlicher als es hier geschieht, kann die Kluft zwischen vermittelten Handlungszielen und Praxisrealität kaum geschildert werden. Frau M. reduziert ihren Globalanspruch der Veränderung zugunsten einer Politik der kleinen Schritte. Sie versucht, sich mit minimalen Veränderungen zu begnügen. Doch: Die produktive Ent-Täuschung bleibt an das Gefühl der unzureichenden und ungenügenden Leistung gebunden ("... wenn ich also die Pflichtaufgaben optimal wahrnehmen würde ...", S. 13), mobilisiert Empfindungen der Unzulänglichkeit und Schuld:

> S: "... die (die Kollegen, R.S.) reiben sich die Hände, wenn mir wat schief geht. - Wat heißt, mir wat schief geht, kuck, jetzt hab ich's schon voll drin. - Mir geht dat nich schief,
>
> I: "Hm"
>
> S: sondern, oder der Prozeß is falsch gelaufen, oder so ne."
>
> I: "Hm"
>
> S: "Äh das find ich auch beschissen, in der Handlungsebene da wird Dir auch oft Dein eigenes Schuldgefühl vermittelt ... klar hast Du gehandelt, hast Du was getan, aber doch auf welchen Voraussetzungen Du auch getan hast ... sieht dann keiner mehr ..." (S. 43).

Angesichts der Notwendigkeit, als ganze Person handeln zu müssen, ohne sich auf ein Vertrauen und Sicherheit vermittelndes, berufliches Problemlösungspotential stützen zu können, stellt sich notwendig das "mea culpa" ein. Das gilt im übrigen für jeden Sozialarbeiter, solange er sich dem Hilfe-Selbstverständnis als moralischer Handlungsgrundlage verpflichtet fühlt. Bei allem individuellen Bemühen, das Berufsproblem zu bewältigen und gemeinsam mit den Klienten Problemlösungen zu finden, bleibt ein unauflösbarer Rest von Widersprüchen, Versagen, Unzulänglichkeit etc., der nur durch ein inneres oder/und äußeres Verlassen des Berufs selbst (Aufgabe der Hilfeverpflichtung) beseitigt werden kann. Diese persönliche Konsequenz zieht Frau M. nicht. Sie versucht, mit der Diskrepanz zwischen eigenem Veränderungsanspruch und Veränderungsbereitschaft der Klienten zu leben. So wie dieser Lösungsversuch scheitern muß, mißlingt auch ihr Versuch, ihn sprachlich zum Ausdruck zu bringen:

> "... aber ich glaub, dat muß ich so offenlassen und dat Offenlassen, dat hab ich glaub ich gelernt inner Praxis, ne, dat ich also alles nich so so haben will wie ich dat haben möchte, nich. Ich kann heute also mit dem zufrieden sein äh wat da gelaufen is ..." (S. 35).

7   Fall 2: Herr S.

7.1 Die Interaktionsstruktur: "DANN KÖNN WER FOLGENDES MACHEN, SIE MÜSSEN ZUM WOHNUNGSAMT GEHEN ..."

Das Gespräch zwischen Frau Abel, ihrer Freundin Frau Bebel und dem Sozialarbeiter findet im Büro von Herrn S. im Rahmen der vormittägigen Sprechstunde statt. Es dauert ca. 9 Minuten und umfaßt verschriftet 9 Seiten. Die Interpretation wurde anhand der Eröffnungssequenz und einer zufällig ausgewählten Szene vorgenommen. Außerdem wurde das gesamte Gespräch einer Grobanalyse unterzogen. Die Darstellung des latenten Sinns der Interaktion erfolgt wiederum am Beispiel eines Ausschnittes der Eröffnungssequenz.

Die Szene:

1	S*1	"Ja un jetzt wolln Se sich ne Wohnung besorgen."
2	A 1	"Jaa -- un da wollt isch (zögernd) fragn, ob Sie mir vielleicht en Schreiben (unverständlich)"
3	S 2	"Sind Sie Alleinerziehend?"
4	A 2	"Ja."
5	S 3	"Sind geschieden."
6	A 3	"Ne ne, ich bin ledig."
7	S 4	(gleichzeitig mit 6 A 4 bei: "ich bin ledig") "Dann wär's, (oder: "dann is") (unverständlich)
8	S 5	"Ach Sie sind ledig, ja."
9	A 4	"Ja."
1o	S 6	"Dann könn wer folgendes machen: Sie müssen zum Wohnungsamt gehen,
11	A 5	"Hmm"
1o	S 6	müssen sich beim Wohnungsamt wohnungssuchend melden, des wird Ihnen also so ergehen wie 22.000 andern Leuten auch, die ne Wohnung suchen in X., heißt also, daß ich Ihnen gar net viel Hoffnung machen will, weil Sie das hinterher dann enttäuscht. Ich sachs also lieber gleich,
12	A 6	"Hm"
1o	S 6	gleich rund raus."
13	B 1	"Ja es is nämlich so, weil ..."

* S = Sozialarbeiter, A = Frau Abel, B = Frau Bebel.

1 S 1 ist wiederum die erste aufgezeichnete Äußerung eines der Gesprächsteilnehmer. Zuvor werden diese sich begrüßt haben. Anschließend haben Frau Abel oder ihre Freundin möglicherweise etwas umständlich versucht, das Problem darzustellen. "Ja un jetzt wolln Se sich ne Wohnung besorgen." führt

die Klientin zum relevanten Problem zurück und legt sie darauf fest. Herr
S. weist, indiziert durch das redeeinleitende, adversative "Ja" irrelevante und ausschweifende Schilderungen zurück. "Kommen Sie zur Sache, was ist
das Problem, was hat Sie hergeführt?" ist eine mögliche Paraphrase des Interakts. Für diese Interpretation ist es von sekundärer Bedeutung, ob Frau
Abel zuvor tatsächlich ausschweifend erzählt hat oder nicht. Denkbar ist
auch, daß sie in ihren Ausführungen durch einen Telefonanruf o.ä. unterbrochen wurde. Nach Beendigung der Störung würde Herr S. mit 1 S 1 sie auffordern, ihre Darstellung zügig fortzusetzen und zugleich seine wiederhergestellte Aufmerksamkeit und Zugänglichkeit[1] signalisieren. Die objektiv
zeitsparende Sachverhaltsfeststellung des Sozialarbeiters, die die einfliessenden Informationen auf ein Minimum reduziert und kontrolliert und nicht
mittels einer offenen Frage mobilisiert und steigert, richtet folgenden Beziehungskontext ein: Herr S. definiert gegen ein vorhergegangenes oder zu
erwartendes langatmiges "Geschichten-erzählen"[2] oder eine umständliche Problemschilderung die Situation als ein nach sachlich-bürokratischen Regeln
strukturiertes Zweck-Mittel-Handeln. Er ist nicht an der subjektiven Darstellung und Ausdeutung der Notlage interessiert, etwa an einer hinter dem
Wohnungsproblem sich verbergenden psycho-sozialen Schwierigkeit von Frau
Abel (wie es der Hilfe-Typus und die durch ihn präformierten Psychologisierungs- und Pädagogisierungstendenzen nahelegen). Und er liest auch nicht
ein Entscheidungsproblem heraus, ob sie sich nun wirklich eine eigene Wohnung suchen soll oder nicht. Oder eine andere Variante: er könnte Frau Abel
vorwerfen, daß sie relativ leichtsinnig und unüberlegt ihr Problem selbst
herbeigeführt hat, indem sie Hals über Kopf im Konflikt bei ihren Eltern
ausgezogen ist, statt sich zunächst um eine Wohnung zu bemühen und dann
fortzugehen. Aber auch das macht der Sozialarbeiter nicht. Er handelt weder
in Richtung eines fallspezifischen, kommunikativen Diskurses noch vereinseitigt er die Kontrollfunktion in pädagogisierend-prüfender Form. Er nimmt
die Problemlage als gegeben hin, fragt nicht: "warum" und "wieso" und geht
davon aus, daß hier ein Realisierungsproblem vorliegt, dessen Basis die
freie Entscheidung der Klientin ist ("wolln"), nicht ein äußerer objektiver
Zwang. Mit dem sprachlich locker formulierten "besorgen" wird gleichzeitig
unterstellt, daß Frau Abel relativ problemlos eine Wohnung findet. Es ist
letztlich eine Frage der Organisation.
Der Kontext ist also routineprogrammiertes (Luhmann), instrumentelles Problemlösungshandeln. Das stellt Distanz zur Klientin her. Frau Abel muß
deutlich den Zweck ihres Besuches bzw. die gewünschte Leistung anmelden.

Das ist Voraussetzung für die Hilfe.[3] Sie kann nicht damit rechnen, daß
ihr Herr S. in einem interaktiven Schonklima helfend und einfühlend entgegenkommt und ihr identifikatorisch die Explikation dessen, was sie bedrückt, abnimmt. Die Beziehungsmomente der Nähe und des Miterlebens sind
abgewiesen. Soweit Frau Abel nicht von sich aus den hier geltenden Regeln
folgt, kann sie berechtigt dazu aufgefordert werden. Das erklärt den latent korrigierend-sanktionierenden Charakter der Intervention. In dem passiv-zurückhaltenden Verhältnis des Sozialarbeiters zu seinem Leistungspotential verbirgt sich, wie später zu zeigen sein wird, ein zentrales
strukturspezifisches Merkmal der Beziehung. Darauf soll an dieser Stelle
aber noch nicht eingegangen werden.

Die Hypothesen zum Hilfe-Selbstverständnis können jetzt formuliert werden:
Im Unterschied zur personalisierten Hilfe-Position der Sozialarbeiterin
Frau M. ist das Deutungsmuster des Sozialarbeiters primär um eine instrumentelle Hilfe-Orientierung zentriert. Gegenüber unmittelbar objektbezogenen Leistungen rücken kommunikative, fallspezifische Beratungen in den Hintergrund. Elemente dieses, generalisierten Handlungsregeln folgenden, tendenziell sozialpolitischen Selbstverständnisses sind soziale Distanz und
Grenzziehung zum Klienten. Eine explizite präzise Sprache wird nicht als
hemmend für die Hilfe erlebt. Entsprechend wird Herr S. die Klienten auch
nicht als Mimosen betrachten, ihren Leidensdruck und ihre besondere Empfindsamkeit akzentuieren, denen behutsam entgegenzukommen ist. Von ihnen
kann grundsätzlich erwartet werden, ausdrücklich und selbständig ihre Bedürftigkeit zu artikulieren.

Die Interaktfolge 2 A 1 - 9 A 4 kann nun nach einem Modell bürokratisch-routineprogrammierten Handelns interpretiert werden. Frau Abel selegiert
die in 1 S 1 enthaltene implizite Aufforderung, das relevante Problem zu
benennen. Sie möchte von Herrn S. ein Schreiben, das ihr, so kann vermutet
werden, beim "Wohnung besorgen" nützlich sein wird. Sie spricht den Sozialarbeiter in seiner Helferrolle an, schreibt ihm Einflußmöglichkeiten auf
die Vergabe von Wohnraum zu, sei es als direkte Verteilungsmacht über Wohnungen und entsprechende Anweisungsbefugnis oder mittelbar in Form eines
allgemeinen Empfehlungsschreibens. (Zum besseren Verständnis werden hier
die folgenden Kontextinformationen zum "Schreiben" eingeführt: Damit ist
ein verwaltungsinternes Verfahren angesprochen, in dem die Sozialarbeiter
des Allgemeinen Sozialdienstes für die kommunale Wohnungsvermittlungsstelle einen Bericht erstellen und auf die besondere Dringlichkeit der Woh-

nungsvermittlung für einzelne Klienten hinweisen. Solche sogenannten Härte- oder Dringlichkeitsfälle geben der Wohnungsvermittlungsstelle zu erkennen, daß hier bevorzugt eine Wohnung zuzuteilen ist.) Insoweit Frau Abel nun dem Sozialarbeiter mitteilt, was der eigentliche Grund ihres Besuches ist, genügt sie aber noch nicht seiner Situationsdefinition und seinem Interesse an einer zügigen und knappen Behandlung des Sachverhaltes. Ihre zögernde Sprechweise ("wollt ich fragn", "vielleicht") zeigt, daß es ihr nicht leicht fällt, ihre Bitte vorzubringen. Kontrastive Formulierungen wie: "Können Sie mir bitte ein Schreiben dafür geben" oder: "Ja und dazu brauche ich ein Schreiben von Ihnen" zeigen das. Sie signalisieren eine selbstverständliche Inanspruchnahme der Hilfemöglichkeiten des Sozialarbeiters. Sie verweisen auf Informiertheit über seine Leistungs- und Zuständigkeitskompetenz und unterstellen, daß er sich konsequent bemühen wird, eine klientorientierte Problemlösung herbeizuführen. Das Modell anwaltlichen Handelns mag die Differenz verdeutlichen. Die allgemein anerkannte Kompetenz eines Verteidigers bietet strukturell die Grundlage dafür, daß generell gewußt wird, daß er bemüht ist, im Verfahren das Beste für seinen Mandanten herauszuholen. Die vorsichtig-zweifelnde Redeweise eines Klienten würde vor dieser Folie objektiv als Mißtrauen zu werten sein. Sie unterstellt, daß dieser nicht a priori "im Interesse des Mandanten" handeln wird.

Gegenüber einer, aus der objektiven Handlungssituation hergeleiteten strukturtheoretischen Interpretation der zaghaften, umschreibenden Redeweise von von Frau Abel haben persönlichkeitsspezifische Erklärungen Nachrang. Sie können ergänzend hinzutreten, etwa in der Weise, daß persönliche Unsicherheiten durch die objektiv ungesicherte Situation verstärkt werden. Anders formuliert: nur eine souveräne, also letztlich nicht hilfebedürftige Persönlichkeit könnte gegen die Zwänge der sozialen Situation und der Struktur handeln und Bedarfsanmeldungen nachdrücklich vorbringen.

Frau Abel hat nun, wie sich gezeigt hat, den Grund ihres Besuches mitgeteilt, jedoch nicht in der gebotenen zeitsparenden Kürze. Der Sozialarbeiter fragt denn auch noch in ihre Rede hinein nach dem Personenstand, offensichtlich damit implizit prüfend, ob hier eine besondere Unterstützungsbedürftigkeit vorliegt, die die Erstellung eines Schreibens rechtfertigen könnte: "Sind Sie Alleinerziehend?" (3 S 2). Indem er die Regel der Redeübergabe am Ende der Äußerung eines Sprechers[4] verletzt, verkürzt er erneut die Kommunikation und wiederholt die in 1 S 1 enthaltene latente Sanktionierung. Wie der weitere Gesprächsverlauf zeigt, setzt er jetzt endgültig seine Situationsdefinition und die asymmetrische Verteilung der Rederollen durch: er übernimmt den aktiven Part und strukturiert das Gespräch nach einer impliziten Check-Liste; Frau Abel erhält komplementär die passive Rolle. Sie muß sich auf Fragen-beantworten und Auskunft-geben beschränken und sich bemühen, dies auf die geforderte knappe und zeitsparende Weise zu tun. Sie weiß jetzt, daß hier nicht der Ort ist, "Geschichten zu erzählen". Die Klientin befindet sich nun objektiv in einem Dilemma: Einerseits ist sie daran interessiert, vom Sozialarbeiter Hilfe in Form des Schreibens zu erhalten, um so die Erfolgschancen bei der Wohnungssuche zu steigern. Da sich Herr S. jedoch in einer eher passiven Relation zum eigenen Leistungspotential präsentiert (objektiv und nicht subjektiv intendiert), kann sie nicht sicher sein, ob er ihre Bitte erfüllen und das ihm Mögliche tun wird. Sie müßte im Grunde argumentativ aktiv werden und "vorpreschen", um ihn von der Notwendigkeit des Schreibens zu überzeugen. Seine Situationsdefinition und der latente Abfertigungscharakter seiner Interventionen verbieten aber andererseits eine solche Gesprächsaktivität. Dennoch versucht, hieße das, den Kontext zu sprengen und ließe entweder hohe persönliche Autonomie oder psychopathologisches Widerstandsverhalten vermuten. Beides ist jedoch vom Text her nicht gedeckt. Frau Abel ist bemüht, die Erwartungen des Sozialarbeiters zu erfüllen. Sie fügt sich abhängig-abwartend seinen Strukturierungen, ohne Gewißheit zu haben, daß er entsprechend seinem Hilfeauftrag eine fallspezifische Lösung herbeizuführen versuchen wird.

Bevor nun am Beispiel der Äußerung 1o S 6 die Struktur der Beziehung zwischen Sozialarbeiter und Klientin im einzelnen dargestellt wird, die auf der Grundlage der bisher vorgelegten Interpretationsergebnisse mit der Formel: Paradoxie von Leistungsversprechen und Leistungszurückhaltung bezeichnet werden kann, sind zuvor noch die Gründe für die objektiv zeitsparenden, abweisenden Interventionen zu diskutieren. Warum läßt Herr S. Frau Abel nicht ausreden und die Sachlage darstellen? Warum bringt er sie gewissermaßen sofort "auf den Punkt"? Und warum läßt er die Bitte um ein Schreiben objektiv unbeantwortet und gibt in keiner Weise zu erkennen, daß er sich mit einer impliziten Check-Liste darauf bezieht, was zugleich die Unsicherheit der Klientin reduzieren könnte?

Eine absichtliche Zurückweisung und eine bewußte Zurückhaltung des ihm verfügbaren Hilfepotentials wird hier ausgeschlossen. Es setzt die Abweichung des Sozialarbeiters vom geltenden Berufsmodell und Hilfe-Selbstverständnis voraus, geht somit nicht vom Normalfall aus, sondern führt die Zusatz-

bedingung: persönliche Pathologie ein. Eine andere Motivierungslinie ist
die der objektiven Arbeitsüberlastung. Unter dem Druck der vielfältigen
Aufgaben, die im Arbeitsfeld Allgemeiner Sozialdienst/Familienfürsorge zu
bewältigen sind, geraten Herrn S. die Handlungsvollzüge zu einem hektischen
Agieren und zu einem tendenziellen "Abspeisen" der Klienten. Da die Moral
des Helfens ihm grundsätzlich verbietet, die Arbeitsmenge in "Malocher"-
Mentalität zu strecken, geschweige denn, die Bitte eines Klienten um Hilfe
zurückzuweisen, muß er notwendig die Problemlösungsverfahren verkürzen und
in ihrer Eigenlogik durchbrechen. Für die Sprechstunde heißt das, die war-
tenden Klienten abzufertigen. Hält man kontrastiv professionalisiertes,
therapeutisches Handeln dagegen, dann zeigt sich, daß dem einzelnen Professionsmitglied auch unter besonderem Handlungs- und Zeitdruck ein solches Abkürzungsverfahren kaum möglich ist, es sei denn, es handelt inkompe-
tent. Die Logik funktionsspezifischer Problemlösung hat zwingenden Charakter.[5] Ihre materielle Kraft entlastet zugleich von der Verführung, persönliche Sonderleistungen erbringen zu wollen, und sie erlaubt es, außerpro-
fessionelle Forderungen zurückzuweisen. Die ungesicherten Handlungsstrategien der Sozialarbeit und die unspezifische Hilfemoral begründen somit das
in der Klient-Beziehung sich deutlich zeigende, tendenzielle Kollabieren
der unter Streß herbeizuführenden Problemlösungen. Im Strukturmerkmal der
Leistungszurückhaltung wird das manifest. Es leuchtet ein, daß unter diesen Bedingungen nur eine ungewöhnlich gelassene, ja geradezu stoische Persönlichkeit in der Lage ist, dem strukturellen Handlungsdruck zu widerstehen. Herr S. ist, wie aus der Interpretation des gesamten Materials hervor-
geht, keine solche naturwüchsig-gelassene Person. Im Zusammenspiel von objektiven Handlungsbedingungen und "passenden" Persönlichkeitsmerkmalen
(auf die hier nicht einzugehen ist), realisieren die letzteren die virtuellen Strukturen der Situation. Der Handlungs- und Zeitdruck setzt sich um
in individuelle Hektik, Ungeduld, Aktivismus. Nimmt man hinzu, daß sich
Herr S. subjektiv der Hilfenorm verpflichtet fühlt, dann ist zu erwarten,
daß er gleichzeitig ein schlechtes Gewissen hat, sie nicht konsequent um-
setzen zu können. Statt also zügig den Leistungsantrag der Klientin zu
bearbeiten und dadurch effektiv Zeit zu sparen, wird die Interaktion unvermeidlich zwischen knappem, instrumentellem Handeln einerseits und von
der Hilfeverpflichtung her begründeter, relativer kommunikativer Offenheit
andererseits pendeln. Der weitere Gesprächsverlauf bestätigt das: Den Phasen tendenziell bürokratischen Routinehandelns, in denen die Funktion sozialer Kontrolle dominiert und die Leistung objektiv zurückgehalten wird,

folgen Phasen kommunikativer Offenheit, die der Klientin die Chance einräumen, das Problem aus ihrer subjektiven Sicht darzustellen.
Soweit die Analyse der institutionellen Handlungsdeterminanten und der subjektiven Repräsentanz der Interventionen des Sozialarbeiters. Nachdem der Personenstand von Frau Abel geklärt worden ist und sie die Selbstkorrektur des Sozialarbeiters (8 S 5 "Ach Sie sind ledig, ja.") noch einmal knapp bestätigt hat (9 A 4 "Ja."), ist zur Fortsetzung des latenten Prüfverfahrens, ob sie unter die Kategorie "Dringlichkeitsfall" subsumierbar ist und Anspruch auf ein "Schreiben" hat, nun wieder der Sozialarbeiter an der Reihe. Frau Abel hat entsprechend der ihr zugewiesenen passiven Rederolle auf weitere Fragen oder Äußerungen zu warten. Sie könnte jetzt mit Fragen nach Zahl und Alter der Kinder, nach der Höhe ihres Einkommens oder nach einer detaillierten Darstellung ihrer jetzigen Wohnsituation rechnen. Am Ende würde die Entscheidung des Sozialarbeiters stehen, ob er auf Grund der Informationen das gewünschte Befürwortungsschreiben erstellen kann oder nicht. Wider Erwarten schließt Herr S. jedoch mit lo S 6 die Sachverhaltsprüfung ab. Offenbar genügen ihm die erhaltenen Informationen. "Dann könn wer folgendes machen ..." supponiert eine Leistungsankündigung als Folge bestimmter und erfüllter Bedingungen. Frau Abel scheint ein "erfolgreicher Leistungsfall"(Leibfried) zu werden. Als alleinerziehende, ledige Mutte ist sie, so muß auf Grund der objektiven Textbedeutung angenommen werden, besonders unterstützungsbedürftig.[6] Wer ist nun "wer"? Der Sozialarbeiter in seiner Eigenschaft als Vertreter der Institution Allgemeiner Sozialdienst, der die ihm zur Verfügung stehenden Hilfen ankündigt oder der Sozialarbeiter als Partner der Klientin, der mit ihr gemeinsam nach Problemlösungen sucht und einen Teil der Aktivität übernimmt? Die zweite Möglichkeit läßt beispielsweise die folgende Redefortsetzung erwarten: "Sie müssen zum Wohnungsamt gehen, sich dort anmelden, und ich schicke das Schreiben dorthin." Überraschenderweise enthält der Interakt lo S 6 keine der beiden pragmatisch sinnvollen und erwartbaren Möglichkeiten. Stattdessen teilt Herr S., paraphrasiert, folgendes mit: "Frau Abel muß zum Wohnungsamt gehen und sich wohnungssuchend melden. Dort wird es ihr ebenso ergehen wie den 22.000 anderen Wohnungssuchenden auch, d.h. sie braucht nicht damit zu rechnen, eine Wohnung vermittelt zu bekommen. Er macht ihr deshalb keine Hoffnungen, denn dann würde sie unweigerlich enttäuscht werden. Er sagt ihr lieber gleich unverblümt, wie die Situation ist."
Das im "wer" unterstellte vollständige oder partielle Hilfe-Versprechen löst Herr S. nicht ein. Konnte Frau Abel zunächst berechtigt erwarten, daß

er jetzt das gewünschte Schreiben zusichern bzw. in irgendeiner Weise auf
ihre Bitte positiv eingehen wird, muß sie sich nun irritiert, wenn nicht
sogar enttäuscht fühlen. Der Sozialarbeiter hat ausschließlich ihr die Problemlösungsleistung zugewiesen. Seine Hilfsmöglichkeiten hält er zurück.
Anders: seine Hilfe besteht in der relativ banalen Information, daß Frau
Abel zum Wohnungsamt gehen muß, was sie natürlich selbst weiß, wie es eine
spätere Textstelle auch bestätigt:

> 34 S 19 "Ja also Frau Abel, zum Wohnungsamt, sich die Nummer
>   geben lassen - "
> 35 B 8   "das   ja das wollt se sowieso (machen ?)".

Und sie besteht weiter in der Mitteilung, daß die Chancen 1 : 22.000 stehen, mit dem Gang zum Wohnungsamt auch Erfolg zu haben. Die Größe des besonderen und einmaligen Problems verschwindet vollständig angesichts der
Größe der objektiven Wohnungsnot. Frau Abel wird eine von unendlich vielen
Wohnungssuchenden. Interessant ist nun, daß Herr S., der die bisherige Interaktion nach dem Muster bürokratischen Handelns gestaltet hat, exakt an
der Stelle, an der er seine Hilfsmöglichkeiten offenzulegen und sein implizites Leistungsversprechen einzulösen hätte, kommunikativ handelt. Auf der
Grundlage seiner akkumulierten Berufserfahrung formuliert er, die desillusionierende Wirkung seiner Mitteilung antizipierend, ein fürsorgliches
"vor-Enttäuschungen-bewahren". Mit der Bemerkung: "... daß ich Ihnen gar
net viel Hoffnung machen will, weil Sie das hinterher dann enttäuscht",
unterstellt er, daß Frau Abel einen entsprechenden Wunsch, ihr Mut zu machen, an ihn herangetragen hat. Das ist aber vom Text her genauso wenig
gedeckt wie die andere Lesart, daß sie naiv und uninformiert die Möglichkeiten der Wohnungsvermittlungsstelle überschätzt und jetzt vom Himmel der
Illusionen auf den Boden der Realität heruntergeholt werden muß. Die Frage
nach einem "Schreiben" verweist auf Informiertheit und relativ realistische Einschätzung der Schwierigkeiten bei der Wohnungssuche. Die kommunikative Explikation der Hilfeorientierung kompensiert somit die objektiv
zurückgehaltenen Problemlösungen. Mit dem Hinweis auf einen generellen
Wohnungsmangel lenkt Herr S. gleichzeitig die mögliche Enttäuschung und
Verärgerung der Klientin von sich fort auf die objektiven gesellschaftlichen Verhältnisse. Wenn Frau Abel keine Wohnung erhält, liegt das nicht an
ihm und seiner mangelnden Hilfebereitschaft, sondern am kapitalistischen
Wohnungsmarkt. Hier sind die Restriktionen für die Realisierung des Hilfeauftrages zu finden. Mit dieser "Objektivierungsstrategie" (Peters/Cremer-Schäfer) sichert Herr S. sein Hilfe-Selbstverständnis. Die Notlage von

Frau Abel rückt demgegenüber in den Hintergrund. Die Aufmerksamkeit wird
auf ein objektives Dilemma der Sozialarbeit gelenkt, das auch latentes Thema der Interaktion ist: Hilfeverpflichtung bei gleichzeitig fehlenden
Hilfsmitteln. Vor der Schwierigkeit, dieses strukturelle Problem zu handhaben und in der objektiven Verwaltung des Mangels wenigstens die minimalen
Ressourcen zu mobilisieren und der Klientin zur Verfügung zu stellen, vereinseitigt Herr S. jedoch die diffuse Beziehungskomponente. Im Verhältnis
zu seinem Leistunspotential präsentiert er sich als naturwüchsig handelnde,
ganze Person. Er legt die Bedingungen seines Handelns unverstellt und offen dar, ohne lange drum herum zu reden ("Ich sachs also lieber gleich,
gleich rund raus"). Er verläßt die Rollenträgerschaft und rückt als konkreter Herr S. ins Blickfeld, der ein gegebenes Hilfeversprechen nicht einlösen kann. Ähnlich wie in Fall 1 zeigt auch diese Explikation seines Handelns und seiner Motive, daß der Sozialarbeiter nicht selbstverständlich
unterstellt, daß die Klientin seiner Kompetenz vertraut. Auch er muß seine
Vertrauenswürdigkeit und Hilfe-Orientierung ausdrücklich mitteilen. Und
genau das bestätigt eben nur die Berechtigung des Mißtrauens und der Zweifel eines Hilfesuchenden in die Problemlösungsleistung eines Sozialarbeiters.

Die implizite Zurückweisung ihrer vorsichtigen Bitte um ein Schreiben muß
nun, wie man sich gut vorstellen kann, bei Frau Abel Entmutigung und Resignation auslösen, die tendenziell zu einem Verzicht auf die erwartete Hilfe
führen. Sie könnte etwa denken, daß sie angesichts der Aussichtslosigkeit,
eine Wohnung vermittelt zu bekommen, gar nicht erst zum Wohnungsamt zu gehen braucht. Dieser Effekt entspräche der in der passiven Institutionalisierung der Leistungsverwaltung enthaltenen Filterung der Ansprüche der
Armutsbevölkerung in Form einer Nicht-mehr-Inanspruchnahme möglicher Leistungen.[8] Die Überwindung dieses strukturell-administrativen Filters setzt
in der Regel den agressiven, kämpferischen Armen[9] voraus, der sich nicht
abschrecken läßt. Frau Abel müßte jetzt also die Gesprächsaktivität an sich
ziehen, die passive Rederolle verlassen und ihre Bitte in irgendeiner Form
wiederholen. Sie müßte argumentieren und um die Leistung kämpfen. Anders
formuliert: sie hätte kontrafaktisch der ihr qua Bedürftigkeit zugewiesenen sozialen Rolle zu handeln. Da sie aber als sozial schwächerer, unterlegener Interaktionspartner nicht den Sozialarbeiter auffordern kann, geschweige denn, ihm befehlen kann, die Leistung zu erbringen, stehen ihr
nur die verschiedenen Ausdrucksmittel der Bitte zur Verfügung[10]. Die in
diesem ungleichen Kampf um die Leistung enthaltene entwürdigende Bettelei

muß sie einstecken. Daß Frau Abel hierzu in der Lage ist, ist völlig unwahrscheinlich. Es ist also zu erwarten, daß sie mit ihrer Leistungsforderung scheitern wird.

Doch sie hat, sicher nicht zufällig, ihre Freundin mitgebracht. Frau Bebel hat offenbar intuitiv die demoralisierende Wirkung der Mitteilung des Sozialarbeiters erfaßt. Sie nimmt nun stellvertretend, und als nicht unmittelbar Hilfebedürftige und Bittstellerin dazu eher in der Lage, die Angelegenheit in die Hand. Sie weist die gesellschaftskritische Definition des Wohnungsmangels zurück (indiziert durch das adversative "ja") und entfaltet eine fallspezifische, von der konkreten und einzigartigen Problemlage ausgehende Argumentation für die Notwendigkeit von Hilfen, d.h. einer Wohnung für Frau Abel. In einer "konzertierten Argumentation" gelingt es den beiden Frauen, Herrn S. von der Dringlichkeit zu überzeugen, das Element der Hilfe-Orientierung in der durch ihn sich vermittelnden Paradoxie von Leistungsversprechen und Leistungszurückhaltung zu stärken und eine explizite Zusage zu erhalten, das gewünschte Schreiben zu erstellen:

42 B 13   "Deswegen wollt ich äh fragen"
43 A 12   "ja ja ääh"
42 B 13   "ob Sie net irgend en äh äh en Schreiben an die Frau R.
          (zuständige Sachbearbeiterin beim Wohnungsamt, R.S.)
          oder ans Wohnungsamt (... unverständlich)"
44 S 2o   "Wenn ich die wohnungssuchende Nummer hab, kann ich das machen."

Hat Herr S. zu Beginn des Gesprächs eine routineprogrammierte Problemlösungssituation eingerichtet, in der er über Redeaktivität und Gesprächsstrukturierung verfügt und Frau Abel auf die Rolle des Fragen-beantwortens und Auskunft-gebens verpflichtet ist, dreht sich mit dem drohenden Mißerfolg der Bitte um ein Schreiben dieses Verhältnis genau um. Frau Bebel nimmt das Gespräch in die Hand, während Herr S. nun seinerseits zuhören muß und sich darauf beschränkt, kommunikative Rezeptionssignale ("hm") zu senden, mit Formulierungen auszuhelfen etc. und darin seine Hilfe-Orientierung dokumentiert. Diese löst er aber nicht ein, indem er beispielsweise von sich aus prüft, ob und welche weiteren Hilfen für Frau Abel mobilisierbar sind. Sie müssen ihm in langwieriger Argumentation erst abgerungen werden.

Wie sich die Interaktionsstruktur, die Paradoxie von Hilfeversprechen und Leistungszurückhaltung reproduziert, nachdem der Sozialarbeiter endlich zugesagt hat, das gewünschte Schreiben zu erstellen, kann abschließend an einem anderen Gesprächsausschnitt kurz dargestellt werden:

> 57 B 2o   "Ja wie issen das, wenn sie (Frau Abel, R.S.) aufm
>   freien Wohnungsmarkt, angenommen, ne Wohnung findet,
>   die aber Kaution verlangen und sie hat das Geld na-
>   türlich net."
>
> 58 S 25   (gleichzeitig mit 57 B 2o bei: "sie hat das Geld")
>   "Ja wenn sie derzeit ohne Einkommen is, hat se An-
>   spruch -"

Diese Pauschalantwort des Sozialarbeiters ist nun wenig informativ für die konkrete Situation der Klientin. Es gelingt auch nicht, im Rahmen der daran anschließenden Schilderung der Lebensverhältnisse (Berufstätigkeit, Einkommen etc.) spezifizierte Auskünfte zu erhalten, z.B. in Form einer exemplarischen Prüfung und Berechnung möglicher Ansprüche nach dem BSHG. Da Frau Abel zuvor mitgeteilt hat, daß sie monatlich ca. 9oo,-- DM verdient, kann auch die Lesart, daß Herr S. bereits im Kopf eine grobe Berechnung durchgeführt und einen Leistungsanspruch ausgeschlossen hat, zurückgewiesen werden. Das Einkommen der Klientin ist zu gering, als daß eine gedankenexperimentelle Prüfung zu einem eindeutigen Ergebnis führen könnte, ganz abgesehen davon, daß der Sozialarbeiter das Rechenexempel auch mitzuteilen hätte. Da aber auch nicht unterstellt werden kann, daß er hierzu nicht in der Lage ist, d.h. das BSHG nicht kennt, wird deutlich, daß die exemplarischen Fallbearbeitungen und -lösungen während der beruflichen Sozialisation, also Berechnung von Sozialhilfeleistungen, nicht selbstverständlich in die Praxis umgesetzt werden können. Nicht an der Fähigkeit, der Technik selbst mangelt es, sondern an einer habitualisierten Umsetzung der Kenntnisse.
Nun ist Frau Bebel hartnäckig. Sie startet einen zweiten Versuch:

> 1o5 B 34 "Ja wie wär denn das, wenn sie, angenommen wenn sie
>   jetzt ne Wohnung findet aufm freien Wohnungsmarkt ...
>   und die verlangen Maklergebühren und Kaution - wie
>   sieht das jetzt aus? Übernimmt das äh Sozialamt das
>   eventuell - "
>
> 1o7 S 48   "Kommt drauf,
>   kommt drauf an, das kann ich Ihnen also ausm ff nich
>   sagen, das muß unten (im Sozialamt, R.S.) ausgerech-
>   net werden, (wenn Sie die Wohnung haben ?)."

Bevor auch dieser Versuch zu scheitern droht, setzt Frau Bebel noch einmal nach:

> 111 B 38 "Und äh, daß es Sozialamt äh amt eventuell die Kau-
>   tion übernimmt, weil sie hat ja kein Geld, daß äähäh
>   zu tragen, sie kann zwar eventuell en Teil von der
>   Miete tragen ... aber halt keine Kaution äh stellen
>   in dieser Höhe ..."
>
> 114 S 54 "Müßten wer uns mit den Leuten (vom Sozialamt, R.S.)

nochmal zusammensetzen, heute ist es etwas
ungünstig. Sie sehn, was da los ist hier."

Vor dem Hintergrund des strukturellen Konflikts der Sozialarbeit realisiert der unter Zeitdruck stehende Sozialarbeiter in der empirischen Situation das paradoxe Verhältnis von Hilfeversprechen und Leistungszurückhaltung. Nur durch die Beharrlichkeit der nicht hilfebedürftigen Frau Bebel kann die Hilfe-Orientierung gestärkt und partiell durchgesetzt werden gegenüber dem strukturell gewichtigeren Moment der Leistungszurückhaltung.

7.1.1 Die Strukturformel

Die Struktur der Interaktion läßt sich als Kampf um die Hilfe bestimmen. Auf der einen Seite steht Herr S., der gegensätzlichen Handlungsorientierungen verpflichtet ist. Er vereinseitigt auf Grund bestimmter persönlichkeitsspezifischer Bedingungen, auf die hier nicht einzugehen ist, den in der Kontrollfunktion sich manifestierenden Aspekt der Leistungszurückhaltung. Die latente Zurückweisung der Bitte um ein Schreiben und das Nichtaufgreifen der Fragen nach weiteren Hilfsmöglichkeiten hat zeitsparende und verfahrensabkürzende Funktion. Auf der anderen Seite der latenten Kampfbeziehung stehen die unmittelbar bedürftige Frau Abel und ihre nur mittelbar betroffene Freundin Frau Bebel. Sie melden eine einzigartige Notlage an, die Hilfe verlangt. Die Dringlichkeit des Problems fordert im Hinblick auf das leistungspassive Verhalten des Sozialarbeiters zeitraubende Argumentationen, um ihn zur Einlösung seines latenten Hilfeversprechens zu bewegen. Und genau darin manifestiert sich die Dynamik der Interaktionsstruktur: Immer dann, wenn Frau Abel oder Frau Bebel eine Hilfe erbitten, wird das von Herrn S. faktisch mit Zurückhaltung der Leistung bei gleichzeitigem Leistungsversprechen beantwortet. Unterwerfen sich beide dieser Paradoxie, dann droht ihnen, abgewiesen zu werden und keine Hilfe zu erhalten. Solange sie auf die Leistung angewiesen sind, müssen sie also den Sozialarbeiter von der besonderen Dringlichkeit der Notlage zu überzeugen und eine abschließende Zurückweisung zu verhindern versuchen; d.h. sie müssen seinem Interesse nach einer schnellen Bearbeitung, die für Frau Abel den Mißerfolg vorprogrammiert, gegenläufig handeln und das Gespräch ausdehnen, Fragen wiederholen usw. Das mobilisiert wiederum abspeisende Globalinformationen. Die Auflösung des Zirkels und die relativ erfolgreiche Durchsetzung des Leistungsanspruchs sind auf die interaktive Dominanz von Frau Bebel zurückzuführen. Sie kann stellvertretend für Frau Abel auch dann noch argumentieren, wenn es jener nur unter Aufgabe der Selbstachtung und um den Preis demütigender Bettelei möglich ist.

7.1.2 Interaktionsstruktur und allgemeiner Hilfe-Struktur-Typus

Läßt sich die vorliegende Interaktionsstruktur als eine empirische Ausformung des allgemeinen Hilfe-Typus begreifen? Kann sie, fokussiert auf den Objektbereich: Armut und die Sicherung materieller Lebensbedingungen, ähnlich wie in Fall 1, auf das konstitutive Strukturdilemma der Sozialarbeit zurückgeführt werden? Auf eine allgemeine Weise realisiert das Moment der Leistungszurückhaltung die Funktion sozialer Kontrolle. Den Hintergrund bildet das normative Modell des autonomen, selbstverantwortlichen Individuums, des sich privat reproduzierenden Lohnabhängigen. Eine problemlos zu beanspruchende und gewährende Hilfe, die sich ausschließlich an den spezifischen Bedürfnissen des einzelnen Klienten bemißt und ihn möglicherweise noch offensiv über seine Ansprüche informiert, würde vom Druck der privaten Reproduktionsverpflichtung entlasten und den geltenden Verhaltensstandard als Bedingung der kapitalistischen Gesellschaftsformation außer Kraft setzen. Die Kontrollorientierung, so läßt sich leicht einsehen, präformiert somit generell Formen der Leistungszurückhaltung. Der Klient wird auf sich selbst und sein Selbsthilfepotential verwiesen. Sekundäre Faktoren wie objektiver Handlungs- und Zeitdruck und eine persönlichkeitsspezifische "Passung" auf seiten eines Sozialarbeiters lassen dieses virtuelle Strukturelement manifest werden.
Während nun eine ausschließlich auf die Durchsetzung dieses normativen Verhaltensstandards begrenzte Sozialarbeit diese zum Polizei- und Justizhandeln transformieren würde, andererseits aber auch aus den oben erwähnten Gründen die Kontrollfunktion nicht völlig ausgeklammert werden kann, muß sie unvermeidlich Voraussetzungen, Umfang und Durchführung einer ausschließlich dem Interesse des Armen verpflichteten Hilfe- und Therapieleistung beeinträchtigen und beschneiden. Leistungsversprechen einerseits und Leistungszurückhaltung andererseits reflektieren somit notwendig die divergenten Handlungsorientierungen. Sie sind latentes Strukturmerkmal der Hilfe-Beziehungen mit dem Objektbereich Armut überhaupt. Die Leistungszurückhaltung filtert die individuellen Nachfragen. Das Leistungsversprechen mildert die Diskrepanz zwischen individuellen Bedarfslagen und gesellschaftlichem Mangel. Der Sozialarbeiter fungiert dabei als Transformator zwischen Bedarf und Mangel.

Die Ideologie des Mißbrauchs des Systems sozialer Sicherung, hier: des Mißbrauchs von Sozialhilfeleistungen, muß von diesem strukturtheoretischen Erklärungsansatz aus eindeutig als irreführend und wirklichkeitsverfälschend zurückgewiesen werden. Aufgrund der objektiven Widersprüchlichkeit wohlfahrtsstaatlicher Sozialleistungen[11], die sich, wie diese Fallanalyse gezeigt hat, bis in die mikrosoziale Sozialarbeiter-Klient-Beziehung fortpflanzt, läßt sich weitaus überzeugender die Nichterfüllung objektiv bestehender Leistungsansprüche aufzeigen. Die Chance eines Klienten, die objektive Paradoxie durch Mißbrauch, also betrügerisch zu überwinden und über die gesetzlichen Ansprüche hinaus Leistungen zu erhalten, ist grundsätzlich geringer als die Chance, wenigstens die legalen Hilfsansprüche durchzusetzen.[12]

Wie sich gezeigt hat, kann in der paradoxen Handlungssituation nur derjenige seine Leistungsforderungen durchsetzen, der ein entsprechendes Selbsthilfepotential mitbringt, etwa in Form einer selbstbewußt-kämpferischen Persönlichkeitsausstattung (was empirisch relativ selten bei den Klienten der Sozialarbeit anzutreffen sein wird); oder wie bei Frau Abel, in Form einer Kampfkraftverstärkung durch Koalitionsbildung. Dennoch setzt sich die destruktive Wirkung der Paradoxie durch. Sie verstärkt die jeweils vorhandene Ausstattung eines Klienten: die Stärke des Starken, denn nur er kann erfolgreich seinen Anspruch durchsetzen, und die Schwäche des Schwachen, der tendenziell scheitert. Das mittels der Kontrollverpflichtung durchzusetzende Verhaltensmodell, das die sukzessive Stärkung des Armen einschließt, wird konterkariert. Diese Struktur zerstört die Würde des Bedürftigen, die im zeremoniellen Tausch der Gabe gesichert ist; sie verhindert das, das der Freiherr von Knigge als Schonung der "Delikatesse" dessen, dem die Wohltat erwiesen wird, fordert[13]; sie verletzt die für den Gebenden geltende Pflicht zur "Diskretion", die nach Simmel nicht nur "in dem Respekt vor dem Geheimnis des Andren, vor seinem direkten Willen, uns dies oder jenes zu verbergen (besteht); sondern schon dadrin, daß man sich von der Kenntnis alles dessen am Andren fernhält, was er nicht positiv offenbart"[14].

7.2 Das berufliche Selbstverständnis: "ICH BEZEICHNE MICH IMMER ALS
     FEUERWEHRMANN ..."

Ungefähr 5 Monate nach der Aufzeichnung des Beratungsgesprächs wurde mit
Herrn S. das Interview geführt. Es fand am frühen Nachmittag in seinem Büro statt und erstreckte sich über 2 Stunden. Auch er berichtete bereitwillig und ausführlich über seine Arbeit. Dabei nahm die Darstellung der Besonderheiten und Probleme seines Bezirks einen breiten Raum ein (über ein Viertel des Interviews).

7.2.1 Die Fallrekonstruktion

Wie deutet der Sozialarbeiter rückblickend sein Handeln und die Beziehung zur Klientin? Die folgende, etwas umständliche Aufforderung der Interviewerin leitet die Fallbesprechung ein:

> I: "Äh mir is da bei bei dem Gespräch noch mal so aufgegangen,
>   Wohnungsprobleme ne,
> S: "Hmm"
> I: die Leute kommen zu Ihnen, je, und aufm ja d, man weiß, wie
>   der Wohnungsmarkt aussieht ne ..."
> S: "Deshalb hab ich ja der Frau gesacht: 'Ich kann Sie zwar dahin
>   schicken, des is auch der einzige Weg, den se, den se noch zu
>   erledigen hat', aber ich hab ihr auch gleich ..." (S. 33).

Die Ergebnisse der Strukturanalyse der Sozialarbeiter-Klient-Beziehung werden deutlich bestätigt. Herr S. reproduziert die paradoxe Interaktion insofern, als er rückblickend Frau Abel zur einer Handlung: zum Wohnungsamt gehen auffordert, ihr gleichzeitig aber zu verstehen gibt, daß dieser Schritt nicht zu dem gewünschten Ergebnis führen und erfolglos sein wird. Das redeeinleitende "Deshalb" und das adversative "ja" zeigen, daß er seine Handlung, die die Abweichung von der Norm des Helfens impliziert, indirekt rechtfertigt. Zu erwartende kritische Einwände weist er vorab zurück. Im Zentrum seiner Rede steht dabei der für sozialarbeiterisches Handeln konstitutive Konflikt zwischen fehlenden Hilfsmitteln und Hilfe-Verpflichtung, nicht so sehr das in der Klient-Beziehung sich ausbildende Folgeproblem: Hilfeversprechen und faktische Leistungszurückhaltung. Es dominiert das Moment subjektiver Belastung: mit der Hilfe-Maxime dem Druck der Klientenbedürfnisse ausgesetzt zu sein und zugleich nicht über die Mittel zu verfügen, um diese Bedürfnisse befriedigen zu können.[15] Die vor dieser Folie besonders schwierige Handhabung der Beziehung ist demgegenüber von nachrangiger Bedeutung. Involviert in die allgemeine Strukturproblematik, rückt diese Problemzone kaum mehr in den Blick, wie das gesamte Material

belegt. Wie sehr Herr S. Gefangener der objektiven Handlungsbedingungen
ist, zeigen folgende Deutungsalternativen. Beispielsweise kann er die Konsequenz aus die ihm nicht verfügbaren Ressourcen ziehen und mit Bezug auf
die Wohnungsprobleme der Klienten eine Hilfe-Verpflichtung zurückweisen.
Damit würde er sich partiell vom Handlungsdruck entlasten. Er kann weiter
konstruktiv den Konflikt handhaben und die Hilfe-Orientierung tendenziell
vereinseitigen. Die Thematisierung der minimalen Hilfsmöglichkeiten und
Einzelfallösungen brächte das zum Ausdruck: "Es ist insgesamt sehr schwierig, den Klienten bei der Wohnungssuche zu helfen, aber es gibt die und
die Möglichkeiten und im Einzelfall läßt sich auch mal was bei der Wohnungsvermittlungsstelle machen." Diese tendenziell professionelle Deutung
setzt Distanz zur allgemeinen Handlungsproblematik voraus, die dem Sozialarbeiter gleichzeitig erlaubt, die beiden Ebenen: objektives Strukturproblem (Hilfeauftrag und mangelnde Hilfsmittel) einerseits und konkrete Hilfe-Beziehung (Leistungsversprechen und Leistungszurückhaltung) andererseits miteinander zu verbinden und analytisch die Paradoxie der Interaktion als empirischen Ausdruck des objektiven Dilemmas zu erkennen, aber:
realisiert durch das eigene berufliche Handeln. Herrn S. erscheinen dagegen die beiden Seiten des Konflikts relativ gleichgewichtig. Sie stellen
gewissermaßen eine Pattsituation her, die ihn matt setzt. Das erklärt
nicht nur sein relativ hilfloses Agieren mit der Wirkung objektiv abspeisender Interventionen, sondern macht auch die Bewältigung der an ihn herangetragenen "Anliegen" (S. 35) zum elementaren Problem. Darin unterscheidet
er sich von Frau M.: während jene vor allem die Gestaltung der Klient-Beziehung als zentrales Handlungsproblem thematisiert und das objektive
Strukturdilemma als präformierende Bedingung tendenziell ausklammert, reflektiert Herr S. primär die relativ personunabhängigen Notlagen und das
ihm (nicht) zur Verfügung stehende Problemlösungspotential; dort also Betonung der Nähe zu den Klienten, hier Distanz zu den bedürftigen Personen
und diffuse Nähe zu den Problemen, die von ihm instrumentell zu beseitigen
sind. Es leuchtet ein, daß die aus objektiv begründbarer Hilflosigkeit erwachsene und latent fatalistische Deutungsperspektive nur eine gebrochene,
nicht aber eine systematische Ausschöpfung des minimalen Hilfepotentials
erlaubt. Unter den gegebenen generellen Restriktionen des Berufs würde ein
strategisch-konstruktives und klientorientiertes Helfen auf seiten des
Sozialarbeiters eine persönlichkeitsspezifische Extra-Ausstattung in Form
naturwüchsig-vertrauensvoller Lebenseinstellung verlangen. Wie die Analyse
des Beratungsgesprächs gezeigt hat, verfügt Herr S. aber nicht über eine

solche innere Gelassenheit.

Der Sozialarbeiter führt dann weiter aus:

> S: "... un ich hab das ja selber an eigenen Erfahrungen gemerkt, das dauert also, wenn se (Frau Abel, R.S.) Glück hat, überhaupt en Jahr, daß se dann mal wieder was hört, es is also fast sinnlos, die Leute dahin zu schicken ..."
>
> I: "Also man könnte ihnen genauso gut sagen: 'Sie brauchen gar nich hinzugehen'."
>
> S: "Ja ja mach ich, mach ich, hab ich auch schon gemacht." (S. 34).

Angesichts des objektiven Wohnungsmangels ist Herr S., das drückt der Hinweis auf die persönlichen Erfahrungen aus, in gleicher Weise wie seine Klienten Betroffener und im Grunde Unterstützungsbedürftiger. Deren Notlage kann darum nicht wie in Fall 1 identifikatorisches Miterleben und Miterleiden bei ihm mobilisieren, sondern begründet abschmetternde Reaktionen. Herr S. zieht dann die Konsequenz:

> "Ja - ich sach also ma, daß die Leute sich aufn freien Wohnungsmarkt bemühen sollen ..." (S. 34).

Einmal davon abgesehen, daß der von ihm möglicherweise als gehaltvolle Information verstandene Hinweis das Moment des Wegschickens und Abspeisens dokumentiert, fügt er auch retrospektiv nicht hinzu, daß er gleichzeitig prüft, ob die Klienten möglicherweise Ansprüche auf Übernahme der Miete und Kaution nach dem BSHG geltend machen können und sie über die Wohngeldbestimmungen aufklärt, was eine konstruktive Vereinseitigung der Hilfeverpflichtung wäre. In der Interviewsituation wiederholt er damit das paradoxe Interaktionsmuster. Im Gespräch mit der Klientin hat es lediglich geheißen: "und freier Wohnungsmarkt, das is ja klar" (34 S 19). Und im Interview thematisiert er, unmittelbar an die obige Äußerung anschließend, die langen Wartezeiten bei der Wohnungsvermittlungsstelle. Und auch die Interviewerin, dies ist eine weitere Parallele, muß ihm, wie zuvor bereits Frau Abel und Frau Bebel, weitere Informationen über eine mögliche Kostenübernahme durch das Sozialamt förmlich abringen:

> I: "... äh, das hab ich mich auch gefragt ... wie das mit der Übernahme von Kaution"
>
> S: "Kaution wird bezahlt, hmm, wird bezahlt."
>
> I: "Des wird bezahlt - was so ortsüblich ist?"
>
> S: "Ja. Wenn die natürlich Hilfe hilfebedürftig is, ja."
>
> I: "Ja zwei Monatsmieten oder so?"

S: "Ja, hab ich aber auch schon Hämmer erlebt, also des
ging au schon manchmal in die Tausende ne ..." (S. 36).

Ein bereits diskutiertes Handlungsmotiv, daß Herr S. möglicherweise nicht über ausreichende BSHG-Kenntniss verfügt, und er aus diesem Grunde nicht mit über Pauschalauskünften hinausgehenden Informationen über Sozialhilfeleistungen herausrückt, kann auch vom Interview-Material her eindeutig ausgeschlossen werden. Genau das Gegenteil ist der Fall: Herr S. besitzt nicht nur ausgesprochen fundierte und detaillierte Gesetzeskenntnisse, sondern er versucht auch in Einzelfällen in zäher Auseinandersetzung mit der Leistungsabteilung, den Bewilligungsrahmen weitestmöglich auszuschöpfen, wie die folgende Textstelle exemplarisch verdeutlicht:

"... ich hab heut morgen wieder ne handfeste Auseinandersetzung
gehabt ... da hab ich gesacht: 'Der (gemeint ist der Leiter des
Sozialamtes, R.S.) liest das Gesetz falsch', ... jetzt bin ich
mir sicher, daß er in seim Büdche hockt un un un un liests, ich
wußt heut morgen schon, daß ich Recht hab, jetzt wart ich, bis
er kommt, s wird net mehr lang dauern." (S. 25).

Bevor wir die Falldarstellung des Sozialarbeiters fortsetzen, ist die auffällige Formulierung: "hab ich aber auch schon Hämmer erlebt" zu interpretieren. Was unterstellt Herr S. damit? Etymologisch wird die umgangssprachliche Rede vom "Hammer", die eine innere Empörung des Sprechers über ein Ereignis ausdrückt, auf den Gott Donar zurückgeführt, dessen Waffe der Donnerkeil ist. Bei Flüchen, Verwünschungen und auch Ausrufen des Erstaunens steht für den Gott selbst seine Waffe, der Hammer: "dasz dich der hammer schlage!"[16]; oder moderner: "Das ist ein Hammer!" Im Kontext sozialarbeiterischen Handelns kann sich die Rede von den "Hämmern" auf Handlungen einer Institution, der Klienten oder auch des politischen Systems beziehen. Herr P. (Fall 3) spricht beispielsweise mit Bezug auf die Sparmaßnahmen der Bundesregierung im Sozialhilfebereich von "derartige(n) Hämmer(n)" (85 S 27)[17]. Herr S. bezieht sich dagegen eindeutig auf die Klienten, die übertriebene Forderungen an ihn und an das Sozialamt richten, die eben einfach Hämmer sind. Darin spiegelt sich ein grundsätzlich anderes Klientenbild wider als bei Frau M. Letztere sprach emphatisch von den sensiblen Klienten; hier sind es maßlos fordernde Personen, die mit unterschiedlichen Mitteln (Raffinesse, Betrug, Tricks etc.) mehr als nur ihre Ansprüche durchzusetzen suchen. Dagegen setzt Herr S. Kampf und Widerstand, wie eine Fülle von Beispielen im Interview verdeutlicht. Neben anderem mag auch diese Einstellung den zurückweisenden und abspeisenden Effekt seiner Interventionen erklären. Geht er a priori davon aus, daß die Klienten zuviel verlangen, dann kann er sie nur noch wegschicken.

Unmittelbar an eine Erörterung der verwaltungsinternen Konstruktion der "Dringlichkeitsfälle" und der entsprechenden Verfahrensregeln anschließend, leitet Herr S. den folgenden Interaktionsabschnitt ein:

    S: "Von der Frau übrigens hab ich nie mehr was gehört."
    I: "Da wollt ich nach fragn, was daraus geworden ist."
    S: "Ja   nie nichts mehr gehört, weder, keine Rückmeldung bekommen, ich weiß nit, ob se dort (beim Wohnungsamt, R.S.) war ... nichts." (S. 34/35).

Neben einem relativ unwichtigen weiteren Abschnitt ist dies die einzige Textstelle, in der er sich direkt auf seine Klientin bezieht. Auch im Kontext anderer Themen stellt er nicht mit Einzelbemerkungen und Verweisungen eine Verbindung zu diesem Fall her. Um zu erfahren, wie er rückblickend sein Handeln deutet und auf welche Interpretationsformen er zurückgreift, soll zunächst auf die tendenziell dramatisch getönte Bemerkung: "Von der Frau übrigens hab ich nie mehr was gehört" eingegangen werden. Isoliert betrachtet kann ein Sprecher damit eine Erzählung abschließen über eine ungewöhnliche Begebenheit, die er in der Vergangenheit mit dieser Frau erlebt hat; er fügt, etwa nach einer Pause oder nach einer Reaktion des Hörers ergänzend hinzu, daß er "übrigens" "nie" mehr etwas von ihr gehört hat. Eine demgegenüber nüchterne Sachverhaltsfeststellung wäre z.B.: "Die Frau hat sich nicht mehr gemeldet" oder: "Ich weiß nicht, was aus der Sache geworden ist, von der Klientin hab ich nichts mehr gehört." Was mag also die versteckte Dramatik bedeuten? Die äußeren Daten des Gesprächs mit Frau Abel geben keinen weiterführenden Hinweis. Es handelt sich um ein knapp zehn Minuten dauerndes Routinegespräch im Rahmen der häufig betriebsamen Sprechstunden. Auch das Problem der Klientin, eine Wohnung zu finden, ist so ungewöhnlich nicht, als daß es Herrn S. über die unmittelbare Interaktion hinaus innerlich nachhaltig beschäftigen müßte. Und das Datum, daß sich Frau Abel nicht wieder gemeldet hat, brauchte ihn auch nicht weiter zu bewegen. Angesichts einer Vielzahl möglicher und plausibler Erklärungen (Frau Abel könnte z.B. zu den Eltern zurückgekehrt sein, nachdem sich die Wogen wieder geglättet haben; sie mag selbst eine Wohnung oder eine andere Bleibe gefunden haben usw.) könnte er zur Tagesordnung übergehen und das Nicht-mehr-melden auf der Basis ähnlicher Erfahrungen mit anderen Klienten generalisieren, eine Interpretationsstrategie, die beispielsweise Frau M. anwendet: "... dat is auch dat Komische an unseren Klienten aber dat is

mal so, dat die einfach nich mehr anrufen, wenn's gut läuft ne ..." (S. 23).
Die folgende Erklärung beansprucht einige Plausibilität: Herr S. hat Frau
Abel als "Dringlichkeitsfall" anerkannt, was er, wie er zuvor mitgeteilt
hat, erst nach gründlicher Prüfung tut, um aus der Vielzahl der Bedarfsanmeldungen "wirklich nur noch ganz ganz dringliche Fälle" (S. 34) rauszunehmen und durch einen Bericht zu unterstützen. Wenn sich die Klientin
trotz der Absprache: "... dann rufen wir Sie an und geben Ihnen die Nummer
von der Wohnung (gemeint ist die vom Wohnungsamt zugeteilte Nummer, R.S.)
durch" (133 B 48) nicht wieder meldet, dann beweist das objektiv, daß hier
kein wirklicher Dringlichkeitsfall vorlag. Herr S. hat sich geirrt und/oder
sieht sich getäuscht, weil Frau Abel eine Notlage deklariert hat, der nicht
in dem Maße Dringlichkeit zukam, wie es die kämpferische und konzertierte
Argumentation unterstellte, mit der ihm die Zusage abgerungen wurde. Daß
die Klientin jetzt seine Hilfe nicht in Anspruch nimmt und auf das Schreiben verzichtet, mag ein tieferes, persönliches Moment der Kränkung enthalten. Darauf braucht hier nicht weiter eingegangen zu werden. Wichtig ist
jedenfalls, daß die paradoxe Struktur von Leistungsversprechen und Leistungszurückhaltung endgültig den Pol der Leistungszurückhaltung durchsetzt und sich in der Nicht-Inanspruchnahme der zugesagten Hilfe noch einmal reproduziert. Erinnert man die abschreckende Wirkung seiner Interventionen, dann darf angenommen werden, daß Herrn S. die latente Wahrheit der
Interaktion beunruhigt und er das Nicht-mehr-melden ursächlich damit verknüpft. Insgeheim mag er, mehr oder minder bewußt, erwägen, ob er nicht
Frau Abel entmutigt und abgeschreckt hat, statt sie, wie es seinem Hilfe-
Auftrag entspräche, zu unterstützen und zu bestärken. Weiter kann er mutmaßen, daß sie ihn nicht mehr um die Hilfe bittet, weil er zu viel zu tun
hat oder weil sie erst lange argumentieren muß. Das geheime Wissen um den
von Zeitdruck und fehlenden Hilfsmitteln beförderten abspeisenden Effekt
scheint eine persönliche Anlastung der strukturellen Restriktionen in Form
eines schlechten Gewissens hervorzurufen und die latente Dramatik der Mitteilung zu erklären. Eine vergleichsweise lapidare Feststellung: daß es
ihn nicht erstaune, daß sich Frau Abel nicht mehr gemeldet hat, da er ihr
auch keine Hoffnung gemacht habe und die Aussichten, über das Wohnungsamt
eine Wohnung zu bekommen, überhaupt sehr gering seien, ist dagegen nur unter der Bedingung der partiellen Aufgabe der Hilfeverpflichtung möglich.
Es verwundert nicht, daß Herr S. auch keine expliziten Vermutungen über
die Gründe des Nicht-mehr-meldens anstellt. Stattdessen teilt er unmittelbar anschließend an seine ausführliche Antwort auf eine, in diesem Zusam-

menhang unwichtige Zwischenfrage der Interviewerin folgendes mit:

> S: "Aber das is ja oft, daß ma also Kontakte - knüpft, un manchmal is ja den Leuten auch schon geholfen, manchmal is ja"
>
> I: "dadurch allein schon? das Gespräch?"
>
> S: "Ja, ja, ich hab also au mehrmals gemerkt, bei andern äh Anliegen, die se (die Klienten, R.S.) so an mich rangetragen ham, daß das erledigt war, wenn wenn die mit eim geredet ham ne. Ne Frau, die ma ganz verzweifelt kam sie muß sich unbedingt scheiden lassen un ach, un der Mann is so schlimm und so, ich hab dann sehr lang mit ihr geredet un, die hat dann auch geweint un dann hat se zum Schluß gesacht: 'Also, mir gehts jetzt schon besser', sie fühlt sich jetzt schon ganz anners ... un hab ihr auch bestimmte Vorschläge gemacht, wie se sich verhalten soll, wie se mit dem Verhalten des Mannes umgehn soll ..." (S. 35).

Auf eine eingehende Darstellung der Interpretation dieses Textes wird hier verzichtet. Und nur in Klammern sei festgehalten, daß sich Herr S. nicht über die Unvernunft von Frau Abel beklagt, die leichtsinnig ihre Notlage selbst herbeigeführt hat, oder deren Wegbleiben bemängelt. Das bestätigt das in der Interaktionsanalyse gefundene Datum einer relativ distanzierten, positivistischen Hinnahme eines gegebenen Problems ohne pädagogisierend-kontrollierende Attitüde. Wesentlich ist hingegen die Funktion der Textstelle im Rahmen der Fallbetrachtung. Der Sozialarbeiter bezieht ein erfolgreiches Beratungsgespräch ein, in dem er kathartisch die Klärung einer psycho-sozialen Problematik herbeiführen konnte. Es ist zu vermuten, daß die Hoffnung, auch Frau Abel geholfen zu haben, Wahl und Placierung dieses Beispiels geleitet hat und die geheime Selbstanlastung des Mißerfolgs mindert: Wenn sich Frau Abel nicht mehr gemeldet hat, dann kann daraus nicht einfach geschlossen werden, daß ihr Herr S. nicht geholfen hat, sein Handeln keine positive Wirkung hatte. Aber: es bleibt festzuhalten, daß, ähnlich wie in Fall 1, keine detaillierte Rekonstruktion des Falls vorgenommen wird, sondern auf eine alltägliche Interpretations- und Rechtfertigungsstrategie zurückgegriffen wird, die den Mißerfolg (und auch den Erfolg, wie das Scheidungsbeispiel zeigt) unerklärt läßt. Darüber hinaus ist die Analogie auch inadäquat: ein Gespräch kann zwar ein psycho-soziales Problem klären, nicht aber einen materiellen Mangel beheben. Frau Abel verfügt auch nach ihrem Besuch bei Herrn S. nicht über eine Wohnung. Die Lesart, daß der Sozialarbeiter hinter dem Wohnungsproblem eine immaterielle Notlage erkannt und im Gespräch bearbeitet hat, war bereits ausgeschlossen worden. Auch das Interview enthält keine entsprechende Interpretationsli-

nie. Herr S. begrenzt in der Selbstdeutung sein Handeln auf die Ebene materieller Leistungen und führt nicht nachträglich eine zweite, psycho-soziale Deutungsperspektive ein.
Die bisher nachgezeichnete Falldarstellung des Sozialarbeiters bestätigt im wesentlichen die formulierten Hypothesen über sein berufliches Hilfe-Selbstverständnis als eine primär instrumentelle Problemlösungsorientierung mit deutlicher Distanz zu den Klienten und diffuser Involviertheit in die objektive Handlungsproblematik. Das von ihm eingeführte Trennungsbeispiel enthält nun eine Formulierung, die zu einer Präzisierung beitragen kann: ... bei andern äh Anliegen, die se so an mich rangetragen ham ...". Was unterstellt das? Wie erlebt Herr S. die Beziehung zu den Klienten? Auf der einen Seite steht der Bittsteller und Hilfesuchende, der sein "Anliegen" (= Gebrechen, innerer Mangel oder Fehler) offenbart, seine Not klagt: "wirf dein anliegen auf den herrn, der wird dich versorgen"[18]. Auf der anderen Seite befindert er sich selbst. Er repräsentiert die zuständige Problemlösungsinstanz, handelt unmittelbar und nimmt den Klienten gewissermaßen das Anliegen ab, das sie an ihn herantragen. Er versorgt sie. Die Formulierung verweist also nicht auf ein gemeinsames kommunikatives Erarbeiten von Problemlösungen im Rahmen eines Arbeitsbündnisses und z.B. stellvertretender Deutung als Leistungsanteil des Sozialarbeiters, sondern es geht um ein stellvertretendes Problemlösungshandeln; ein für-den-Klienten-wissen, handeln und entscheiden. Diesem Selbstverständnis entspricht es, den Hilfesuchenden mit wohlgemeinten Ratschlägen, Rezepten und Heilsverordnungen[19] zu versorgen. Äußerungen wie: "... un hab ihr auch bestimmte Vorschläge gemacht, wie se sich verhalten soll ..." bestätigen das.
Nicht das Beraterverhalten als Variable der Hilfe-Beziehung, von Frau M. als "echt-sein" und "nah-sein" thematisiert, ist wesentlich für die Problemlösung. Kernstück seiner Hilfe-Orientierung ist das ihm verfügbare und direkt einsetzbare Potential an Hilfsmitteln, d.h. seine persönliche Problemlösungsleistung. Auf sie ist seine Aufmerksamkeit gerichtet. Herr S. hat in der Interaktion mit den Klienten gewissermaßen etwas zu bringen, so daß er angesichts der objektiv minimalen Hilfsmittel ins Agieren gerät. Die individuelle Besonderheit der konkreten Klient-Person und die Fallspezifizität der Anliegen sind demgegenüber von sekundärer Bedeutung. Das erlaubt zwar eine, im Vergleich zu Frau M., etwas größere affektive Distanz, allerdings um den Preis der Mißachtung einer handlungsleitenden Maxime des Respekts vor der Eigenständigkeit des Hilfesuchenden. Die Kategorie der Autonomie der Klienten ist im Deutungsmuster von Herrn S. weder positiv

enthalten, noch nimmt er sie auf negative Weise zur Kenntnis. Sie ist einfach nicht existent. Überspitzt formuliert: es muß geholfen werden, egal um welchen Preis. Die Hilfe-Verpflichtung gerät zum Handlungszwang; die Behebung einer Notlage steht über der Anerkennung des Klienten als, wenn auch bedürftiges, Subjekt.

Resümieren wir die Interpretationsergebnisse, dann zeigt sich deutlich, daß auch bei Herrn S. die normative Hilfe-Orientierung als wahrnehmungsleitende Prämisse fungiert. Unter ihrem Einfluß können die zurückliegenden Ereignisse als helfend oder nützlich für den Klienten vermutet oder gehofft werden, ohne daß die objektiven Handlungsvollzüge selbst rekonstruiert werden müssen. Die vage Hoffnung auf eine helfende Wirkung des beruflichen Handelns sichert rückwirkend wiederum die Aufrechterhaltung und Reproduktion der Hilfe-Maxime. Sie verhindert zugleich den unverstellten Blick auf die Handlungsrealität, beispielsweise in Form einer Auseinandersetzung mit den dieser Hoffnung widersprechenden Daten oder der gedankenexperimentellen Konfrontation mit Handlungsalternativen usw. Vor der Folie des Hilfe-Ideals werden die negativ bewerteten Vermutungen und Wissensbestände tendenziell zurückgedrängt und an ihrer Entwicklung zur analytischen Kraft bewußter Kenntnis und Erkenntnis gehindert. Die Moral fungiert als Zensor. Denn würde Herr S. sein Handeln als möglicherweise wirkungslos oder sogar negativ, anspruchsvoller: nonfunktional oder dysfunktional[20] charakterisieren und sich dem abweisenden Effekt seiner Interventionen stellen, dann hätte dies die Aufgabe der Hilfe-Orientierung sowohl zur Voraussetzung als auch zur Folge. Anders: erst die Absage an die berufliche Hilfe-Norm erlaubt die Erkenntnis des Strukturproblems des Berufs, ohne persönliche Selbstanlastungen und Schuldzuschreibungen vorzunehmen; die analytische Durchdringung des Strukturproblems wiederum erlaubt es, die moralische Hilfe-Maxime aufzugeben und sich der desillusionierenden Realität der Praxis unmittelbar zu stellen.

7.2.2 Das Deutungsmuster

Lassen sich die bisher herausgearbeiteten Einstellungen des Sozialarbeiters durch den übrigen Interviewtext bestätigen? Und auf welche Weise formen sie sich in den Äußerungen über die institutionellen Rahmenbedingungen und die allgemeinen Berufsprobleme aus? Zur Beantwortung dieser Fragen wird wiederum zunächst der Interviewanfang herangezogen.
Nachdem in der einleitenden kurzen Skizzierung der Themenbereiche des In-

terviews durch die Interviewerin Herr S., diese unterbrechend, den Vorschlag gemacht hatte, das Aufnahmegerät auf seine Funktionstüchtigkeit hin zu überprüfen, was dann auch geschah, berichtet er:

> I: "Jaa, vielleicht einfach erst mal zum Bezirk ..."
>
> S: "Ja ich hab also en n Bezirk zu betreuen, das is en Neubaugebiet, was eigentlich, man kann sagen, über Nacht entstanden worden is, weil öffentliche Gelder sehr plötzlich frei geworden is äh sehr frei geworden sinn, was also regelrecht ausm Boden gestampft worden is ..." (S. 1).

Herrn S. ist als Mitglied einer Institution die Aufgabe zugewiesen worden, einen "Bezirk zu betreuen". Ähnlich wie ein Vertreter ist er für ein bestimmtes Gebiet im Sinne einer flächendeckenden Versorgung mit einem bestimmten Gut zuständig. Distanziert stellt er seine Aufgabe nicht als selbstgewählt dar (das hätte eher die folgende Formulierung nahegelegt: "Ich betreue einen Bezirk ..."), sondern er präsentiert sich als ausführendes Organ einer im Hintergrund bleibenden Institution. Die Hervorhebung und anschließend folgende ausführliche Charakterisierung des Gebietes bestätigen, daß im Mittelpunkt seiner Aufmerksamkeit die makrosozialen Strukturen und Zusammenhänge stehen, nicht, wie bei Frau M., die mikrosoziale Beziehung. Die personalisierte, fallspezifische Betreuung der Klienten tritt in den Hintergrund zugunsten der flächendeckenden Versorgung eines Wohngebietes. Über mehr als ein Viertel des gesamten Interviews führt Herr S. dann auch die Interviewerin durch seinen Bezirk. Er schildert die aus einem, bloßen Kapitalverwertungsinteressen folgenden Wohnungs- und Städtebau resultierenden Folgeprobleme wie mangelnde Infrastruktur, soziale Segregation (ein "Sammelsurium von Anwohnern"), überdurchschnittlich hohe Sozialhilfeabhängigkeit, hoher Anteil an Räumungsklagen, Stigmatisierung durch das Wohngebiet etc. Diese objektiven Probleme des Bezirks konstituieren und/oder verschärfen die individuellen Nöte der Bewohner:

> "... daß also sehr viele junge Familien dahin gezogen sinn, eben in dem Glauben über die versprochene Infrastruktur ... daß die Frau dann mitarbeiten gehn kann, daß die Kinder im Kindergarten versorgt sinn, daß über den Zweitverdienst bestimmte Schulden ... abgewickelt werden können, sinn natürlich ins Unglück gerannt, auf gut Deutsch gesacht ..." (S. 2).

Die objektiven Strukturmängel determinieren die ökonomischen und sozialen Einzelprobleme. Diese werden nicht individuell zugeschrieben, sondern auf die defizitären Lebensbedingungen zurückgeführt, erlauben somit die Deutung: unverschuldet in Not geratene Klienten. Gleichzeitig ist das implizit moralische Politik-Verständnis zu erkennen. Die mehrfach benutzten

Wendungen: "versprochene Infrastruktur", "versprochene Kindergärten" unterstellen auf der Seite den politischen Entscheidungsträgern bewußte Täuschung oder eine moralisch zu verurteilende, faktische Nicht-Einlösung des Versprochenen; und auf der anderen Seite den gutgläubigen Bürger, der "natürlich ins Unglück gerannt" ist, weil er den Versprechungen geglaubt hat. Aus dieser Einstellung läßt sich die Vermutung ableiten, daß Herr S. Wert auf Aufrichtigkeit und Ehrlichkeit legt und sowohl bei sich als auch bei anderen Täuschungen und strategisches Verhalten ablehnt. Im Anschluß an die teilweise baedekerartige Führung durch den Bezirk ("Bemerkenswert ist der unheimlich hohe Prozentsatz an Sozialhilfeempfängern ...", S. 2) erzählt er von seinen beruflichen Aktivitäten und, mit einer gewissen Zurückhaltung hinsichtlich der Präsentation des eigenen Anteils an den Veränderungen, den erfolgreichen Initiativen im Stadtteil. Im einzelnen sind dies stichwortartig: Einrichtung eines Arbeitskreises aller im Stadtteil tätigen sozialpädagogischen Initiativen und Kollegen (S. 3); Beteiligung an Aktionen, die die Öffentlichkeit über die sozialen Probleme des Wohngebiets informieren (S. 3, 6 f.); Mitarbeit an der Erstellung einer Stadtteilanalyse (S. 9); Erarbeitung von Planungsvorschlägen für die Einleitung einer Sozialplanung für den Stadtteil (S. 9 f.); ständige Information vorgesetzter Dienststellen und kommunaler Entscheidungsträger über die Probleme des Gebietes und Bemühen um Verbesserung der personellen Ausstattung (S. lo ff.); Teilnahme an Sozialausschußsitzungen (S. 13); Einrichtung eines "Schreiberladens" im Stadtteil (S. 24). Es geht um die Behebung der strukturellen Defizite des Bezirks und um den Versuch, zwischen den begrenzten Kompetenzen der Bewohner und den gesellschaftlichen Anforderungen helfende Instanzen einzurichten, wie der "Schreiberladen" verdeutlicht (eine Einrichtung, in der die Bewohner Formulare ausfüllen lassen können etc.). Eine Kompetenzsteigerung des einzelnen Klienten ist demgegenüber nachrangig. Konsequent kommt Herr S. schließlich zu folgendem Urteil:

> "... was ich mache is im Prinzip Stadtteilarbeit. Un ich bin aber hier Sozialarbeiter, ich hab hier meine Akten zu verwalten, zu verwalten wohlgemerkt ..." (S. 14).

Die Umgestaltung des Arbeitsfeldes Allgemeiner Sozialdienst in Stadtteilarbeit kann nun die traditionellen Aufgaben der Familienfürsorge nicht ersetzen. Darauf weist auch Herr S. nachdrücklich hin. Neben dem "Akten verwalten" erbringt er somit erhebliche Sonderleistungen. In kritischer Distanz zu dem, vorrangig bürokratischen Regeln folgenden Bearbeiten der individuellen Bedürftigkeiten, erscheint Stadtteilarbeit als Versuch, sich aus der Bindung an die Institution und deren Handlungsregeln zu lösen, um einer ausschließlich fachlichen Hilfe-Orientierung zu folgen. Genauso wie Frau M. versucht also auch Herr S., die Einflüsse der restriktiven Institution auszublenden. Während jene beispielsweise die abschreckende Wirkung des Gebäudes minimiert, indem sie den Hausbesuch bevorzugt und, soweit nicht zu vermeiden, den Weg der Klienten durch die Institution so kurz wie möglich hält, strebt der Sozialarbeiter die Veränderung der problemkonstituierenden sozialen Strukturen des Bezirks an, nicht aber die Ausgestaltung verwalteter Hilfe-Beziehungen. Daß eine vollständige Lösung aus der institutionellen Einbindung nicht möglich ist, weiß auch Herr S. Er führt nicht den aussichtslosen Kampf gegen die Regeln der Institution, den er nur verlieren kann, sondern er "erledigt" gewissermaßen die unvermeidbaren Aufgaben im Sinne der geforderten bürokratischen Rationalität, aus dem Wissen heraus, daß

> "man im Prinzip in Ruhe gelassen (wird), solang soweit man seine Arbeit so macht, daß es keine Beanstandungen gibt" (S. 2o).

Gibt es aber Beschwerden, dann setzt die fachinkompetente, bürokratische Befehlsautorität die fachlichen Urteile der Berufsangehörigen außer Kraft, dann "wird von oben runter doktriniert" (S. 43). Plastischer läßt sich die mangelnde berufliche Autonomie kaum zum Ausdruck bringen. Die Einbindung in die kompakte Institution, die verstärkt das gesellschaftliche Interesse an sozialer Kontrolle und Normsicherung vermittelt, bedingt folgerichtig, daß der kritische Fall, die Lösung einer schwierigen Notlage, nicht durch das Urteil der Berufsmitglieder im Sinne einer autonomen Binnenkontrolle der Standards entschieden wird, sondern durch außerfachliche Maßstäbe. Statt kollegialer Diskurs und Fallbesprechung findet sich die Vertikale von Befehl und Gehorsam, von Amtsautorität und Herrschaft.

Es erstaunt nicht, daß Herr S. das "Bezirk betreuen" und "Akten verwalten" als Tätigkeiten betrachtet, die seinen Vorstellungen von Sozialarbeit entgegenstehen:

> "... im pädagogischen Bereich mach ich sehr wenig, belastend is überwiegend die Arbeit im Wirtschaftsbereich ne, Möbelbeschaffung und so ..." (S. 12).

Zum Vergleich: Frau M. sprach davon, daß sie von den Pflichtaufgaben "belästigt" wird; hier sind sie "belastend". Das mag, bezogen auf die paradoxe Struktur von Hilfe-Versprechen und Leistungszurückhaltung, ein zusätzliches strukturdeterminierendes Motiv sein. Frau Abels Bitte um ein Schreiben und um Informationen über mögliche Sozialhilfeansprüche sind dem

Sozialarbeiter lästig. Sie wird abgespeist.

Im Rahmen der Interviewerfrage: "Wie is das denn mit dem Arbeitsanfall ..?" zieht Herr S. schließlich folgendes Resümee:

> "Ich verwalt sehr viel, ich, ääh bezeichne mich immer, wenn ich gefracht werd, als Feuerwehrmann, der also Flächenbrände immer wieder löscht, so wie mitm Lappen irgendwo rumrennt unn den drauflegt unn das Feuer zum Erglimmen bringt, immer in der Hoffnung, daß das kein Flächenbrand raus wird." (S. 12).

Diese globale Deutung des beruflichen Handelns unterscheidet sich wesentlich von der von Frau M. verwendeten Stuhlmetapher und der darin angezeigten kommunikativen Hilfe-Beziehung. Das deutlich berufsrollengebundene Feuerwehr-Bild, das häufig von Sozialarbeitern verwendet wird, bestätigt zunächst die flächen- bzw. bezirksbezogene Perspektive des Sozialarbeiters. Seine Löschtätigkeit bezieht sich vorrangig auf "Flächenbrände", weniger auf einzelne isolierte Brandherde, was Ausdruck für tendenziell klientorientierte und fallspezifische Problemlösungen wäre. Darüber hinaus thematisiert Herr S. implizit erneut das objektive Handlungsstrukturproblem: Hilfe zu leisten und nicht über die dazu notwendigen Hilfsmittel zu verfügen. Angesichts der drohenden Flächenbrände steht ihm nur ein "Lappen" zum Löschen zur Verfügung, so daß seine unter Anspannung aller Kräfte geleistete Arbeit relativ beliebig ("irgendwo rumrennt") und in ihrer Wirkung zufällig ist. Was bleibt ist lediglich die Hoffnung, die drohende Katastrophe verhindern zu können. Gewiß ist, daß er das Feuer nicht endgültig zum Erlöschen bringt, geschweige denn die Brandursachen bekämpfen kann, sondern nur zum "Erglimmen"[21]. Der extreme Handlungsdruck, der auf Herrn S. lastet, und der ihm nicht gestattet, die Löschtätigkeit geruhsam, unter Einhaltung von Dienstzeiten und in seinem Büro auf die Klienten wartend, auszuüben, unterscheidet sich deutlich von der in Fall 1 angesprochenen Feuerwehrfunktion. Im Kontext der Aufgabenfülle berichtete Frau M. eher beiläufig:

> "Und - ja dann kannste auch nich einkalkulieren, wieviel Posteingang kommt, dat kannste einfach nich einschätzen - sexueller Mißbrauch oder was weiß ich, wat da alle kommt, Kindesmißhandlung un, da haste einfach zu springen ..." (S. 13).

Gegenüber dem aus spezifischen Problemlagen abgeleiteten Zwang einer Soforthilfe, handelt es sich bei Herrn S. um eine generalisierte Feuerwehrtätigkeit. Die Gleichsetzung von Not/Bedürftigkeit mit Brand/Feuer und von Hilfe mit Brandbekämpfung imaginiert einen unbezweifelbaren, nicht weiter zu reflektierenden und möglicherweise auflösbaren Handlungszwang, der gleichsam im Sinne eines bedingten Reflexes strukturiert ist. Wo immer in seinem Bezirk Not und Hilfsbedürftigkeit artikuliert wird (und die Sirenen heulen), klingt ihm dies wie "Feurio!"; und er rennt los. Handlungs- und Deutungsoptionen wie etwa: die Problemlage diagnostizieren; gemeinsam mit den Klienten nach Lösungsmöglichkeiten suchen; das Verhältnis von Hilfe/ Selbsthilfe im Sinne einer geburtshelferischen Mobilisierung und Stärkung der Eigenkräfte des Klienten auszutarieren (was sowohl ein Nein-sagen als auch das Zurückgeben einer Bitte um Hilfe als Formen der Hilfe einschliessen kann), sind in diesem Reiz-Reaktions-Muster: Feuer - löschen ausgeschlossen. Anders ausgedrückt: die beruflich-eigenständige, kompetente Prüfung einer deklarierten Not und die auf die Fallspezifizität eines Problems abzustimmende Hilfe rücken angesichts der objektiven Notwendigkeit der Bekämpfung des Feuers in den Hintergrund. Auch die Möglichkeit, daß das Löschen seitens eines Klienten nicht gewünscht wird, ist von sekundärer Bedeutung. Das allgemeine gesellschaftliche Interesse an der Brandbekämpfung steht über dem Einzelinteresse, allein auf Grund von Leidensdruck die Hilfe der Feuerwehr zu erhalten. Die Frage, wer denn den Feuerwehrmann ruft, stellt sich nicht mehr. Insofern drückt die Metapher selbst die für sozialarbeiterisches Handeln konstitutive Interessendivergenz aus. Angesichts eines solchen Handelungszwanges kann Herr S. trotz ständiger persönlicher Extraleistung nur oberflächlich "Erste Hilfe" leisten. Seinen Anspruch auf gründliche, ursachenbekämpfende Hilfe, d.h. "Arbeit im pädagogischen Bereich", vermag er kaum zu realisieren. Seine Tätigkeit bleibt notwendig defizitär.

> "Ich weiß von vielen Jugendlichen, die int die intensivere Betreuung haben müßten ..." (S. 12);

oder:

> "... ich halt zeitlich sehr belastet bin un net immer so zuhörn kann, wie ich das mir selber manchmal vorstelle un als notwendig erachte" (S. 3o).

Die von Frau M. explizit thematisierten Gefühle des Ungenügens und der Schuld sind hier impliziter Bestandteil der Äußerungen. Herr S., beruflich zur Hilfe verpflichtet, muß miterleben, wie sich biographische Einzelschicksale selbst destruieren. Gleichwohl versucht er, aus der Erfahrung heraus, mit seiner aktivistischen, "bedienenden" Feuerwehrtätigkeit Abhängigkeiten und Anspruchshaltungen der Klienten befördert und vorhandenes Selbsthilfepotential zerstört zu haben:

"... daß ich manche ähm regelrecht abhängig gemacht hab von
Sozialhilfe ... Bei drei, vier Leuten, die hab ich zu gut be-
dient ... zwei, drei Leute hab ich so intensiv betreut, daß
die sich überhaupt nimmer lösen konnten ..." (S. 39),

den impliziten Zwängen der Hilfe-Verpflichtung zu entkommen, den Not-Hilfe-
Reflex und die Erwartungsstereotypien der Klienten aufzulösen:

"... schrittweise sagen, ääh sich verweigern, was natürlich
zur Folge hat, dasse (die Klienten, R.S.) bös werden ..."
(S. 39).

Die Korrektur des naturwüchsigen Hilfe-Verständnisses, das, mit Watzlawick, in problemverschärfenden "mehr-desselben-Lösungen" besteht, erscheint den Klienten als Verweigerung von Hilfe überhaupt; als Liebesentzug; als Strafe oder als Böswilligkeit des Sozialarbeiters. Er verletzt ihr moralisch induziertes Anspruchsrecht auf die Hilfeleistung; ihr Gewohnheitsrecht, das sie durch den wiederholten Empfang einer Gabe erworben haben.[22] "sich verweigern" heißt: sich (auch hier ist wieder die ganze Person des Sozialarbeiters thematisch) den Erwartungen der Klienten entziehen und sie ihrer Notlage selbst überlassen. Es ist individuelle Negation, nicht aber kompetente Handhabung der Übertragungs- und Gegenübertragungsreaktionen. Diese Form der Überwindung des Handlungsdrucks bekräftigt darum lediglich die Verpflichtung auf die Hilfe-Norm. Daß die Änderungsversuche schließlich veräußerlichte bleiben müssen, zeigt auch folgende Mitteilung:

"... ich renn also heute vielleicht en Drittel weniger als
das, was ich vorher gerannt bin." (S. 4o).

Aber auch jetzt wird noch gerannt. Die einfache Not-Hilfe-Relation, in der die fallspezifische Dimension eines Problems zugunsten der instrumentellen Dienstleistung in den Hintergrund rückt (was unvermeidlich Abhängigkeiten und wiederkehrende Hilfeforderungen der Klienten perpetuiert), bleibt unverändert erhalten.
Angesichts der Notwendigkeit, "Flächenbrände" zu verhindern und nur einen "Lappen" zur Verfügung zu haben, muß Herr S. nicht nur rennen, sondern auch an einer Mobilisierung und Ausschöpfung aller denkbaren Hilfsmittel interessiert sein, um den objektiven Ressourcenmangel zu kompensieren und wenigstens partiell sein Hilfe-Versprechen einlösen zu können. Im Zusammenhang mit den Aktivitäten des "Fachbasistreffens" berichtet er:

"... gab mal Kritikpunkte, wir würden Informationen untereinander austauschen unne, ich ich würde beispielsweise von meinem
Arbeitsgebiet her ... über bestimmte Familien informieren, das
ist natürlich durchaus der Fall, das kann problematisch sein ...
wenn man net gut miteinander arbeitet ne, ich weiß also genau,

> wem ich was sagen kann ... un mir hab eigentlich ... so die
> Erfahrung gemacht, daß son Informationsaustausch sehr sinn-
> voll is, eben im Interesse von den Leuten, weil wer denen
> sehr viel helfen konnten dadurch." (S. 5).

Auf die eher partikular-diffusen Beziehungen entsprechende Differenz: Berufskollegen, denen Informationen anvertraut werden können/denen sie nicht anvertraut werden, kann hier nicht näher eingegangen werden. Sie bstätigt lediglich, daß das materielle Substrat von Kollegialität, die prinzipiell gleiche Teilhabe aller Berufsangehörigen an den Problemlösungsstandards, nicht ausgebildet vorliegt. Die Krähentheorie: "Eine Krähe hackt der anderen kein Auge aus", gilt hier nicht.[24] In unserem Zusammenhang wesentlich ist hingegen, daß kontrastiv zur unumstößlich geltenden Schweigepflicht professionalisierter Berufe im Namen der Hilfe und vor dem Hintergrund des Zeugniszwanges [25] die berufsethische Norm der Verschwiegenheit, die ja auch für die Sozialarbeit gilt, scheinbar legitim verletzt werden kann. In der Selbstdeutung wird paradoxerweise gerade dadurch einem Klienten geholfen.[26] So wie die dem Hilfe-Struktur-Typus immanente doppelte Handlungsverpflichtung solche, das Hilfe-Selbstverständnis abstützende Deutungen erzeugt, weil eben nicht die materiellen Ressourcen für eine wirksame Hilfe zur Verfügung stehen, verhindert die Hilfe-Maxime rückwirkend wiederum die Ausbildung professioneller Standards, hier also die strikte Einhaltung der Schweigepflicht.[27] Gleichzeitig verstärkt sie die partielle Unempfindlichkeit gegenüber den stigmatisierenden und autonomiezerstörenden Wirkungen, die mit der Verletzung der Schweigepflicht verbunden sind, indem bevorzugt die erreichten positiven Effekte wahrgenommen werden.

Neben den die "Delicatesse" des Bedürftigen zerstörenden Lösungsversuchen finden sich solche zu Lasten des Sozialarbeiters selbst. Bemüht, im Einzelfall das Notwendige zu mobilisieren, stößt er nicht nur immer wieder an die Grenzen der generalisierten Normen des Bundessozialhilfegesetzes, sondern er findet sich auch in folgendem Dilemma wieder: will er seiner Hilfe-Verpflichtung nachkommen, muß er illegal handeln:

> "Muß halt Tricks (anwenden), manch anders geht das net ..."
> (S. 25),

und, so könnte man fortsetzen: "wenn man den Leuten helfen will". Auch wenn sich ihm selbst darin taktisches Geschick zugunsten der Bedürftigen zeigt, setzt er faktisch aber sein berufliches Ansehen und seine relative berufliche Autonomie aufs Spiel. Er begibt sich zusätzlich in die Abhängigkeit seiner Klienten, die er in der Regel zu Komplizen machen muß. Begnügt er sich aber mit der Ablehnung einer fallspezifisch notwendigen materiellen Hilfe durch das Sozialamt, weil sie in den Gesetzesnormen nicht vorgesehen ist bzw. diese restriktiv ausgelegt werden, löst er seine Hilfe-Verpflichtung nicht ein.

Damit ist hinreichend deutlich geworden, daß Herr S., involviert und gefangen in dem strukturellen Widerspruch von Hilfe-Auftrag und mangelnden problemlösenden Mitteln, die objektive "Handlungslücke" der Sozialarbeit durch persönliche Extra-Leistungen auszufüllen sucht - und nicht mehr beruflich handelt. Er muß, genau wie Frau M., die extremen Folgelasten tragen und ertragen. Auch er kann nicht zwischen der beruflichen und privaten Sphäre trennen, nimmt

"sehr viel Verzweiflung mit nach Haus ... an Vorstellungen, an
an Ärgernissen, an an Träumen, die einen dann nachts plagen ..."
(S. 13),

und dramatischer noch:

"mir is auch darüber ne Beziehung kaputt gegangen ..." (S. 13).

Während Frau M. sich mit Rekurs auf eine gewerkschaftliche Orientierung vor Ausbeutung zu schützen versucht, "nimmt" sich Herr S. auf eine individuell-anarchische Weise seine "Ruhephasen":

"wo ich also merk, daß ich fertig bin" (S. 14).

Gleichwohl können diese nicht den permanenten Einsatz der ganzen Person kompensieren, geschweige denn den in einer Professionalisierung enthaltenen Schutz des einzelnen Berufsangehörigen ersetzen. Deshalb darf vermutet werden, daß, mehr oder minder deutlich ausgeprägt, von den Klienten reziproke Gegenleistungen erwartet werden. Nach der Diskrepanz zwischen der beberuflichen Sozialisation und den Erfahrungen der Praxis befragt, erzählt Herr S.:

"Also die die Arbeit inner Praxis, die is mehr als ernüchternd,
... und Vorstellungen, die man vorher hat, die verändern sich,
... ich hab also früher gedacht, die die die eh total Verarmten
un ach Gott, un wie hilflos un wie schlimm un was, mittlerweile,
ich war mir also überh überhaupt net klar, daß es auch Leute
gibt, die regelrecht - ja uns bescheißen, also uns regelrecht
linken, wo's immer nur geht ..." (S. 27/28).

Zur Erinnerung: Frau M. thematisierte als Praxisschock die Kluft zwischen ihrem eigenen Veränderungsanspruch und der Erfahrung eines Nicht-veränderwollens der Klienten. Gleichzeitig erschienen ihr jene als sensibel und schutzbedürftig. Im Mittelpunkt der ernüchternden Praxiserfahrungen des

Sozialarbeiters steht die ihn selbst erschreckende, veränderte Wahrnehmung der Armen:

"... bestimmte Einstellungen ham sich bei mir so schlimm geändert, daß ich manchmal em ja n bißchen ängstlich werd ne ... wo ich vor mir selber erschrecke ..." (S. 28).

Die früher idealisierten "total Verarmten", die "hilflos" und "schlimm" dran sind, und die von der restriktiven Institution "drangsaliert" werden, erlebt Herr S. nun als Betrüger, wie die vielen, unter großer innerer Beteiligung erzählten Beispiele zeigen. Der Arme aus dem Märchen: redlich, reinlich, fleißig und ehrlich wird zum Elenden, Betrügerischen und Arbeitsscheuen. Das ursprüngliche Bündnis mit den Klienten gegen die Institution hat sich zu einer Koalition mit der Institution gegen die Bedürftigen transformiert. Herr S. spricht jetzt aus der Perspektive des Sozialamtes ("uns"), das auf Grund der guten Kooperation mit den Sachbearbeitern positiv erlebt wird:

"... weil ich sehr fähige und sehr engagierte Kollegen unten in der Wirtschaftsabteilung hab ... also ich weiß, daß die die Leute korrekt bedienen, unn ich weiß auch, daß die äh sich um bestimmte Sachen kümmern, ... was sie net machen müßten ne ..." (S. 15).

Welche Deutungsalternativen schließt Herr S. mit der diskreditierenden Etikettierung des Klienten-Verhaltens als betrügerisch aus? Statt vor der Folie der moralisch rigorosen Alternative von Wahrheit/Lüge bewußte Betrugsabsichten zu unterstellen, könnte er es als Agression gegen die objektiv stigmatisierenden Strukturen der Institution interpretieren; er könnte ein subjektives Sich-irren unterstellen oder es als sportlichen Wettkampf, als geschicktes Sozialamtshandling bewundern; er könnte es als adäquate Strategie betrachten, angesichts einer ungeschützten Handlungssituation, die im Unterschied zum professionalisierten Handeln die Herstellung einer Vertrauensbeziehung verhindert, deren eine Seite Vorurteilsfreiheit und Verschwiegenheit beinhaltet und komplementär dem Klienten ohne Furcht vor negativen Sanktionen Offenheit und Ehrlichkeit ermöglicht.[28] Das umso mehr, als das Strukturdilemma des Berufs eben nicht die materielle Grundlage für ehrliches Verhalten der Klienten bietet, das mit entsprechend kompetenten Hilfe-Leistungen honoriert wird. Eine letzte Deutungsoption, die auch vom Sozialarbeiter thematisiert wird, ist hier zu erwähnen:

"... also ich komm mir schon so oft belogen und beschissen vor. Wobei ich natürlich einschränkend sagen muß, man kann mit 32o Mark net leben, die müssen alle mehr oder weniger nebenher arbeiten gehn ..." (S. 28).

Die Betrugsmanöver treffen offensichtlich auf seine Achillesferse. Sie berühren ihn affektiv so stark, daß die Erkenntnis des Täuschen-müssens als Überlebensstrategie das Vor-Urteil nicht mehr beeinflussen oder auffangen kann. Wie die eingangs gefundene Einstellung von den unverschuldet in Not geratenen Klienten, die im Vertrauen auf die Versprechen der politischen Entscheidungsträger "ins Unglück gerannt" sind, bleibt auch das Wissen um die zu niedrigen Sozialhilfesätze ein mit der Lebensrealität der Bedürftigen nicht vermittelter, theoretisch-kognitiver Überbau. Der ursprünglich idealisierte Arme und seine nun erfolgende Entwertung drücken jedoch in gleichem Maße und nur unterschieden durch das andere Vorzeichen, die mangelnde Distanz zum beruflichen Handeln aus. Persönlicher Heroismus und ständige Selbstausbeutung führen unvermeidlich dazu, daß, wo das materielle Honorar ausbleibt, gewissermaßen ein moralisches erwartet wird: Ehrlichkeit, Aufrichtigkeit, Dankbarkeit. Spielt der Bedürftige nicht die ihm zugewiesene Rolle, erfüllt er nicht die in ihn gesetzten Erwartungen, sondern erweist sich als "Sozialamtsvirtuose" (Steinert), als Drückeberger und Undankbarer, dann schlägt die Moralität des Helfens in ihr Gegenteil um und richtet sich zerstörerisch gegen ihn.

Mangelnde professionelle Kompetenz und affektive Neutralität auch dem schwierigen Klienten gegenüber werden hier besonders deutlich. Die Betrugsversuche ärgern Herrn S. Er läßt sich nicht düpieren und

"wie en Kollege ... von Leuten pausenlos fehlinformieren" (S. 29).

Das Risiko: "beeing seen to be a 'fool'"[30] geht er jedenfalls nicht ein. Und er argumentiert in Übereinstimmung, stärker noch: identifiziert mit der Kontrollfunktion der Leistungsverwaltung:

"Letztens ne Frau, die hat also - vier, fünf Mal hintereinander gefälschte äh Bescheinigungen vorgelegt, Verdienstbescheinigungen, ... ham wir (!) also die Firma angerufen ..." (S. 37).

Auch wenn Herr S. an anderen Stellen explizit Kontrollaufgaben ablehnt und von sich weist:

"Also ich bin net verpflichtet, un net berechtigt, un ich mach das auch net, daß ich hier sach: 'Jetzt holen Se mal ihren Gehaltszettel aus der Tasche' ne." (S. 29),

muß davon ausgegangen werden, daß sich diese negative Einstellung in der konkreten Handlungssituation unbemerkt in eine tendenzielle Leistungszurückhaltung umsetzt, etwa in Form eines a priori-Mißtrauens oder Skeptizismus gegenüber den Angaben der Klienten. Implizit wird ihnen unterstellt, daß ihr Interesse über allem anderen darin besteht, eine Hilfe-Leistung zu erhalten.[31] Kontrastiert man die Meinung des Sozialarbeiters, von der er selbst sagt, daß er sie von seiner "politischen Grundeinstellung aber absolut" (S. 28) ablehnt, mit Deutungsmöglichkeiten: daß viele Klienten ihre Ansprüche nicht wahrnehmen, weil sie etwa nicht informiert sind oder Angst haben oder sich vor der Stigmatisierung fürchten, dann wird erkennbar, daß sich Herr S. ungewollt in die Reihe derjenigen einfügt, die der These vom Mißbrauch sozialer Leistungen das Wort reden. Der Hilfe-Struktur-Typus selbst und die in ihm begründete, mangelnde autonome Problemlösungskompetenz der Sozialarbeit befördern solche Einstellungen als Antwort auf die moralisch geforderte Sonderleistung eines Sozialarbeiters.

8 Fall 3: Herr P.

8.1 Die Interaktionsstruktur: "... ICH WILL NIT DER CONTROLLETTI SEI ..."

Das Treffen der Sozialhilfegruppe erstreckt sich über 2 1/2 Stunden. Das
Transkript umfaßt 46 Seiten. Die Interaktzählung wurde bei 697 B 7o (dem
informellen Ende) abgeschlossen. Die Interpretation erfolgte anhand der Eröffnungsszene, einer zufällig ausgewählten und einer thematisch gezielt
ausgesuchten Szene. Die Darstellung der Fallstruktur erfolgt nicht am Beispiel der Eröffnungsszene, in der vor allem der Sozialarbeiter ausführlich
spricht, sondern an einem Textausschnitt, der ungefähr in der Mitte der
Sitzung placiert ist, und in dem in einer kontroversen Diskussion fast alle
Anwesenden das Wort ergreifen.

Zum Kontext der Szene: die Sozialhilfegruppe hat sich wie gewöhnlich in
dem der Projektgruppe zur Verfügung stehenden Raum außerhalb des Wohngebietes getroffen. Anwesend sind Albert, Rentner, ungefähr 65 Jahre alt;
Bernhard, Rentner, ca. 6o Jahre alt; Christa, Hausfrau, ca. 45 Jahre alt;
der Sozialarbeiter, den die Gruppenmitglieder mit seinem Vornamen Klaus an-
reden und die im Projekt tätige Berufspraktikantin, ca. 25 Jahre alt. Die
anderen Gruppenmitglieder haben sich wegen anderweitiger Verpflichtungen
entschuldigt. Während der Sitzung wird Kaffee getrunken, den die Berufspraktikantin zuvor gekocht hat; der Sozialarbeiter hat einen Kuchen mitgebracht. Nach einem halbstündigen allgemeinen Meinungsaustausch über das
vergangene Treffen, der von Herrn P. eingeleitet und, die Sitzung strukturierend, auch abgeschlossen wird:

> 79 S 25 "Aber - gut, ich mein, des, mir wollte des eigentlich
> so (einfach ?) noch mal sage, daß mir s eigentlich s
> letzte Mal ganz gut fande, aach wenn mer hier also net
> so viel sinn, gell ...",

leitet er zum zentralen Thema über:

> 85 S 27 "nämlich Einschränkung in de Sozialhilfe ... Und da
> gibts jetzt ganz neue Informatione zu der zu de Strei-
> chunge ..., die mer Euch, ja, wo ich denk, des müsse
> mer hier auf jeden Fall besprechen, müssen auch über-
> lege, wie mer was mer da macht. Des is nämlich, sinn
> derartige Hämme[1] ...".

Empörung, Kritik und die Ansicht, sich gegen die Sparpläne der Bundesregierung[2] zur Wehr zu setzen, sind die vorgegebenen Rahmenelemente für die Diskussion des Themas. Die These vom Mißbrauch der Sozialhilfeleistungen wird
implizit zurückgewiesen. Während Albert offensichtlich noch mit den vom
Sozialarbeiter zuvor beiläufig erwähnten Sparmaßnahmen im Bereich der Ar-
beitsförderung beschäftigt ist und jetzt eine längere Diskussion der Ar-

beitslosen- und Umschulungsproblematik in Gang setzt, an der sich alle Anwesenden beteiligen, führt Bernhard schließlich zum Hauptthema zurück, sich zugleich als Kenner der Materie ausweisend:

    130 B 14 "Aber jetzt kimmst druff oo, Du host gesogt, die wolle an Sozialhilfe sporn, wo wolle die jetzt sporn? Am Regelsatz könne se so un so nix sporn. Sondern nur an die freiwillige Leistungen ...".

Herr P. kann jetzt fortfahren, über die einzelnen Sparpläne zu berichten. Er liest zunächst die offiziellen Verlautbarungen vor und gibt anschließend eine einfache Übersetzung und Erklärung des jeweiligen Sachverhaltes. Der erste Punkt in den vorgesehenen Änderungen: "Hilfe zum Lebensunterhalt soll bis zu 6 Monaten als Darlehen gewährt werden", wird ohne weitere Äußerungen der Anwesenden zur Kenntnis genommen. Erst der zweite, gesetzessprachlich hoch kompliziert klingende Punkt löst eine, über ein Viertel der Sitzung (= ca. 40 Minuten) sich erstreckende, kontroverse Diskussion aus:

    134 S 37 "... äh zweitens: - äh "Die Vermutung der Unterhaltsgewährung innerhalb der Haushaltsgemeinschaft soll auf nichtverwandte oder verschwägerte Personen erstreckt werden." Im Moment wird vermutet, daß wenn en Verwandter bei Dir im Haushalt lebt, daß Du von dem mitfinanziert wirst, ne. Äh in Zukunft solls so sein, daß wenn bei Dir im Haushalt jemand mitlebt, der mit Dir gar nix zu tun hat, der aach, der net verwandt is, net verschwägert, gar nix, ääh, der auch die äh solle in Zukunft dezu beitrage, zu Deinem Unnerhalt beitrage ... zum Beispiel inner Wohngemeinschaft ...".

Hier setzt Albert ein:

    138 A 47 "Gib obacht, also wie ich des versteh: Dies sinn Verträge (?) für die sogenannte Onkelehe. Die Onkelehe, (unverständlich)"

    139 S 38 "Hmm das is, das is ja eh schon so. Eheähnliche Gemeinschaft is wieder was anners."

    140 P 15 "Hmm"

    141 A 48 "Geb obacht, mir habbe den Fall, isch will kei Nome nenne, wir haben den Fall, der gute Mann verdient 2.000 Mark frei Geld, der lebt mit dere Frau schon jahrelang zusammen, - der hat sei eignes Zimmer, der hat, der is noch ganz (unverständlich). Die Frau is geschiede, die hat ihr Wohnung, un der Mann hat sein eignes Zimmer, ich sag Dir ja, die Frau kassiert alles vom Sozialamt, was er da zusteht, und der gute Mann verdient 2.000 Mark, und des is des Problem, des ham wer bei uns, da geht die Frau uffs Sozialamt, die lebe zusamme, der Mann geht schrottle, der geht keine geregelte Arbeit nach, der geht schrottle,

                    un die Frau geht uffs Sozialamt hin, (kriegt vom So-
                    zialamt Geld ?), un kriegt Miete bezohlt. Und des is
                    das, wo se domit underbinde wollte, und des find ich
                    fei richtisch!"
142 B 15   "Oder, oder en andern Fall, (gele ?)"
143 S 39   "Wenn, wenn die net, wenn
                    Du segst, der hat ja, der hat ja"

$^+$S = Sozialarbeiter, P = Praktikantin, A = Albert, B = Bernhard,
C = Christa.

Die Interpretation der Szene: Albert fordert von Herrn P. Aufmerksamkeit
für seine Version der Haushaltsgemeinschaft: "Gib obacht" (138 A 47), d.h.
"Hör zu, paß auf, ich habe etwas Wichtiges zu sagen, hier geht es um die
sogenannte Onkelehe". Abweichend von der vom Sozialarbeiter erläuterten
Einsparung im Rahmen des § 16 BSHG, der bislang nur von einer gegenseitigen
Unterhaltsleistung miteinander verwandter oder verschwägerter und in Haushaltsgemeinschaft lebender Personen ausgeht, bezieht sich Albert offensichtlich auf die in § 122 BSHG geregelte Eheähnliche Gemeinschaft; danach
dürfen die Partner nicht besser gestellt werden als Ehegatten; § 16 BSHG
findet entsprechend Anwendung. Die Verwendung der volkstümlichen Bezeichnung "Onkelehe" sowie die auf sehr einfache Schematisierungen verweisenden
"Verträge", die den Bereich der Legislative als zivilrechtliche Reziprozität zwischen Vertragspartnern deuten, lassen Albert als Laien erkennen. Als
solcher korrigiert er, der objektiven Textbedeutung nach, die Erläuterungen
des Experten. Nun kann nicht davon ausgegangen werden, daß Albert ernstlich
die Fachkompetenz des Sozialarbeiters anzweifelt und ihm aus dem Wissen um
die richtige Interpretation jetzt die Sachlage zu erklären versucht. Das
ließe eher die folgende Formulierung erwarten: "Nein, das ist anders zu
verstehen ...". Auch eine gezielte, agressive Diskreditierung des Sozialarbeiters kann ausgeschlossen werden. Vielmehr legt er hier eine eigene Lesart ("wie ich des versteh") neben die von Herrn P. bereits gegebene. Gegen
die Anerkennung der objektiven Kompetenz- und Statusdifferenz, die sich in
Fragen wie: "Ich versteh das nicht ...", oder: "Ist damit die Onkelehe gemeint?", ausdrücken würde, setzt er die Statusgleichheit von Peers. Er hat
keine Hemmungen, seine Meinung zu äußern und entgegen den situativ geforderten Dekodierungen und Regeln zu handeln.

Während Albert mit seinem an den Sozialarbeiter adressierten Redebeitrag
einen Dialog eingerichtet hat, müssen die anderen Anwesenden die Rolle der
Zuhörer einnehmen. An dieser Stelle können sie nicht oder noch nicht eingreifen. Herr P. muß den turn übernehmen und reagieren. Welche Handlungsal-

ternativen hat er nun? Zunächst muß er inhaltlich auf die Lesart Onkelehe eingehen. Er kann nicht einfach in seinem Text fortfahren und Alberts offensichtlich falsche Version, die, wie bereits zuvor das Arbeitslosen- und Umschulungsproblem, erneut eine vom Hauptthema fortführende, nebensächliche Diskussion auszulösen droht, negieren oder mit expertenhafter Durchblickerattitüde entwerten. Somit bleiben die Möglichkeiten, sachhaltig die Differenz von Haushaltsgemeinschaft und Eheähnlicher Gemeinschaft darzulegen oder pädagogisch und/oder tendenziell therapeutisch den Redebeitrag als Ausdruck eines Anerkennungs- und Dominanzbedürfnisses zu interpretieren und mit entsprechenden gruppenpädagogischen und -dynamischen Interventionsverfahren aufzugreifen. Die erste Option entspräche einem Gruppenverständnis, in dem die Sache selbst, das Thema Sozialhilfe, symmetrische Beziehungen von sachorientiert Handelnden stiftet und diese tendenziell zu einer Kampfgemeinschaft formiert. Herr P. würde Albert als Interaktionspartner anerkennen, dem er nicht behutsam-schonend, also als Hilfebedürftigen begegnen muß, sondern der in der Lage ist, Sachdifferenzen auszutragen, Irrtümer einzusehen und zu korrigieren und der Wahrheit standzuhalten. Die universalistische Sachorientierung hätte Vorrang vor einem fallspezifischen Verstehen der subjektiven Motive des Gruppenmitgliedes qua Einfühlung in dessen Text. Hinter der zweiten Option stünde dagegen das Konzept der Bildungs- und Selbsterfahrungsgruppe, etwa in Verbindung mit der Bearbeitung konkreter Themen und Probleme analog der "themenzentrierten Interaktion"[3]. Die Mitglieder wären latent defizitär-bedürftige Personen, denen gegenüber der Sozialarbeiter die Rolle des Leaders und Quasi-Therapeuten einnehmen würde. In dieser Asymmetrie von Gruppenleiter und -mitgliedern stünde die Klientorientierung im Vordergrund.

Alberts Einwand mit einem kommunikativen "Hmm" begleitend, hebt Herr P. spontan zu einer Erwiderung an: "das is". Dabei registriert er offenbar, daß dieser noch spricht, und er läßt ihn erst ungestört ausreden. Dann weist er die Version der Onkelehe deutlich zurück: "Das, was Du da ansprichst, ist im Gesetz bereits geregelt. Die Eheähnliche Gemeinschaft ist wieder was anderes. Hier steht die Haushaltsgemeinschaft zur Diskussion. Das sind zwei unterschiedliche Sachverhalte, die nicht in einen Topf geworfen werden können.", läßt sich 139 S 38 beispielsweise paraphrasieren. Damit hat der Sozialarbeiter seine Kompetenz in Sozialhilfeangelegenheiten auf eine selbstverständliche Weise unterstrichen. Weder belehrt er Albert aus der Position des statusüberlegenen Experten über die Differenz zwischen den §§ 16 und 122 BSHG, wozu er leicht in der Lage wäre, noch geht er grenzüberschreitend, gleichsam einfühlend verständnisvoll auf dessen Irrtum ein. Auf der anderen Seite unterschlägt er aber auch nicht sein Wissen, etwa in gleichmacherischer Anbiederung oder rücksichtsvoll-harmonistischer Konfliktvermeidungsabsicht. Die sachhaltige Kommunikation hat Priorität. Sie schließt implizit die Anerkennung der Gruppenmitglieder und der Beziehungsdimension ein. Die eindeutige Bindung seiner kommunikativen Interakte an die Sache selbst, die, wie das Material belegt, konsequent von ihm durchgehalten wird, machen ihn für die Anwesenden kalkulierbar und d.h. auch: verläßlich. Die durch das objektive Strukturproblem der Sozialarbeit konstituierte "Handlungslücke" des Berufs verführt ihn nicht dazu, die Distanz zum Thema und zu den mit ihm arbeitenden Siedlungsbewohnern zu durchbrechen und ein, im Kontext der Sozialhilfegruppe autonomieverletzendes Beziehungshandeln zu betreiben. An einem weiteren Aspekt kann diese naturwüchsig mögliche Beschränkung auf den materiell-sachlichen Bereich aufgezeigt werden. So wie Herr P. mit seiner Replik unterstellt, daß Albert eine sachgerechte Diskussion und Korrektur seines Redebeitrags vertragen kann und nicht mimosenhaft besondere Behutsamkeit und Rücksichtnahme auf möglicherweise vorhandene Animositäten verlangt, reagiert er auch selbst nicht persönlich, d.h. tendenziell diffus agierend, etwa gekränkt und seine Expertenkompetenz diskret herausstreichend, auf die objektive Diskreditierung seiner Erläuterungen. Die darin erkennbare deutliche Distanz zur Berufsrolle unterscheidet ihn wesenlich von der identifikatorisch-personalisierten Hilfe-Position der Sozialarbeiterin Frau M. und der aktivistisch-instrumentellen, stellvertretenden Problemlösungsorientierung von Herrn S.

Vor dem Hintergrund der bisherigen Interpretation können die folgenden Hypothesen zum Hilfe-Selbstverständnis des Sozialarbeiters formuliert werden: Herr P. geht nicht vom Defizit oder von einer unterstellten Hilfebedürftigkeit der Gruppenmitglieder aus, sondern von ihrer tendenziellen Eigenständigkeit und Statusgleichheit. Er scheint nicht sonderlich an einer dominanten Position oder Leader-Funktion in der Gruppe interessiert zu sein, geschweige denn an einer, qua Hilfe konstituierten, asymmetrischen Beziehung, z.B. in den Varianten einer therapeutisch-pädagogischen Bildungskompetenz, als überlegen-wissender Experte oder als sendungsbewußter Agitator und politischer Avangardist. Auf der Grundlage der gemeinsamen Arbeit an Sozialhilfefragen beschränkt sich Herr P. auf sachlich-diskursive Interaktionen und tendenziell symmetrische Arbeitsbeziehungen. Anders ausgedrückt: Herr P. verringert weder die soziale Distanz qua Einfühlung, noch vergrößert er sie absichtsvoll qua Methode. Abgewiesen sind folglich handlungsleitende

Einstellungen im Sinne eines für die Siedlungsbewohner sorgenden Handelns als auch, als Ausdruck der Vereinseitigung und Habitualisierung der Kontrollfunktion, a priori-Skeptizismus und Mißtrauen gegenüber den "Klienten" und ihren Redebeiträgen. Auf der anderen Seite werden auch keine idealisierende, romantisch mystifizierende Äußerungen über Obdachlose und Randgruppen bei ihm zu finden sein.

Zurück zur Interaktion selbst: die Berufspraktikantin unterstreicht zustimmend die von Herrn P. angedeutete Differenz der beiden Sachverhalte. "Hmm" kommentiert sie; das kann in diesem Kontext paraphrasiert werden als: "Onkelehe ist etwas anderes als Haushaltsgemeinschaft, das stimmt, was der Klaus sagt.". Albert steht damit zwei Personen gegenüber, die ihn kraft ihrer selbstverständlich in Anspruch genommenen Kompetenz auf sein Mißverständnis hinweisen. Er könnte nun mit einem "ach so" seinen Irrtum eingestehen oder mit einem "ach ja" implizit zu erkennen geben, daß er grundsätzlich die Verschiedenartigkeit der Sachlagen kennt, sie lediglich im Moment etwas durcheinander geworfen hat. Soweit ihm der Unterschied nicht genau bekannt ist, könnte er um nähere Informationen und Aufklärung bitten. Bedenkt man, daß Albert bereits zuvor im Anschluß an die Explikation des Sozialarbeiters relativ selbstgewiß seine Version dargelegt hat (138 A 47), dann sind diese Handlungsweisen kaum zu erwarten. Er wird das Eingeständnis eines Irrtums oder einer voreiligen Auslegung vermutlich subjektiv als Niederlage empfinden; d.h. er wird eher seine Lesart rechthaberisch ausbauen und Herrn P. davon zu überzeugen versuchen, daß sie so falsch nicht ist, und daß dieser ihm zustimmen muß, wenn er die Argumente erst einmal im einzelnen gehört hat. Während Albert auf die Replik des Sozialarbeiters reagieren muß, sind den anderen Gruppenmitgliedern Bernhard und Christa in diesem Stadium der Kontroverse explizite Statements nicht möglich. Sie können allenfalls, wie die Berufspraktikantin, Bestätigung oder Verwerfung signalisieren.

Mechanisch verlangt Albert nun erneut die Aufmerksamkeit des Sozialarbeiters: "Geb obacht" und schildert einen konkreten Fall: "mir habbe den Fall, isch will kei Nome nennen". Der explizite Rekurs auf eine anonyme Behandlung der Angelegenheit weist ihn wiederum als Laien aus, der aus einer räumlich-sozialen Nähe heraus, etwa als Hausbewohner oder Nachbar, Einblick in diesen "Fall" erlangt hat. Er ist nicht der Experte (wie "mir habbe den Fall" anzudeuten scheint), der qua Berufsrolle wie selbstverständlich, d. h. implizit die Anonymität seiner Klienten sichert. Auf der Ebene der objektiven Textbedeutung enthält Alberts Beispiel nun zwei widersprüchliche

Lesarten. Einerseits läßt sich darin ein unter die Kategorie "Eheähnliche Gemeinschaft" subsumierbarer Fall erkennen, in dem der Mann monatlich 2.ooo DM netto verdient und die Frau vom Sozialamt Hilfe zum Lebensunterhalt bezieht ("... der lebt mit dere Frau schon jahrelang zusammen ..."). Damit verfehlt er aber das relevante Diskussionsthema: Unterhaltsvermutung auf Grund einer Haushaltsgemeinschaft gemäß § 16 BSHG. Er bringt also ein Beispiel für seine Version der Onkelehe, die bereits von Herrn P. als "wieder was anners" zurückgewiesen worden ist. Solchermaßen starrsinnig gegen die Fachkompetenz des Experten anrennend und sein Laienwissen durchsetzend, riskiert er eine Kontroverse, die er letztlich nur verlieren kann. Die zweite, dem restriktiven Sprachgebrauch geschuldete Lesart unterstellt zwei getrennte Haushalte ("Die Frau is geschiede, die hat ihr Wohnung, un der Mann hat sein eignes Zimmer"). Offen ist, wo der Mann sein Zimmer hat, ausserhalb oder innerhalb der Wohnung der Frau. Mit der letzten Möglichkeit wäre von einem Untermietverhältnis auszugehen. Es läge keine Onkelehe vor und Albert würde sich mit seinem Beispielsfall selbst widerlegen.

Die Widersprüchlichkeiten der Fallschilderung lassen sich unter Zuhilfenahme impliziter Vorannahmen leicht auflösen. Albert schildert hier einen Fall, in dem der Mann und die Frau jahrelang zusammenleben. Formal leben sie innerhalb der Wohnung der Frau getrennt, in der er als Untermieter ein Zimmer bewohnt. Faktisch liegt aber eine Onkelehe vor. Implizit thematisch ist somit die Differenz zwischen formal-juristischen Regeln und praktisch möglichem Unterlaufen der Gesetze auf Grund einer Gesetzeslücke; ungenügender Prüfung des Sachverhaltes durch das Sozialamt oder eines Täuschungsmanövers des Paares. Solche Mißbrauchsmöglichkeiten auszuschließen, ist nach Alberts Auffassung Sinn und Zweck der geplanten Sparmaßnahmen der Bundesregierung: "und das is das, wo se domit unterbinde wollte, und des find ich fei richtisch!" - "Das ist meine Meinung!"

Damit hat Albert den Hinweis des Sozialarbeiters auf die Differenz: Haushaltsgemeinschaft/Eheähnliche Gemeinschaft ignoriert und monomanisch seine, in 138 A 47 vorgelegte Version ausgebaut. Deutlich erkennbar unterstützt er darin die von Herrn P. implizit zurückgewiesene These vom Mißbrauch des Systems sozialer Sicherung. Er übernimmt faktisch die Perspektive der Institution und deren a priori-Mißtrauen gegenüber dem Bedürftigen. Während der Sozialarbeiter das BSHG in einem eher rechtstechnischen Sinne vertritt, so daß Sachverhalte wie die Eheähnliche Gemeinschaft als bereits geregelt betrachtet werden können ("das is ja eh schon so", 138 S 38) und keiner rechtlichen Änderung mehr bedürfen, vertritt Albert das Gesetz dem Geiste

nach. Identifiziert mit der Geber-Seite, genügt es ihm nicht, wenn der Arme die formalen Voraussetzungen erfüllt für den Empfang einer Leistung. Daneben bedarf es der Ehrlichkeit in Form einer partikularen, lebenspraktischen Ausfüllung der allgemeinen juristischen Regeln. Insofern es ein allgemeines, von allen Mitgliedern der Sozialhilfegruppe qua Mitarbeit getragenes Ziel ist, auf den verschiedensten Ebenen die Inanspruchnahme von Sozialhilfeleistungen zu erleichtern und die innere Struktur und Systematik des Sozialhilfesystems zu verbessern, redet Albert implizit der Ausweitung der Kontrollen und Restriktionen das Wort, um faktischen oder vermeintlichen Mißbrauch zu minimieren. Gegenüber der Hilfe-Position des Sozialarbeiters und seiner sozial- und rechtsstaatlichen Einstellung, daß nicht jedes Gesellschaftsmitglied auf "Linie" gebracht und eine mißbräuchliche Inanspruchnahme von Sozialhilfeleistungen nicht verhindert werden kann, will man nicht zu einer, Schnüffelei und Spitzeltum fördernden, restriktiveren Gesetzlichkeit zurückkehren, die zugleich auch die "ehrlichen" Anspruchsberechtigten trifft, vereinseitigt Albert die Kontroll-Position. Diese ist strukturell identisch mit der des Sozialarbeiters Herrn S. (Fall 2).
Die spezifische Distanz des Sozialarbeiters zu den Personen und dem Thema läßt erwarten, daß sein Hilfe-Position nicht primär moralisch fundiert ist. Er wird sich kaum mehr oder minder deutlich moralisch empören über den Abweichler Albert und seine unbedingt zu kritisierende Auffassung. Stattdessen mag er versuchen, den Beispielsfall selbst zu klären und weitere Informationen einzuholen. Eine andere Möglichkeit wäre, das Albert offenbar bewegende Problem der Diskrepanz von formalen Regeln und faktisch möglichem Mißbrauch der Gesetze als zentrale implizite Aussage zu rekonstruieren und dazu Stellung zu nehmen: "Daß einzelne Leute die Gesetzeslücke ausnutzen, läßt sich nicht verhindern. Wenn man das anstrebt, kommt man aus dem Kontrollieren nicht mehr heraus." Bevor Herr P. jedoch antworten kann, meldet sich Bernhard zu Wort: "Oder, oder en andern Fall, (gele ?)" (142 B 15).
Das an Alberts Fallschilderung anknüpfende "Oder", dessen Wiederholung anzeigt, daß er erst mit einem zweiten Versuch den turn an sich ziehen kann, läßt eine Unterstützung des Vorredners erwarten. Offensichtlich hat er ihn nicht nur sofort verstanden, sondern teilt auch dessen Meinung und Position. Er wird einen weiteren Fall der Onkelehe schildern, in dem das Gesetz objektiv und/oder in betrügerischer Absicht mißbraucht wird. Bevor er jedoch sein Beispiel im einzelnen darlegen kann, wird er vom Sozialarbeiter unterbrochen. In der Kontroverse mit Albert, in die Bernhard einzusteigen versucht, setzt Herr P. sein vorrangiges Antwortrecht auf den an ihn

adressierten Beitrag (141 A 48) durch. Er läßt dem Gruppenmitglied nicht
aus vermeintlicher Höflichkeit oder pädagogisch-dynamischer Aktivierungs-
einstellung heraus den Vortritt, sondern handelt als statusgleicher Kampf-
genosse. Im Kontext der Szene läßt sich seine Replik ungefähr wie folgt
paraphrasieren: "Wenn die Frau nicht mit dem zusammenlebt, wenn Du sagst,
der hat ein eigenes Zimmer, dann liegt hier keine Onkelehe vor." Er konfrontiert Albert mit der Widersprüchlichkeit seines eigenen Textes, für
den dieser selbst verantwortlich ist ("wenn Du segst"). Das "wenn" leitet
dabei keinesfalls eine hypothetische, helfende Auflösung oder Verknüpfung
der zwei objektiv möglichen Lesarten ein, sondern es verweist auf eine logische "wenn - dann"-Folge. Der Widerspruch liegt in der Falldarstellung.
Ein gesetzlicher Mißstand, ein Fehler der Institution oder ein Betrugsmanöver der Leistungsbezieher schließt Herr P. aus. Und auch die latente
Klatsch- und Tratsch-Dimension, die über den Unterhaltungswert hinaus nicht
zuletzt die Funktion sozialer Kontrolle einschließt[4], weist er implizit
zurück.
Damit hat sich die erste kontroverse Runde (138 A 47 - 14o P 15) wiederholt und die Struktur der Interaktion zwischen Herrn P. und Albert, die in
verdichteter Form die Beziehung zwischen Gruppen"leader" und Gruppenmitglied überhaupt repräsentiert, reproduziert. Die strikt formal-logische
Rationalität und universelle Orientierung des Sozialarbeiters, sein konsequent sachhaltiges Expertenhandeln prallt zusammen mit der Logik partikul-
lar-diffuser, konkretistischer Alltagspraxis. Solange keine der beiden Seiten die Perspektive der anderen übernimmt und sich zu eigen macht, wird
die Kontroverse fortdauern; sie ist tendenziell endlos. Bevor der weitere
Verlauf der Diskussion skizzenhaft nachgezeichnet wird, ist die Frage zu
beantworten, was Herrn P. die vergleichsweise konsequente Vereinseitigung
der Hilfe-Orientierung ermöglicht? Hierfür sind drei Faktoren maßgebend:
1. Im Unterschied zu den Fallstrukturen 1 und 2 werden Herrn P. keine restriktiven, kontrollierenden Funktionen seitens einer Institution abverlangt. Ihm ist die Gestaltung des Arbeitsfeldes Gemeinwesenarbeit nach ausschließlich fachlichen Gesichtspunkten möglich. Das kann bereits aus dem
Datum geschlossen werden, sich gegen die geplanten Sparmaßnahmen der Bundesregierung zu wehren, wird im übrigen aber auch vom gesamten Fallmateri-
al bestätigt. 2. Die im Rahmen der Gemeinwesenarbeit erfolgende Beschränkung der Projektgruppe auf den Objektbereich: materielle Verbesserung der
Lebensbedingungen der Siedlungsbewohner unterstützt die spezifische Seite
der Beziehung zu den Gruppenmitgliedern. Die Objektivität der Sachverhalte

selbst sichert die Distanz. 3. Die kommunikativen Beiträge lassen deutlich
den ihm naturwüchsig möglichen Abstand zum beruflichen Handeln erkennen.
Die sonst in die objektive "Handlungslücke" einfließenden persönlichkeitsspezifischen Faktoren bleiben im Hintergrund. In Verbindung mit den ersten
zwei Gründen resultieren daraus relativ konsistente Interventionen.

Nunmehr kann zur Diskussion selbst zurückgekehrt werden. Nachdem zunächst
die Widersprüchlichkeit in Alberts Falldarstellung soweit reduziert werden
konnte, als deutlich geworden ist, daß der Mann in der Wohnung der Frau
ein eigenes Zimmer hat ("... die Frau hat dem e Zimmer abgetrete ...", 15o
A 52), prüft Herr P. ein formal-rechtliches Kriterium für das Vorliegen
einer Eheähnlichen Gemeinschaft:

    151 S 43   "Is er do angemeldet?"
    152 A 53   "Selbstverständlich, der is bei dieser Frau ange-
                  meldet ..."
    153 S 44   "Dann   dann brauchste kei neue Gesetze ...".

Die Schlußfolgerung des Sozialarbeiters schließt einen möglichen gesetzlichen Mißstand aus. Die vorhandenen Normen genügen, um einen Sachverhalt
wie die Eheähnliche Gemeinschaft behandeln zu können. Das wird von Albert
aber empört zurückgewiesen:

    155 A 54   "Is ja net wohr!"

Auch die selbstverständliche Bekräftigung der gegebenen Interpretation
weist er energisch zurück:

    156 S 45   "Aja natürlich."
    157 A 55   "Is ja net wohr ...".

Bernhard, der mit 154 B 16 "Ja, des is, des is" erneut versucht hat, den
turn an sich zu ziehen, um endlich seine Meinung loswerden zu können, ist
zunächst gescheitert. Schließlich gelingt es ihm im zweiten Anlauf, und er
konstruiert hypothetisch ("ogenomme") ein Untermietverhältnis, in dem der
Mann 1oo DM für das Zimmer an die Frau bezahlt, was von Christa mit einem
"Weniger" kommentiert wird:

    158 B 17   "Das is denn do dabei, d, der bez, der bezehlt
                  vielleicht für das Zimmer ogenomme, 1oo Mark für
                  das Zimmer, und die hunnert Mark hat sie uffm So-
                  zialamt als Eikomme angegebe und net mehr, als - "
    16o C 26   "Weniger."

Das wird von der Berufspraktikantin resümiert:

162 P 17   "Also wohnt der bei der zur Untermiete."

Obwohl Bernhard die formalen Voraussetzungen für den Bezug der Sozialhilfe
erfüllt sieht, beklagt auch er das faktisch mögliche Unterlaufen der Gesetze:

> 163 B 18   "Aja, selbst so so so is des zu betrochte, die
> braucht ja net dahigehen .. und braucht zu sogen,
> der der ißt da noch bei mir am Tisch und der gibt,
> des is doch die Sache und do lacht se drüber."

Gegen das Untermietverhältnis erhebt Albert energisch Einspruch: "Ein Mo-
ment!" (166 A 58). Die Frau wohnt in einem "Gemeindehaus"; das impliziert,
daß sie nicht untervermieten darf. Unterstellt ist damit, wie bereits bei
Bernhard, ein juristisches Täuschungsmanöver der Frau. Hiergegen setzt
Herr P. die Möglichkeit mangelnder Information des Sozialamtes: "Dann is
des net bekannt ..." (169 S 46), gleichzeitig die Adäquanz des bestehenden
Gesetzes verteidigend: "Wenn das beim Sozialamt bekannt wäre, würde die
Frau keine Sozialhilfe bekommen", mag sein Beitrag paraphrasiert werden.
Nach dem Ausschluß einer Erklärung: Gesetzeslücke weist er nun auch die
Möglichkeit zurück, daß das Sozialamt die vorhandenen Regeln nicht korrekt
angewendet hat. Diese Unterstellung mag auf der plausiblen Annahme beruhen,
daß die passive Institutionalisierung der Leistungsverwaltung eher zu einer
Leistungsverweigerung führt als zu einer leicht gewährten, vorschnellen Bewilligung ohne gründliche Prüfung der jeweiligen Sachverhalte.
Während die Positionen der Gruppenmitglieder tendenziell eine Stärkung der
Kontrollfunktionen implizieren mit der zu erwartenden Konsequenz, daß sich
diejenigen, die aufgrund ihrer sozio-ökonomischen Lage faktisch oder vir-
tuell sozialhilfeabhängig sind, gegenseitig denunzieren, setzt der Sozialarbeiter seine aus der vereinseitigten Hilfe-Orientierung resultierende,
konsequente Argumentation fort. Albert akzeptiert nun zunächst die Interpretation: mangelnde Information des Sozialamtes. "Aja selbstverständlich!"
(170 A 60) stimmt er zu. Gleichwohl empört er sich weiter über den Fall:

> 170 A 60   "... Ich sog jo, und des is richtig, des is soge-
> nannte Onkelehe ...".

Auch ein an Vernunft und Einsichtsfähigkeit appellierender Hinweis des Sozialarbeiters auf mögliche Informationslücken des Amtes und auf die Reichweite der vorhandenen gesetzlichen Bestimmungen bleibt erfolglos:

> 172 S 48   "Kuck ma bei der Fraa, also die Gschicht, wenn So-
> zialamt deas mitkriegt, dann is, dann kriegt die de
> nächste Monat kei Geld mehr, unn die könne, die könne
> das äh nach den bestehende Gesetze "

Auch das führt zu keiner Änderung der Einstellung oder Einsicht. Albert wiederholt sein Mißstandsargument:

> 173 A 61 "Aja klar, sicher, aber Du siehst doch, daß es des gibt."

Das mag paraphrasiert werden als: "Klar, die Onkelehe ist im Gesetz genug geklärt, aber ich habe trotzdem Recht." Jetzt konfrontiert ihn Herr P. mit den Implikationen seines Textes, zieht explizit die logische Konsequenz, die Albert selbst zu ziehen vermeidet:

> 174 S 49 "Ja gut, eh bist Du jetzt der Meinung, muß ich ehrlich fragn, daß jetzt einer aufs Sozialamt higehe soll und soll des bekannt gebe, daß die mit jemand zusammewohnt? - Bist der Meinung, daß das passiern sollt?"

Von den ihm verbleibenden drei Handlungsalternativen: 1. Anerkenntnis, daß hier kein gesetzlicher Mißstand vorliegt und die Frau zu Recht Sozialhilfe bezieht; 2. Forderung, daß sich das Sozialamt besser informieren soll; 3. Anzeige, sprich: Denunziation der Frau wählt Albert die letzte Möglichkeit:

> 175 A 62 "Ei, jawoll! Selbstverständlich! ... das ist eine Ehegemeinschaft für mich, und dene gehört kei Geld!"

Herr P. hat damit eine eindeutige, persönliche Meinung von Albert erhalten. Ohne sie aus einer moralischen Position heraus zu bewerten, zu tadeln oder zurückzuweisen, wendet er sich den anderen Gruppenmitgliedern zu:

> 177 S 5o "Was meinen die annern, was meinen die annern dazu?"

Bernhard, jetzt auch von Albert aufgefordert: "Sach aa, was sagst Du dezu?" (179 A 63), weicht aus. Er versucht, hier ganz "alte Schule", sich aus der Affaire zu ziehen und spricht von der Verantwortung des Mannes für die Frau, mit der er zusammenlebt:

> 18o B 19 "Du kennst doch meine Einstellung dadrauf, die moralische Verpflichtung schon von allo, wo ich immer soch, als Mann, wenn ich sowas mach ..." .

Das weist Herr P. unbeirrt zurück:

> 181 S 52 "Das is wieder was anners ...".

Ohne eine persönliche Meinung abzugeben, wie z.B.: "Soll sich das Sozialamt doch besser informieren", beklagt Bernhard dann mit der Schilderung neuer Beispielsfälle das faktisch mögliche Unterlaufen der Gesetzesnormen. Aber er vermeidet es, daraus wie Albert die Konsequenz der Denunziation zu

ziehen. Bleibt noch Christa. Sie hat sich bisher zurückgehalten und, wie
das Material zeigt, reagiert sie auch im folgenden nicht auf die an alle
Anwesenden gerichtete Aufforderung, sich zu dem Streitpunkt zu äußern. Damit wird ihr Schweigen zu einem signifikanten Datum und zu einer klaren
Meinungsäußerung. Unterstellt, sie teilt die Position des Sozialarbeiters,
könnte sie das problemlos kundtun und gleichzeitig den pragmatischen Verpflichtungen der Situation genügen. Das böte ihr außerdem die Chance, den
moralischen Bonus des aufgeklärten Gruppenmitgliedes zu kassieren. Der Geruch der potentiellen Neiderin und Denunziantin wäre von ihr genommen, der
jetzt auf ihrem Schweigen ruht. Vor diesem Hintergrund ist ihre Zurückhaltung als latente Zustimmung zu den Beiträgen der Vorredner zu werten. Christa vertritt deren Meinung, ohne aber offen Farbe zu bekennen. Man kann es
auch so formulieren: sie sitzt buchstäblich zwischen den Stühlen. Ihr
Schweigen resultiert aus dem unlösbaren Konflikt zwischen Sozialneid einerseits, der aus der sozioökonomischen Nähe und eigenen virtuellen Armut entspringt, und der qua Mitarbeit in der Sozialhilfegruppe geforderten distanzierten und universellen Sozialstaatsorientierung andererseits. So betrachtet dokumentieren die Redebeiträge der Gruppenmitglieder in dieser Kontroverse in unterschiedlicher Stärke den Konflikt zwischen Alltagspraxis/Laienkompetenz und Expertenkompetenz. Vergleichsweise schwach ausgebildet bei
Albert (er äußert relativ spontan und ungeniert seine Meinung als Siedlungsbewohner); bei Bernhard bereits stärker virulent, erreicht er in einer offensichtlich unlösbaren Ambivalenz bei Christa seinen Höhepunkt. Sie kann
die divergierenden Orientierungen nur noch qua Schweigen bewältigen und
keine von ihnen vereinseitigen. Das setzt sie interaktiv matt.
Nach einer längeren, verschiedene Teilaspekte erfassenden Diskussion führt
der Sozialarbeiter schließlich zum Ausgangspunkt zurück mit einem persönlichen Bekenntnis:

> 213 S 67 "Aja, okay, gut, ... aber mir gehts eigentlich dadrum,
> äh, wolle mir uns als diejenisch, oder ich sachs, ich,
> für mich isses beantwort, ich will nit der Controlletti
> sei, der, un auch net derjenische, der beurteilt, ob
> hier eine Eheähnliche Gemeinschaft da is, die über äh
> Jahre äh läuft, äh wo klar is, die wolle nur de Staat
> ausnutze ...".

Unter Berufung auf Jonny Controlletti, der Personen und Situationen fest
im Griff hat, d.h. unter Kontrolle, weist Herr P. deutlich jedwede Kontrollfunktion im Rahmen sozialpolitischen Handelns zurück. Er lehnt es entschieden ab, die Autonomie der Lebenspraxis zu verletzen und in die Privatsphäre der Leistungsbezieher einzudringen, um eine mißbräuchliche Inanspruch-

nahme von Sozialhilfeleistungen zu verhindern. Es ist seine persönliche Einstellung ("für mich isses beantwort"), nicht eine für alle Anwesenden geltende Richtlinie. Und so wie er für sich Kontrollhandeln ablehnt und mit dieser Position keine höhere moralische Wertigkeit beansprucht, verurteilt er auch nicht die abweichenden Meinungen der Gruppenmitglieder oder nimmt die Differenzen zum Anlaß einer Grundsatzdiskussion über Sinn und Zweck einer Sozialhilfegruppe.

8.1.1 Die Strukturformel

Die Beziehung zwischen dem Sozialarbeiter und den Gruppenmitgliedern ist geprägt von einer objektiven Unvereinbarkeit zwischen den von ihnen vertretenen Handlungsorientierungen. Auf der einen Seite steht Herr P., der als Rollenträger und beruflich Handelnder qua affektiver Neutralität und Universalität der Perspektive eine generalisierte Hilfe-Position vertritt und konsequent sachhaltig-distante, einzelfallunspezifische Arbeitsbeziehungen zu den Gruppenmitgliedern eingeht. Vor dem Hintergrund seiner strikt sozialpolitischen Orientierung kann er sowohl allgemeine Sparmaßnahmen im Sozialhilfebereich zurückweisen als auch eine implizit oder explizit geforderte verstärkte Kontrolle einzelner Leistungsbezieher. Die Behandlung aller Sozialhilfeansprüche nach einem universellen Bezugsrahmen hat Priorität. Den Mißbrauch von Sozialhilfeleistungen zu verhindern, würde in letzter Konsequenz eine Stärkung der Kontrollfunktion und eine Schwächung der Hilfe-Orientierung bedeuten. Die generalisierte Perspektive bedingt notwendig eine Beschränkung auf die formale Erfüllung der gesetzlichen Regeln für die Inanspruchnahme und Bewilligung einer Leistung.

Demgegenüber führen Albert und die anderen Gruppenmitglieder eine traditionalen Gesellschaften eigene partikulare Argumentation. Sie fordern konkretistisch von einzelnen Beispielsfällen ausgehend, eine Minderung und Beseitigung von Mißbrauchsmöglichkeiten auf der Basis einer, für diffuse Beziehungen konstitutiven Wahrheitsdimension. Angewandt auf das spezifische Verhältnis zwischen Antragsteller und Leistungsverwaltung muß dieses Kriterium notwendig die Kontrollaspekte im System der sozialen Sicherung verstärken.

Auf der Folie einer vom Sozialarbeiter eingeführten Prämisse der gemeinsamen, um Sachprobleme fokussierten Arbeit, prallen die beiden divergenten Wahrnehmungs- und Handlungsperspektiven unvermittelt aufeinander und dyna-

misieren die Interaktion. Immer wenn Albert beispielsweise seine, aus einem
Quasi-Experten-Status bei gleichzeitiger sozioökonomischer und räumlicher
Nähe zu den unmittelbaren Sozialhilfeempfängern resultierende Argumentation
durchzusetzen versucht, löst das logisch-sachliche Interventionen des Sozialarbeiters aus. Sie erscheinen Albert als Kritik und Zweifel an seiner
Kompetenz in Sozialhilfefragen und an seinem Fallwissen und mobilisieren
erneute, "rechthaberische" Argumentationen, ohne daß Klärungen in Richtung
der von Herrn P. vertretenen sozialstaatlichen Hilfe-Position oder einer
dezidierten Vereinseitigung der Kontrollfunktion erreicht werden. Letzteres
würde für Albert dann zur Folge haben, die Mitarbeit in der Sozialhilfegruppe aufzugeben.

8.1.2 Interaktionsstruktur und allgemeiner Hilfe-Struktur-Typus

Kann auch diese Beziehung als eine empirische Realisierung des allgemeinen
Hilfe-Typus begriffen werden? Im Unterschied zu den paradoxen Interventionen der Sozialarbeiter Frau M. und Herrn S., die eindeutig aus dem Versuch
resultieren, den miteinander unverträglichen Hilfe- und Kontrollfunktionen
gleichzeitig gerecht zu werden, und die die Klienten faktisch in eine widersprüchliche Beziehung binden, gelingt es Herrn P., konsequent und in
Übereinstimmung mit der vereinseitigten Hilfe-Orientierung zu handeln und
die Kontrollzumutungen zurückzuweisen. Wie im Zusammenhang der Rekonstruktion der Interaktionsstruktur bereits dargelegt, ist ihm das möglich auf
Grund günstiger institutioneller Rahmenbedingungen, einer fachlichen Begrenzung des Handlungsfeldes auf den Bereich materieller Hilfen und bestimmter persönlichkeitsspezifischer Faktoren. Von hier aus ist diese Sozialarbeiter-Klient-Beziehung nicht als Ausdrucksform des Hilfe-Typus zu
werten; weder in Richtung einer einfachen Bestätigung, wie in Fall 1 und
2, noch einer Bestätigung qua Negation des Typus, wie Fall 4 zeigen wird.

Dennoch bleibt ein objektives Handlungsdilemma zu diskutieren. Es resultiert aus dem Verhältnis von allgemeinem Typus und der durch ihn konstituierten objektiven Realität einerseits und der Notwendigkeit, angesichts des
Strukturkonflikts des Berufs quasi-professionelle Haltungen individuell
ausbilden zu müssen. Herr P. muß gegen die latente Kraft der Struktur des
Hilfe-Typus handeln, die sich manifestiert in den in der Berufsrolle gebundenen Implikationen der Hilfe-Moral, der Aktivitäts- und Handlungsverpflichtung etc. Gegen die qua Hilfe konstituierte Asymmetrie von oben/un-

ten setzt er beispielsweise Symmetrie und tendenzielle Statusgleichheit mit den Gruppenmitgliedern; gegen seine aus der Expertenrolle resultierende objektive "Leader"-Funktion das ernstgenommene Verständnis gemeinsamer Arbeit mit den Siedlungsbewohnern ohne Partizipations- und Beteiligungsattitüde; seine (spezifische) Kompetenz ist anders- aber nicht höherwertig ihrer alltagspraktischen. Es sind hier nicht die einzelnen, sich strukturell widersprechenden Orientierungen darzustellen, die teilweise aus den sprachlichen Selbstkorrekturen des Sozialarbeiters erschlossen werden können. Vielmehr mag zur Verdeutlichung der hier angesprochenen Unvereinbarkeit einer strikt gemeinsamen Arbeit von Experte und Alltagspraxis das immer nur komplementäre Verhältnis: funktionsspezifische Problemlösungskompetenz/alltagspraktische Selbsthilfesysteme dienen. Dazu zwei Beispiele aus dem Handlungsbereich professionalisierter Berufe: Selbstindikation und -medikation sind in der Medizin ausgeschlossen. Krankheitsbehandlung und Heilung gehören ausschließlich in die Kompetenz des Arztes. Selbsthilfe und medizinische Selbstversorgung können sich lediglich auf sogenannte Trivial-Krankheiten, bestimmte chronische Erkrankungen und gesundheitsförderndes und präventives Verhalten erstrecken.[5] In einem strengen Sinne liegen diese Bereiche bereits außerhalb der Problemlösungskompetenz des Arztes. Auch in der Rechtspflege finden sich nur im Vorfeld juristischen Handelns Formen der Selbsthilfe, z.B. in den Schlichtungsstellen, in denen naturwüchsig Konsens zwischen den Parteien herbeizuführen versucht wird. Soweit eine gemeinsame Rechtsprechung im Rahmen der Schöffengerichte erfolgt, stellen sich bei genauer Betrachtung ähnliche Probleme zwischen Berufs- und Laienrichter, wie in der hier untersuchten Sozialhilfegruppe.
Insofern Herr P. also ein tendenziell reziprokes Verhältnis zwischen Experten- und Alltagskompetenz anstrebt und sich nicht auf eine komplementäre Beziehung beruft, etwa indem er sich darin beschränkt, als der von der Gruppe gerufene Experte Informationen zur Verfügung zu stellen u.ä., bestätigt auch dieser Lösungsversuch den Hilfe-Struktur-Typus.

8.2 Das berufliche Selbstverständnis: "... AUF DER EINEN SEITE MANAGER ..."

Zwei Monate nach Aufzeichnung der Gruppensitzung wurde mit Herrn P. das Interview geführt. Es fand nachmittags im Gruppenraum statt. Der Sozialarbeiter hatte dazu Kaffee gekocht und Gebäck mitgebracht. Aufgrund einer Verspätung der Interviewerin verblieben von den vorgesehenen 2 Stunden nur noch 1 1/2 Stunden Zeit für das Interview. Der Themenkomplex: allgemeine Berufsproblematik, Ausbildungsfragen etc. wurde folglich nur kurz gestreift. Herr P. nahm die Gelegenheit zum Anlaß, sich mit seiner Arbeit auseinanderzusetzen, Handlungsprobleme zu analysieren, Klärungen voranzutreiben und gleichsam Bilanz zu ziehen. Seine Sprechweise ist von dem Bemühen geprägt, sich präzise auszudrücken. Große Worte und Begriffe werden vermieden. Formulierungspausen, Explikationen und nähere Bestimmungen vorangegangener Aussagen, mehrfache Satzplankorrekturen, sind charakteristische Merkmale seines Berichts. Szenisches Erzählen findet sich demgegenüber vergleichsweise wenig.

8.2.1 Fallrekonstruktion und Deutungsmuster[6]

Mit einer Intervention der Interviewerin wurde die ausführliche Erörterung der Probleme der Gemeinwesenarbeit und der institutionellen Handlungsbedingungen (ca. zwei Drittel des Interviews) abgebrochen und zum Fall, hier: zur Sozialhilfegruppe übergeleitet:

> "äh - können wer da ma abbrechen und äh, ich würde gern noch über die Sozialhilfegruppe sprechen, ... wann is die entstandden - diese Gruppe?" (S. 19)

Herr P. gibt nun eine genetische Rekonstruktion der zum Zeitpunkt des Interviews ca. 2 Jahre zurückliegenden Ereignisse, die zur Gründung der Gruppe geführt haben. Am roten Faden der Ausgangsfrage entlang versucht er, sich diese Zeit zu vergegenwärtigen und die Ereigniszusammenhänge in einem stringenten, sachlichen Bericht darzustellen. Eine bundesweite, von Betroffenen, Projektgruppen und Sozialarbeitern getragene Aktion gegen die Anrechnung des Kindergeldes auf die Sozialhilfe[7], an der sich die "Projektgruppe Gemeinwesenarbeit L-Straße" und Bewohner des Wohngebietes beteiligten in Form einer "sogenannten 'Initiativgruppe gegen die Anrechnung des Kindergeldes'" (S. 19), bildet gewissermaßen das auslösende Moment. Diese Initiativgruppe, rückblickend der Vorläufer der Sozialhilfegruppe, "entwickelt" naturwüchsig selbstverständlich

> "... so'n Verständnis ..., 'Eigentlich können wer ja weitermachen, aber, ja, ja, wir mache aber zur Z, wir mache ja sowieso auch noch mehr Sache hier, wir red ja nit nur übers Kinnergeld, wir red ja auch über Sozialhilfe - un da könn wer eigentlich Sozialhilfegruppe draus mache', ... also - hatten mer hier ne Sozialhilfegruppe." (S. 19).

Damit schließt Herr P. rational-zielorientiert Deutungsoptionen aus, die die Entstehung der Gruppe etwa auf eine im Rahmen einer programmatischen Befreiungspädagogik vorangegangene Mobilisierungskampagne zurückführt. Das ließe z.B. folgende Formulierung erwarten: "Die Bewohner sollen lernen, ihre Rechte wahrzunehmen, sich gegen das Sozialamt zu wehren und sich zu solidarisieren, deshalb ...". Und er steckt sich auch nicht persönlich die Feder an den Hut, präsentiert sich nicht als Ideenträger und Organisator einer, durchaus mit innerer Befriedigung konstatierten Entwicklung ("... also - hatten mer hier ne Sozialhilfegruppe"). Die Gruppe ist vielmehr die kontinuierliche Fortsetzung dessen, was bereits in anderer Form und unter anderem Namen geleistet worden ist. Es ist ein "weitermachen". Gegenüber den prospektiv sich entwickelnden Abläufen und Prozessen treten dramatische Wendepunkte, Diskontinuitäten, Aktivitätsverdichtungen und Konflikte, wie z.B. Kontroversen über das Für und Wider einer solchen Gruppe, in den Hintergrund. Das auf eine andere Priorität verweisende "eigentlich" (worauf später näher einzugehen ist), und das mehrfache "aber", das Einwände und Argumente gegen eine Gruppengründung anzudeuten scheint, lassen vermuten, daß Vorbehalte bestanden haben und, wie sich zeigen wird, auf seiten des Sozialarbeiters noch vorhanden sind. Sie werden an dieser Stelle aber nicht von ihm expliziert.

Die Schilderung des Beginns der Sozialhilfegruppe gibt bereits wesentliche Elemente des beruflichen Selbstverständnisses und der Handlungsorientierung des Sozialarbeiters zu erkennen, die durch andere Textstellen des Interviews deutlich bestätigt werden. Kontrastiert etwa mit Fall 4, in dem die Sozialpädagogin von einer "mammuthaften" Aufbauarbeit spricht, sieht Herr P. seine Aufgabe darin, Aktivitäten und Entwicklungen anzuregen, zu unterstützen und geburtshelferisch zum richtigen Zeitpunkt die Handlungsbereitschaft und das Selbsthilfepotential der Bewohner zu mobilisieren und aufzugreifen. Er weiß, daß seine Veränderungsvorstellungen auf einen "fruchtbaren Boden" (S. 2) fallen müssen, d.h. auf ein Problembewußtsein der Bewohner hinsichtlich ihres Wohngebietes und auf ihre Bereitschaft zum Handeln. Ohne diesen Boden gerät er notwendig in die Rolle des stellvertretend-problemlösenden Experten oder in die des Gemeinwesenarbeiters, der sogenannte "Eliteobdachlose" legitimatorisch für eine herbeigeredete Aktivierung und Selbsthilfe vorführt:

>"... man muß da unheimlich aufpassen, daß mer die Leut - net äh, ja, so des auffsetzt ..." (S. 1o).

Herr P. versteht sich darüber hinaus aber auch nicht als ein Kommunikationsglied, daß Gebietsbewohner und kommunale Administration miteinander verbindet und das primär Übersetzer- und Mittlerfunktionen wahrnimmt. Er steht eindeutig auf seiten der Bewohner, handelt mit ihnen. Dabei grenzt er sich nicht qua Konfliktstrategie, etwa in der Variante disruptiver Taktik, von den ordnungspolitischen Erwartungen der kommunalen Funktionsträger ab, sondern durch ein selbstgewisses berufliches Verständnis, in dem konsequent die Hilfe-Orientierung vereinseitigt und Kontrollaufgaben zurückgewiesen werden:

> "... und der (der Bürgermeister, R.S.) hat damals wohl gemeint, wir würden äh, wie er immer sachte, intensive Familienarbeit machen. ... hat er wohl gemeint, wir würden uns einzelner Familien annehmen und würden dann hier mol für Ordnung sorgen. Und da hat er sich halt e bissl getäuscht gehabt." (S. 3)

Die obige Textstelle bestätigt deutlich die einzelfallunspezifische, generalisiert-sozialpolitische und gebietsbezogene Problemlösungsperspektive des Sozialarbeiters, die bereits aus der geschilderten Beteiligung an der Kindergeldaktion erschlossen werden konnte. Bezugspunkt seiner Tätigkeit sind nicht die Beschädigungen und Defizite des Einzelfalls, sondern die Mängellagen des Wohngebietes, insbesondere die Wohnsituation und das Datum der Obdachlosigkeit überhaupt. Es geht um Armutsbekämpfung, nicht um Verhaltensregulation. Von dieser Position aus kann Herr P. die Law- and Order-Forderungen konsequent zurückweisen, einzelne Familien an den gewünschten normativen Verhaltensstandard anzupassen und dabei notwendig deren Autonomie verletzen zu müssen. Stattdessen richtet er wohngebietsbezogene Forderungen an die kommunalen Institutionen und deren Vertreter, präsentiert sich

> "... als jemand, der immer wieder die Finger in die Wunder (der Obdachlosigkeit, R.S.) legt äh und da net so leicht Ruhe gibt ..." (S. 17).

Der aus der Gemeinwesenarbeit ausgegrenzte Bereich der Einzelfallhilfen gründet sich aber nicht auf ein schlichtes ökonomistisch-deterministisches Erklärungsmodell, in dem die individuellen Beschädigungen und Defizite der Bewohner auf die defizitären Lebensbedingungen zurückgeführt werden. Die relative Eigenständigkeit familiärer und persönlichkeitsspezifischer Probleme wird nicht negiert. Sie sind mit den Mitteln der Gemeinwesenarbeit nicht zu lösen:

> "... was ich auch wahrgenommen hab halt, daß mit Gemeinwesenarbeit - net alles zu lösen is, äh so grad so ganz komplizierte

familiale Strukturen, Probleme, Konflikte, da kommt Gemeinwesenarbeit mit ihrn Formen net ran. Da müßte parallel was laufen ..." (S. 3o).

Er kann sich aber im Unterschied zu Frau M. und Herrn S., die eine relativ unbegrenzte Handlungsverpflichtung als Antwort auf die institutionelle Allzuständigkeit und letzte Zuständigkeit der Sozialen Dienste thematisieren, deutlich auf seine begrenzte Problemlösungskompetenz im Rahmen eines spezialisierten Arbeitsfeldes beschränken. Die der Projektgruppe eingeräumte "freie Hand" seitens der Anstellungsträger:

"Unsere Träger ham äh, wenn wer die gefragt ham: 'Ja was solln wer denn machen?', ham die gesacht: 'Dann machen Se mal.' Ne. Äh, 'Sie ham, leisten hier praktisch Pionierarbeit' ..." (S. 3),

erlaubt die konsequente Vereinseitigung der Hilfe-Orientierung. Das hat zur Folge, daß nun verstärkt Außenkontrollen einsetzen und die Arbeit der Projektgruppe "überwachen". Die "Kontrolleure" werden kontrolliert:

"... da sinn mer eher in Legitimation gegenüber der Stadt manchmal, weil unsere Arbeit ja bei, von der Stadt sehr kritisch betrachtet wird ... mir ham nix zu verbergen, äh, mir is trotzdem immer sehr unwohl debei ... Und der X., der - sammelt Fakten gegen uns." (S. 16).

Kontrolliert und überwacht zu werden scheint der Preis zu sein für den Versuch, den Hilfe-Struktur-Typus und seine widersprüchlichen Verpflichtungen zu überwinden und die normenbestandssichernden Handlungsanteile aus dem Binnenraum der Handlungsvollzüge auszuschließen. Das an die Sozialarbeit delegierte Macht- und Kontrollpotential wendet sich gegen sie, wenn es von ihr nicht wahrgenommen wird. Die divergenten Orientierungen: Hilfe/Kontrolle teilen sich, ohne ihren konstitutiven Zusammenhang aufzugeben. Diese Variante der strukturell mangelnden Autonomie des Berufs ergänzt, daran sei erinnert, die von Frau M. und Herrn S. beklagten Einflüsse der Administration auf das fachliche Handeln, die sich im Extremfall als unmittelbar-bürokratische Befehlsautorität darstellen ("da wird von oben runter doktriniert").

Doch zurück zur Rekonstruktion der Entstehung und Entwicklungsgeschichte der Sozialhilfegruppe. So wie sich Herr P. um einen sachhaltigen Bericht bemüht und die wesentlichen Entwicklungslinien aufzuzeigen versucht, erlaubt ihm seine Distanz zum Beruf auch, unmittelbar anschließend von sich aus die wunden Punkte der Gruppe anzusprechen. Dabei leitet ihn eher intuitive Gewißheit ("hab ichs Gefühl gehabt"), als analytisch-kognitives auf-den-Begriff-bringen und theoretischer "Durchblick":

> "... äh, ja und seitdem, des is jetzt anderthalb Jahre, zwei
> Jahre her, äh - gibts diese Sozialhilfegruppe ... Ja und irgend-
> wo hat sich des so mit der Zeit bissl - es war son stabiler Kern
> von Leuten, hat sich son bissl totgelaufen, hab ichs Gefühl ge-
> habt - " (S. 19/2o).

Während bereits das "ja und seitdem" eine Redefortsetzung erwarten läßt, in der eine Stagnation oder negative Entwicklung seit der Gruppengründung thematisiert werden wird, z.B.: "Ja und seitdem schlagen wir uns so recht und schlecht durch", und ein quantitativer oder qualitativer Fortschritt relativ unwahrscheinlich ist, spricht Herr P. von einem: "son bissl totlaufen". Es ist ein dem Ende zugehender selbsttätiger Prozeß, ohne daß sich die Gruppe aufgelöst hätte und damit auch äußerlich ein deutliches Ende erkennbar wäre. Auch können kaum konkrete Gründe für diese Entwicklung verantwortlich gemacht werden. Während das "totlaufen" somit einen Mißerfolg und nicht erfüllte Hoffnungen und Erwartungen unterstellt, steht in eigentümlichem Widerspruch hierzu jedoch ein durchaus positiv zu wertender Hinweis: "es war son stabiler Kern von Leuten". Im Kontext einer Social Groupwork-Orientierung würde dieses Datum auf ein erfolgreiches Handeln eines Sozialarbeiters verweisen. Was mag also die im "totlaufen" ausgedrückte Enttäuschung begründen? Das Motiv: Herrn P. ist die Gruppe lediglich zu klein und er hätte gern eine Reihe weiterer Mitglieder gehabt, kann ausgeschlossen werden. Er hätte es leicht durch den Einschub eines "nur" mitteilen können: "Es war nur son stabiler Kern von Leuten". Auf die Nachfrage der Interviewerin, was das "totgelaufen" heißt, präzisiert er:

> "Ja es war (unverständlich) immer die gleiche Leute, un äh
> ja ganz - " (S. 2o).

Enttäuschend ist nicht die möglicherweise geringe Zahl der mittelbar oder unmittelbar betroffenen und aktiven Sozialhilfeempfänger, sondern daß es immer die gleichen Leute waren, die kamen. Ihm geht es nicht um die gefestigte, sich nach außen abschließende Gruppe, sondern um eine Ausstrahlung auf möglichst viele Leute, gleichgültig, ob sie ständig mitarbeiten oder nur einmal kommen und sich informieren. Nimmt man ergänzend hinzu, daß sich die Verwendung des "totlaufens" auf eine allgemeine Bewegung und Aktivität für eine Idee oder Sache ("des") bezieht, für die man sich begeistert hat, und die, nachdem sie ihre beflügelnde Kraft verloren hat, sich erschöpft und totläuft; wohingegen die Gruppe selbst sich nur, pragmatisch sinnvoll, "zu Tode laufen kann", dann wird der Enttäuschungsgrund leicht einsehbar. Mit der Gruppenbildung hat Herr P. die Hoffnung verbunden, eine breite Bewegung und Mobilisierung der Armen einleiten zu können. Die Aktivierung

der Sozialhilfeempfänger hat in seinem Selbstverständnis Priorität vor der
Organisationsform der geschlossenen Gruppe mit einem "stabile(n) Kern von
Leuten. Versuche, den Kreis auszuweiten, bleiben unbefriedigend:

> "... un dann ham wer Telefonnummer in die Zeitung geschrieben
> von unsrer Arbeitsgruppe und von ner Bewohnerin noch, äh ham
> die Termine bekanntgegeben und dann kamen ganz vereinzelt hier
> mal wieder ein paar Leut. Ne. - Aber auch, des war für die Mit-
> glieder der Gruppe ziemlich unzufr, befriedigend so." (S. 2o).

Und "Überhaupt", damit nähert sich Herr P. einem zentralen, seine bisherigen Einwände überschreitenden und sie steigernden Argument:

> "Überhaupt - warn, waren die Mitglieder der Gruppe nur - zum
> kleinen Teil selbst unmittelbar betroffen ... also Amtskontakte,
> Amtsgeschichte und so habe se eigentlich alle schon gehabt, ne,
> aber net so, daß se jetzt jeden Monat warte müsse äh auf ihr
> Sozialhilfe und so ..." (S. 2o/21).

Die Bewegung sollte also vorrangig die unmittelbar Sozialamtsabhängigen,
die Sozialhilfeempfänger selbst erfassen und erst in zweiter Linie die vir-
tuell Armen, die potentiellen Sozialhilfeempfänger, auf die z.B. Bernhard
sein besonderes Augenmerk richtet:

> "Es derf net nur um Sozialhilfeempfänger gehe, es muß auch (um ?)
> Arbeiter gehe, die wenig Geld habbe, die sinn ja genauso be-
> troffen, äh, die getrauen sich ja net, wenn se zuwenig ver-
> diene, gar net zum Sozialamt zu gehe, um noch sich zusätzlich
> was zu hole." (S. 21).

Wie die Interpretationsergebnisse der Gruppensitzung an vielen Stellen immer wieder auf den Herrn P. bewegenden Konflikt zwischen dem eigentlichen
Ziel der Mobilisierung der Sozialhilfeempfänger zu einer breiten Bewegung
der Armen einerseits, das im Interview in ironischer Distanz als die "höhe-
re(n) Ansprüche" (S. lo) bezeichnet wird, und einem realistisch-pragmati-
schen Begnügen mit dem Erreichbaren andererseits verweisen[8], läßt sich dieser Zwiespalt auch in seinen Ausführungen zur Gruppe erkennen. Darin wiederholt sich die bei Frau M. und Herrn S. gefundene und für den Beruf konstitutive Diskrepanz zwischen den tendenziell unbegrenzten Zielvorstellungen und der schockierenden, ernüchternden und enttäuschenden Praxis. Auch
in der sozialpolitischen Variante des Hilfe-Selbstverständnisses bleibt die
angestrebte Aktivierung der Bewohner relativ unvermittelt mit ihren Möglichkeiten und ihrer Bereitschaft zum aktiven Handeln.
Bleibt zu fragen, wie Herr P. die Diskrepanz zwischen Ziel und Berufsreali-
tät bewältigt und welche Konsequenzen er aus der Nichterfüllung seiner Erwartungen zieht? Zunächst ist wieder an die Deutungen der beiden vorange-

gangenen Fälle zu erinnern. Frau M. sprach von einem Globalanspruch des
Veränderns mit der impliziten Erwartung an die Klienten, sich zu verändern
und den Weg mit ihr zu gehen. Auf Widerstand und Hemmnisse stoßend, nahm
sie ein Stück Veränderungserwartung zurück und versuchte, sich mit kleinen
und auch minimalen Änderungen zu begnügen. Ihre Texte ließen dabei erkennen, daß ihr die Reduktion des idealen Ziels handlungspraktisch nicht überzeugend gelingt. Herr S. verwies auf einen Wandel seiner Einstellung gegenüber den Bedürftigen. Ihre anfängliche Idealisierung wurde unter dem Eindruck enttäuschter Erwartungen abgelöst vom Bild des betrügerischen Sozial-
amts- und Gesetzesvirtuosen. Seine Ernüchterung über die anfänglich nicht
wahrgenommene, negative Seite der Armen richtet sich jetzt gegen sie. Implizit wird ihnen die Schuld für die Nichterfüllung der Hoffnungen zugewiesen. Herr P. nun gelangt über die praktische Erfahrung:

> "... daß aber dieses diese Aktivierungs- - dieses missionari-
> sche Aktivieren von uns, daß das net dezu geführt hat, daß die
> Leut wirklich aktiv gewordn sinn ..." (S. 13),

zu der Bereitschaft:

> "... des ma zu akzeptiern, ja, daß mir da keine Massenbewegung
> auf die Bein bringe ..." (S. 14).

Der Verzicht auf das ideale Ziel wird zum "entsag(en)", zum Versuch:

> "... damit zu lebe, leben zu können, des erfordert schon auch
> von uns jetzt so als - ja als Gemeinwesenarbeiter mit diesem
> Aktivierungs- ääh hinterkopf äh ... erfordert von uns schon ...
> ganz schönes Aushalten, ne." (S. 15).

Weder unreflektierte, technokratische Realpolitik, die sich ironisch über
den Idealismus des Berufsanfängers mokiert, und wie der Fuchs die Trauben,
die zu hoch hängen, nun zu sauer findet, noch einfach Resignation und Mut-
losigkeit sind die Reaktionsformen des Sozialarbeiters. Die Diskrepanz
zwischen Theorie und Praxis wird in einem denkbar produktiven und notwendig individuell-persönlichen Prozeß der Ent-Täuschung bewältigt. Die ursprünglichen Ziele sind nach wie vor gültig. Herr P. nimmt sie ernst, hält
an der Utopie fest, ohne ihr aber in der Berufsarbeit unmittelbar weiter
nachzurennen. Man kann sich gut vorstellen, und im Interview gibt es dafür
deutliche Belege, daß Herr P. als Reaktion auf den Praxisschock nicht etwa
Berufsanfängern mit den typisch destruktiven und zynischen Bemerkungen begegnet, wie z.B.: "Zeigen Sie erst mal, was Sie können" etc.; und wie es
auch Frau M. in der neuen Arbeitsstelle erlebt[9]. Die Enttäuschung wird
nicht an die Kollegen und auch nicht an die Klienten weitergegeben, ihnen

letztlich die Unerreichbarkeit der Ziele angelastet, wie es partiell auch in Fall 1 geschieht; sie verbleibt beim Sozialarbeiter selbst. Das fordert ein persönliches, inneres "Aushalten". Die aus dem Strukturdilemma des Berufs resultierende, generelle Belastung erscheint hier in der Variante eines individuell auszuhaltenden Verzichts auf Berufsrollenanteile und Handlungsziele. Die Belastung liegt nicht mehr in der unmittelbaren Arbeit mit den Bewohnern/Klienten selbst, die bei Frau M. als "Kraft kostende" Gestaltung der kommunikativen Beziehung erscheint; sie wird auch nicht, wie von Herrn S., in der Diskrepanz zwischen Hilfe-Verpflichtung und fehlenden Hilfsmitteln erlebt, die zum "Rennen des Feuerwehrmannes" führt; und auf Fall 4 vorgreifend, im "abstrampeln" mit den Klienten, die sich dem spezifischen Beratungssetting widersetzen. Anders ausgedrückt: statt Kampf um die Jugendliche (Fall 1), Kampf um die Leistung (Fall 2) und Kampf um die Kontrolle der Situation (Fall 4) verweist das Deutungsmuster von Herrn P. auf eine innere Auseinandersetzung mit der Berufsrolle und den Implikationen der Hilfe-Orientierung. Begründet die Unspezifizität des Helfens die tendenzielle Allzuständigkeit und die Formulierung idealer Handlungsziele, bedeuten Versuche der Selbstbegrenzung und -beschränkung, die notwendige Voraussetzung für die Ausbildung funktionaler Spezifizität und fachlicher Kompetenz sind, individuelles Handeln gegen die latenten Zwänge der Berufsrolle. Auch das ist persönliche Sonderleistung. Sie besteht darin, die für das Arbeitsfeld Gemeinwesenarbeit formulierten Zielvorstellungen, die Bewohner zu aktivieren und zu einer Bewegung der Armen zu mobilisieren, aufzugeben und das Erreichbare:

"... mehr so in - kleinen Gruppen mit en paar Leute auch " (S. 14),

zu arbeiten, zu akzeptieren. Das bedeutet Reflexion des berufsrolleninduzierten Handlungsdrucks und vermehrt Anerkennung der Autonomie der Siedlungsbewohner, darin bestehend, die Beziehung zum Sozialarbeiter und zur Projektgruppe selbsttätig aufgrund von Leidens- und Problemdruck zu stiften:

"... also ich hab's Gefühl, ich geh nimmer so uff (oder: oft ?)
die Leute zu wie am Anfang. Äh - ich bin da, die Leut wisse,
daß mer da sinn ..." (S. 14).

Die persönliche Leistung besteht weiter in der Zurücknahme des Anspruchs, für das ganze Wohngebiet da zu sein und die historisch gewachsenen, heterogenen Strukturen und "Trennungsstriche" zu überwinden, um so ein positives Gebietsbewußtsein aller Bewohner zu erreichen:

"... wir ham ja immer diesen Anspruch vor uns hergetragen
und tragen ihn im Grund ja immer noch, daß wir äh so schon
für's ganze Gebiet da sinn ..., daß man immer versucht, äh
was, irgendwas zusammenzubringen, is, ja, un das man sehr
spät vielleicht erst merkt, daß das eigentlich gar net zusammen will unn gar net zusammen kann ..." (S. 12).

Herr P. gibt aber den von ihm als "idealistisch" bezeichneten Anspruch, die
objektiven "Sperren" und Spaltungen des Wohngebiets zu überwinden, nicht
vollständig auf. Er "trägt ihn weiter vor sich her", versucht, ihn partiell
einzulösen:

"Was natürlich sehr viel Kraft braucht, um diese Sperren
zu überwinden." (S. 12).

Aus dem individuellen Versuch, den Strukturkonflikt der Sozialarbeit zu bewältigen und gegen die verschiedenen Ausdrucksformen der Kontrollfunktion
zu handeln, resultiert notwendig auch hier das schlechte Gewissen des Praktikers, der die bewußte, dem Handlungsdruck entgegengesetzte Aktivitätsmin-
derung aushalten muß:

"... daß ma halt ma einfach aushält und ma e mit Leuten halt
kein Kontakt hat, ja. Und halt es auch aushält en Tag im Büro
zu sitzen, ohne daß jemand kommt. Ohne dann gleich's Gefühl zu
kriegen: 'Oh verdammt, wirst nimmer gebraucht ...', dann nix
wie raus: 'Mußt ma wieder ins Feld ...' " (S. 15).

Kehren wir zurück zur Sozialhilfegruppe. Unmittelbar an seine kritischen
Anmerkungen anschließend, greift Herr P. eine Intervention der Interviewerin auf und spricht über seine Funktionen in der Gruppe:

"... ja meine Funktione, die sinn da auch sehr unterschiedlich
drin. Ich hab so's Gefühl - ich bin auf der eine Seite Manager,
daß so die Gruppe zustand kommt, daß sie sich immer wieder
trifft ..." (S. 21).

Der allgemeine Konflikt: Anspruch auf eine gebietsbezogene Aktivierung und
Selbsthilfe einerseits und relative Passivität der Bewohner andererseits,
spiegelt sich in den Mitteilungen über das Gruppengeschehen und die mikro-
sozialen Beziehungen wider. Mit "unnerschiedlich" kündigt Herr P. nicht nur
eine Vielfältigkeit seiner Funktionen an, die sich etwa komplementär er-
gänzen, sondern implizit thematisch ist deren Widersprüchlichkeit. "auf der
eine(n) Seite Manager" läßt eine Kehrseite, einen Gegensatz erwarten. Es
wird ein "auf der anderen Seite" folgen. "... ich bin auf der einen Seite
Manager", konstatiert zunächst einen unbezweifelbaren, objektiven Tatbestand, der von Herrn P. nicht angestrebt worden ist, den er jedoch reali-
stisch zur Kenntnis nimmt. Wie auch der von Herrn S. genannte Feuerwehrmann

verweist der Manager auf deutlich beruflich-spezifisches Rollenhandeln. Im
Ursprungskontext führt er als zentraler Dirigent und Organisator stellvertretend für den Eigner Kapitalfunktionen aus[10], ist somit nicht im Produktionsprozeß selbst tätig. Allgemein vereinigt der Manager Rollenmerkmale
der Aktivität, Strukturierung, Mobilisierung, Führung, Anordnung etc. in
sich. Auf den Bereich sozialarbeiterischen Handelns übertragen bedeutet es,
daß Herr P. nicht im Rahmen primärer Problemlösung und Hilfen tätig ist
und z.B. Brände bekämpft oder psycho-soziale Notlagen kommunikativ zu klären versucht. Hilfe-Orientierungen wie stellvertretende Problemlösung, versorgende und fürsorgende Hilfe und Beratung sind zurückgewiesen. Auch die
Rolle eines von der Gruppe hinzugezogenen Beraters in Sozialhilfefragen
ist mit der Wahl dieser Metapher ausgeschlossen. Denkbar wäre hingegen,
daß er als der von der Gruppe angestellte und bezahlte Manager nun diejenigen Funktionen erfüllt, die Grundlagen und Bestand der Gruppe sichern,
"daß sie sich immer wieder trifft ...", und die an ihn delegiert worden
sind. Diese Möglichkeit ist aber empirisch unwahrscheinlich und auch mit
anderen Bedeutungsaspekten in den Aussagen des Sozialarbeiters unvereinbar. Auch wenn Herr P. nun faktisch der Manager ist, so steht für ihn doch
zweifelsfrei fest, daß auch die Gruppenmitglieder über entsprechende organisatorische und die Sitzungen strukturierende Kompetenzen verfügen:

"... die können des schon. Ne. Unn - aber wenn ich da bin -
dann wird auf mich gekuckt ..." (S. 21).

Während das: "die können des schon" zunächst mögliche Fortsetzungen erwarten läßt wie beispielsweise: "aber sie wollen einfach nicht" oder: "aber
sie tun es nicht" und damit Faulheit oder Bequemlichkeit unterstellen,
thematisiert Herr P. implizit erneut den Konflikt zwischen der durch die
Berufsrolle hergestellten sozialen Realität in der Gruppe und der von ihm
angestrebten Selbsthilfe und selbständigen Arbeit. Die Tatsache seiner Anwesenheit als Sozialarbeiter mobilisiert Erwartungen an den "Manager". Sie
läßt die Mitglieder tendenziell die Haltung der zu Versorgenden, Passiven,
Reaktiven einnehmen, ungeachtet ihrer eigenen Fähigkeiten. Diese seiner
sozialen Rolle entspringenden und seiner beruflichen Orientierung zuwiderlaufenden Effekte sind es, die die Ablehnung der Managerrolle begründen.
Bleibt also zu fragen, wie Herr P. mit den Übertragungsmomenten umgeht,
wie er sie handhabt, um seinem Ziel der Aktivierung näher zu kommen? Hierzu kann eine Textstelle zitiert werden, die gleichzeitig die beeindruckende Distanz und die von institutionellen Restriktionen befreite, unverfälschte Wahrnehmung der Handlungsprobleme in den Interaktionen mit den

Klienten verdeutlicht:

> "... und ich hab ganz große Schwierigkeite eigentlich die Erwartunge, die da an mich gestellt werde, an mich persönlich als Sozialarbeiter, immer wieder zurückzugeben. Immer wieder zu sagen - also so'm so f, also wie, ich möcht net in dieser Gruppe äh derjenige sein, der da die zentrale Figur is ..." (S. 21/22).

Herr P. versucht, die an ihn als Träger einer Berufsrolle gerichteten Erwartungen ("die an mich ... als Sozialarbeiter") und die durch seine konkrete Person ausgelösten Erwartungen ("an mich persönlich") an die Gruppenmitglieder zurückzugeben. Auch dieses Datum bestätigt erneut die in der Interaktionsanalyse gefundene konsequente Sachhaltigkeit der Redebeiträge des Sozialarbeiters, ohne daß die konkreten Personen und ihre Erwartungen instrumentell-technokratisch negiert bzw. auf Funktionen reduziert werden. Er nimmt diese Aspekte wahr, überschreitet aber nicht die Grenzen des sachlichen Diskurses, indem er sie thematisiert. Auch sich selbst sieht er in der Einheit von individueller Person und Rollenträgerschaft, wobei er weder die diffuse, persönliche Komponente vereinseitigt, wie in Fall 1, noch tendenziell ausklammert, wie Fall 4 zeigen wird. Und obgleich sich sein Handeln genau wie das von Herrn S. auf den Objektbereich Armut bezieht, besteht doch ein signifikanter Unterschied. Während Herr S. in keiner Weise die Beziehung zu den Klienten reflektiert, mehr noch: man eher den Eindruck hat, daß er ihr entflieht, stellt sich Herr P. offen dieser Ebene, ohne jedoch Beziehungshandling zu betreiben. Wie Sisyphus gibt er "immer wieder" die Erwartungen zurück, ist geduldig, standfest und ausdauernd in der berufsinduzierten Erfolglosigkeit. Kontrastiert man das "zurückgeben" mit anderen Reaktionsmöglichkeiten, dann sind z.B. folgende Optionen denkbar: Erwartungen können anerkannt und befriedigt werden, was, auf die Situation von Herrn P. in der Gruppe bezogen, bedeutet, daß er sich mit der Rolle des Managers begnügt. Weiter können Erwartungen als illegitim zurückgewiesen werden. Tendenziell rigide klang es bei Frau M.: "Du bist Dein Problem und hier sitz ich", und stärker noch bei Frau T.: "Ich bin nich der Macher hier". Und Herr S. suchte eher hilflos sich zu entziehen: "Schrittweise sagen äh sich verweigern". Die verschiedenen Ausdrucksformen des Zurückweisens, auf die Gruppenmitglieder angewandt, heißt, sie mit ihren Erwartungen "abzuschmettern und deren Berechtigung nicht anzuerkennen, sie zu negieren. Das "zurückgeben" schließt dagegen beides ein: Wahrnehmung und Anerkennung der Erwartungen. Sie werden an ihre Träger zurückgegeben ohne Hinzufügung eines interpretativen Beitrags des Sozialarbeiters, etwa analog den thera-

peutischen Techniken der Deutung, Konfrontation etc. Es ist ein einfaches
Zurückgeben der durch die Berufsrolle und den Hilfe-Auftrag mobilisierten
Erwartungen der Gruppenmitglieder, daß der Sozialarbeiter konkrete Aufgaben übernehmen, für sie lösen und bewältigen soll, die sie selbst zu erfüllen in der Lage sind. Das verlangt von ihm erhöhte Wachsamkeit und Aufmerksamkeit, nicht nur, um dem Erwartungsdruck standzuhalten, sondern auch,
um den Hilfe- und Aktivitätsreflex, dem Herr S. unreflektiert folgte, als
Antwort auf die Erwartungen an den "Manager" aufzulösen:

"... ich muß mir vor jeder Sitzung ... sagen: 'Hier, paß auff,
heut, des darf net wieder passiern'" (S. 23),

und Arbeiten zu übernehmen, zu sagen, "ich erledige das",

"... unn nur, weil de e des Gefühl hast, Du kannst de Leut
net vor de Kopp stoße, Du mußt, d Du hast ja hier e Funktion,
Du bist ja hier da, was denke die Leut von Dir, wenn Du sachst,
e Du Du machst das net, ne" (S. 23).

Wie bereits im Kontext der Managerrolle deutlich geworden ist, spricht
Herr P. den Gruppenmitgliedern nicht die Kompetenz ab, Organisations- und
Strukturierungsfunktionen wahrzunehmen. Auch im Zusammenhang der Schilderung seiner Handlungsprobleme in der Gruppe betont er wie selbstverständlich ihre eigenständigen Kompetenzen in Form partikularer, alltagspraktischer Erfahrungen, die zu nutzen sind, und über die er selbst nicht verfügt:

"... da sinn soviel annere hier, die Kompetenze habe, die
mehr Kompetenze habe an manche Punkte wie ich, die sage könne,
wie's is, wie, wenn e Kind im Heim is ..." (S. 22/23).

Der prinzipielle Respekt vor den Gruppenmitgliedern und Bewohnern und ihre
a priori-Anerkennung stehen im Zentrum des Klientenbildes des Sozialarbeiters. Seine Aufmerksamkeit ist nicht zentriert auf eine unterstellte Hilfebedürftigkeit und auf Defizite und Schwächen, die zu beheben sind, sondern auf ihre Stärken und Kompetenzen, die zur Verbesserung der sozialen
und materiellen Lebensbedingungen genutzt werden können. Die sozialpolitische Hilfe-Orientierung schließt die Stigmatisierung der Bewohner aus, insofern sie nicht mehr unmittelbar Bezugspunkt des beruflichen Handelns
sind. In der gemeinsamen Arbeit an den Problemen des Wohngebiets sind sie
tendenziell Gleiche. Emphatische Vereinseitigungen in Richtung einer den
Klienten unterstellten gesteigerten Sensibilität oder einer Negativ-Zuschreibung sind ausgeschlossen. Statt Sozialromantik distanziert-sachliche
Kenntnisnahme der Licht- und Schattenseiten:

"... ja und dann gab's um diese Feste immer sehr viel Konflikte ...: 'Wenn die mit Kaffee kocht, dann koch ich kein Kaffee mit'; 'Wenn die Kuchen mitbringt, dann bin ich do net debei' ..." (S. lo/11).

Bleibt zum Abschluß der Rekonstruktion des Deutungsmusters von Herrn P., auf "die andere Seite" seiner widersprüchlichen Funktionen in der Gruppe einzugehen, deren "eine Seite" der Manager war:

"... ich möcht eigentlich, ja, wenn, vielleicht son bissl, wegen mir würd ich akzeptiern, sone sone Moderatorrolle ..." (S. 22).

Manager versus Moderator: darin wiederholt sich der Konflikt zwischen Berufsrolle, objektiver Realität und erstrebter, quasi-professionellen Form sozialarbeiterischen Handelns. Beide Berufsbilder sind sachbezogen. Während der Manager instrumentelles Handeln und Aktivität in sich vereinigt, steht der Moderator für den kommunikativen Diskurs, den er strukturiert, nicht aber inhaltlich bestimmt. Er vermittelt zwischen Thema/Sachaufgabe und Diskursteilnehmern, sichert diese Arbeitsbeziehung und bleibt selbst im Hintergrund.

9 Fall 4: Frau T.

9.1 Die Interaktionsstruktur: "SIE SIND IN UNSERE BERATUNGSSTELLE GEKOMMEN MIT EINEM PROBLEM ..."

Das Erstinterview findet in der Beratungsstelle im Rahmen der Sprechstunde statt. Es dauert 18 - 20 Minuten und umfaßt die Interakte 1 S 1 - 162 A 68; verschriftet sind das 12 Seiten. Die Interpretation erfolgte anhand der Eröffnungssequenz, einer zufällig ausgewählten Szene und einer Grobanalyse des gesamten Gesprächs. Die Darstellung der Interaktionsstruktur wird wiederum am Beispiel der ersten Interakte der Gesprächseröffnung vorgenommen.

Die Szene:

    1 S*1 "Guten Tach. Sie sind heute hier zur Beratung gekommen, ich hab Sie vorbereitet, daß wir eine Tonbandaufnahme machen und ich hoffe, daß äh wir da auch mit klar kommen, wenn dieses Band hier läuft."

    2 K 1 "Ne ne, da hab ich gar nichts dagegen."

    3 S 2 "Ääh ich werde auch vermeiden Sie anzusprechen, weil äh eine Bekannte von mir das auch so wünschte, daß keine Namen dadrauf gesprochen werden. / Äh so Sie sind in unsere Beratungsstelle gekommen mit einem Problem und ich möchte ganz gerne wissen was äh ---

    4 K 2 "Ja also -

    3 S 2   was das"

    4 K 2 folgendes so, (em ?), ich bin eigentlich aus soner unentschlossenen Situation auch hier - hergekommen, weil ich im Grunde genommen nich weiß, wie ich weitermachen soll. Des is, s hat bei mir so mit, mit der Pubertät eigentlich angefangen, mit fünfzehn, sechzehn und da hab ich - "

    5 S 3   "Hm Was hat in der Pubertät angefangen?"

* S = Sozialpädagogin, K = Klientin.

Die ersten Äußerungen der Szene sind als formale Eröffnung einer für einen nicht direkt anwesenden Zuhörer bestimmten "Sendung" bzw. Aufnahme zu interpretieren. Sie fallen unmittelbar an ein implizites "Band läuft, Ton ab!". Die Sozialpädagogin gibt darin, zwar an die Klientin adressiert, indirekt aber demjenigen, für den die Aufnahme produziert wird, Informationen über die Situation, bevor sie die eigentliche Beratung eröffnet. Ange-

sichts der Bedrohlichkeit des Aufnahmegerätes und der Ungewißheit, ob das
Gespräch gelingen wird, trägt die Thematisierung relativ sekundärer Informationen zum warming-up beider Gesprächspartner bei. Die Beraterin läßt
dabei deutlich ihre Verunsicherung und Beunruhigung erkennen, was nicht zuletzt ihr Versprecher ("ich werde auch vermeiden Sie anzusprechen") zeigt.
"... daß äh wir da auch mit klar kommen, wenn dieses Band hier läuft"
drückt die Hoffnung aus, sich möglichst optimal gemäß den Standards einer
guten psycho-sozialen Beratung präsentieren zu können. Zugleich verpflichtet es die Klientin auf die Situation. Sie soll die Aufnahme nicht nur
nicht verpatzen, sondern möglichst zum Gelingen einer als gemeinsam deklarierten Sache beitragen. Das die sonst deutlich erkennbare Distanz ("Sie",
"ich") durchbrechende "wir" unterstreicht die von Frau T. implizit angebotene Koalition gegen das Gerät. Sie sagt "wir" und meint im Grunde "ich".
Die Klientin weist dagegen Ängste und Irritationen für sich zurück. Die
latente Dramatisierung des Themas: Tonbandaufnahme durch die Beraterin
wird von ihr in scheinbar souveräner Attitüde bagatellisiert und entwertet. "Ne ne, da hab ich gar nichts dagegen" (2 K 1), aber, so könnte man
fortsetzen: "Laß uns endlich anfangen und zur Sache kommen". Das macht
Frau T. aber nicht sofort. Sie muß erst noch die weitere Information loswerden, daß sie sich an die berufliche Schweigepflicht gebunden fühlt und
die Anonymität der Klientin wahren wird.
Bereits aus dieser ersten kommunikativen Runde zwischen der Beraterin und
der Klientin können die zentralen Strukturmerkmale der Beziehung, jetzt
noch mit hypothetischem Status, rekonstruiert werden. Frau T. wird das Interview aktiv führen und strukturieren. Sie wird für eine äußere Rahmung
und Begrenzung sorgen, d.h. dem formalisierten Anfang auch einen formalen
Abschluß folgen lassen, und sich auf einen geordneten Ablauf konzentrieren.
Sie wird keine "passive" Beraterin sein, die der Klientin mit freiflottierender Aufmerksamkeit folgt und ihr erlaubt, sich relativ unbegrenzt darzustellen, etwa im Rahmen einer psychoanalytischen Orientierung. Sie wird
sich auch nicht ausschließlich auf Interventionen beschränken, die z.B. im
Sinne der nicht-direktiven Gesprächspsychotherapie die den Texten unterliegenden Gefühle verbalisieren. Die Klientin wird sich demgegenüber nicht
problemlos in die ihr zugewiesene reaktive Rolle einfügen. Mit "da hab ich
gar nichts dagegen" behauptet sie nicht nur auf der semantischen Ebene ihre
Autonomie, sondern auch qua Verletzung der aus der Rede der Beraterin resultierenden pragmatischen Verpflichtungen. Sinnvollerweise hätte sie auf
das Thema: "klarkommen mit dem Band" zu reagieren. Stattdessen rückt sie

ihre Entscheidungskompetenz in den Blickpunkt. Damit protestiert sie deutlich gegen den instrumentell-versorgenden Zugriff der Sozialpädagogin, der in der hoch ambigen Formulierung: "ich hab Sie vorbereitet" (= präpariert), durchscheint. Gleichzeitig weist sie das implizite Angebot zurück, sich gegenüber dem bedrohlichen Aufnahmegerät zu verbünden. Wenn die Beraterin beunruhigt ist, dann ist das ihre Sache; sie hat jedenfalls keine Angst. Da nun kaum vorstellbar ist, daß die Aufzeichnung eines Beratungsgesprächs und erst recht eines Erstinterviews für einen Klienten nicht beunruhigend ist, kann daraus gefolgert werden, daß sie eben nicht die souveräne Person ist, als die sie sich präsentiert, sondern jemand, der qua doppelter Negation und Abwehr ("Ne ne"; "gar nichts") Autonomie und Situationskontrolle zu erreichen sucht. Anders: sie vereinseitigt vermutlich Aktivität, Rationalität und Unabhängigkeit und weist Gefühle der Hilfebedürftigkeit, Unsicherheit und des passiven Erleidens zurück. Auf die weiteren Bedeutungsaspekte der Interakte 1 S 1 - 3 S 2, 1. Teil, braucht hier nicht eingegangen zu werden. Sie können im Rahmen des eigentlichen Beginns der Beratung dargestellt werden.

Nachdem die Präliminarien abgeschlossen sind, eröffnet Frau T. das Gespräch. Mit "so" weist sie das Vorhergegangene zurück. Die durch das Tonband hergestellte Öffentlichkeit wird jetzt ausgeblendet und die Aufmerksamkeit auf die Beratung selbst gelenkt. "So, das dazu, nun aber zur Sache" könnte man paraphrasieren: "Sie sind in unsere Beratungsstelle gekommen mit einem Problem und ich möchte ganz gerne wissen was äh - -" (3 S 2, 2. Teil). Fast wörtlich wiederholt sie also die Kontextdefinition aus 1 S 1, die wie eine Beschwörungsformel die Rollen und die Regeln der Interaktion festlegt. Die Klientin ist aufgrund einer eigenen, durch Leidensdruck motivierten Entscheidung in die Beratungsstelle gekommen und sitzt hier der Beraterin gegenüber. Diese hat die Klientin weder im Rahmen eines Hausbesuches aufgesucht, noch hat sie jene aufgefordert, in die Sprechstunde zu kommen. Mit der freiwilligen Beziehungsstiftung übernimmt die Klientin die Rolle der Ratsuchenden, die entsprechende Verpflichtungen mit sich bringt, wie etwa: das Problem darzustellen, Fragen zu beantworten und die Informationen zu geben, die die Sozialpädagogin braucht, um ihre Rolle als Beraterin ausüben zu können. Komplementär leitet Frau T. vom "come-Prinzip" die Legitimation für ihr Beratungshandeln ab. Es berechtigt sie, Fragen zu stellen und auch das in Erfahrung zu bringen, was nicht positiv offenbart wird und was in der Alltagskommunikation als indiskret empfunden würde ("ich möchte ganz gerne wissen"). Dabei ist sie, vermittelt über die Institution Beratungsstelle, ausschließlich dem Interesse der Ratsuchenden verpflichtet. Eine neben die Klientorientierung tretende und für sozialarbeiterisches Handeln konstitutive Verfolgung von Kontrollfunktionen scheint ausgeschlossen. Der explizite Verweis auf die Handlungssituation deutet nun darauf hin, daß Frau T. nicht selbstverständlich habitualisiert ihre Beraterrolle ausübt. Auch das freundlich zuwendende und ihr Wissen-wollen abschwächende: "ganz gerne" zeigt das. Zum Vergleich: Gesprächseröffnungen im Rahmen professionalisierten Handelns verpflichten den Patienten nicht mehr ausdrücklich auf die Situation und auf seine Rolle. Sie werden als gewußt und bekannt unterstellt. Erst wenn Regelverletzungen drohen oder eingetreten sind, wird sich ein Professionsangehöriger explizit auf den Kontext berufen. Die Funktion der formelhaften Situationsdefinition mag somit in folgendem bestehen: ohne über ein, Person und Rolle integrierendes Problemlösungspotential zu verfügen, muß Frau T. ein standardisiertes Verfahren für die Eröffnung von Erstinterviews anwenden. Das ermöglicht ihr zwar einerseits, Handlungssicherheit und Kontrolle über die zu Beginn eines Gesprächs extrem offene und ungewisse Situation mit dem noch unbekannten Ratsuchenden zu gewinnen. Andererseits verweist diese Ritualisierung aber auf einen Mangel an Fallspezifizität. Ihre Aufmerksamkeit ist kognitiv fokussiert auf die Situation und dem zu realisierenden Gesprächsschema, nicht auf die Klientin. (Das deutete bereits das leicht dramatisierte Thema: "Tonbandaufnahme" an.) Auch die differenten Bezugsebenen der Präsentation signalisieren das nur berufsstrukturell und nicht individuell lösbare Handlungsproblem der Sozialarbeit. Während sich Frau T. einerseits als Mitglied der Institution darstellt, mit der sie sich identifiziert ("unsre Beratungsstelle"), präsentiert sie sich andererseits als partikulare, den Regeln der Alltagskommunikation gehorchenden Person Frau T. ("ich möchte"). Beide Ebenen stehen jedoch unvermittelt nebeneinander, wobei die beruflich-spezifische Dimension der Beziehung gegenüber der diffusen vereinseitigt wird. Eine weitere implizite Botschaft der Kontextdefinition unterstreicht das: "Hier steht der Klient im Vordergrund. Seine Autonomie wird respektiert. Ich werde nichts tun, was seinen Interessen zuwiderläuft." Und: "Ich handel gemäß meiner Rolle als Beraterin. Ich werde nicht stellvertretend die Probleme des Klienten lösen, nehme ihm diese nicht ab." Sie negiert damit nicht nur den im sozialarbeiterischen Handeln enthaltenen Funktionsanteil der Kontrolle, sondern weist auch die moralischen Implikationen und Verpflichtungen des beruflichen Hilfe-Selbstverständnisses zurück. Beschwörungsformeln wie die Kontextbestimmung erneuern nun, so kann unterstellt

werden, diese qua bewußter kognitiver Leistung vorgenommenen Abspaltungen.
Anders formuliert: Frau T. verpflichtet damit nicht nur die Klientin auf
die Situation, sondern auch sich selbst. Die objektiv nicht mögliche habitualisierte Ausübung von Beratungsfunktionen im psycho-sozialen Bereich
wird mit den Mitteln von Ritual und Formel zu kompensieren versucht. Dabei
enthalten solche Formeln, eben weil sie kognitive Akte des sie anwendenden
Beraters sind und nicht qua Bearbeitung der eigenen Bildungsgeschichte aufgelöst wurden, Elemente eines tendenziellen Zurückweisens und "Abschmetterns" der Übertragungsangebote eines Ratsuchenden. In gewisser Weise
schützen sie den Berater vor den freigesetzten Beziehungsmomenten, die nur
unzureichend gehandhabt werden können, und tragen durch Vergrößerung der
Distanz zum Ratsuchenden zur Angstbewältigung bei.[1]
Die eingehendere Interpretation des Interakts 3 S 2, 2. Teil, gibt weitere
Bedeutungselemente frei. Frau T. hat der Feststellung des objektiven Sachverhaltes ("Sie sind in unsere Beratungsstelle gekommen") das Motiv dafür
hinzugefügt: "mit einem Problem". Nur ein Problem, eine psycho-soziale Notlage, kann die Klientin hergeführt haben. Ein anderer Grund, etwa ein
Schwätzchen halten zu wollen, ist ausgeschlossen. Die Beraterin fordert somit eine klare Definition und strukturierte Darstellung des Problems. Sie
wird weder vereinnahmend noch kontrollierend das Problem stellvertretend
bestimmend. Daß sie damit bei einer bloßen antithetischen Abgrenzung von
den zu Recht kritisierten autonomieverletzenden Handlungsvollzügen der Sozialarbeit stehen bleibt, zeigt der Vergleich mit dem professionalisierten
therapeutischen Handeln. Am Anfang steht hier eine für den Patienten sich
unbegreifbar und komplex darstellende Problemlage, in die er diffus involviert ist. Im Rahmen eines Arbeitsbündnisses erfolgt dann das gemeinsame
und geduldige Bemühen um eine allmähliche Klärung. Mit der impliziten Unterstellung, daß die Klientin ihr Problem kennt, es benennen und aus einem
genetischen und strukturellen Zusammenhang heraus isolieren kann, setzt
Frau T. das voraus, was nur das Ergebnis einer Beratung sein kann. (Erinnert sei hier an den strukturhomologen Effekt der Metapher von den "zwei
Stühlen", Fall 1.) Auf der Ebene der latenten Textbedeutung verlangt sie
damit von der Ratsuchenden, daß diese sich zu ihren Problemen wie zu einem
körperlichen Leiden oder wie zu einem objektiven Defekt eines zu reparierenden Gegenstandes verhält, sie als von ihrer Person und einzigartigen Lebensgeschichte abgetrennte und veräußerlichte handhabt.[2]
Von der objektiven Bedeutung des Interakts geht somit eine den Entfaltungs- und Darstellungsraum der Klientin begrenzende Wirkung aus.[3] Diese könnte

jetzt berechtigt erwarten, daß die Beraterin im weiteren Gesprächsverlauf
standardisierte Items abfragen wird, um am Ende des Interviews einen möglichst umfassenden Eindruck von ihr zu haben. Die Kontrastierung mit möglichen anderen Eröffnungsformulierungen mag das verdeutlichen.[4] "Was hat
Sie hierhergeführt?" oder: "Vielleicht erzählen Sie zunächst, was Sie hergeführt hat", räumen einem Klienten eine vergleichsweise sehr viel größere
Freiheit zur individuellen Darstellung seiner selbst und seiner Problematik ein, ohne durch die Eröffnungsfrage wesentlich beeinflußt zu werden.
Einmal abgesehen davon, wie lange in einem Erstinterview ein solches
Höchstmaß an Handlungsmöglichkeiten zugestanden wird: der wichtigste Effekt
besteht darin, daß dem Klienten signalisiert wird, alles sanktionsfrei thematisieren zu können und damit vom Berater anerkannt zu werden. Er braucht
nicht die Leistung einer präzisen Problemdarstellung zu erbringen, womit
er in der Regel scheitern wird, sondern er wird stimuliert, auf seine Art
zu erzählen. Unabhängig von den wertvollen diagnostischen Hinweisen, im
Fall der sich souverän präsentierenden Ratsuchenden kann dies den Grundstein legen für ein allmähliches Sich-öffnen und für die Bereitschaft, einen Teil der behaupteten Autonomie an die Beraterin abzugeben und die Klientenrolle auch innerlich anzunehmen.

Eine relativ ausführliche Interpretation der ersten Gesprächsäußerungen
kann bereits jetzt zeigen, daß die Beratung mit hoher Wahrscheinlichkeit
in eine technologische Richtung abdriften wird, weil die spezifischen Besonderheiten des Einzelfalls nicht genügend zur Geltung kommen. Auch die
Explikation der Aktivitäten der Akteure ("Sie sind ... gekommen") und ("ich
möchte ... wissen")unterstreicht den instrumentellen Charakter der Intervention und verstärkt die Vereinseitigung der rollenförmigen Dimension der
Beziehung. Frau T. unterstellt zwar einerseits Distanz und Differenz zwischen den Interaktionspartnern. Handlungsalternativen in Richtung eines
präverbalen Verstehens, das die Klientin suggestiv zum Erzählen verführt,
oder im Sinne einer latent mißtrauischen und skeptischen Einstellung gegenüber ihren Mitteilungen und ihrem Leidensdruck sind ausgeschlossen. Auf der
anderen Seite rückt sie damit aber den Inhalt ins Zentrum der Interaktion,
nicht die Beziehung zwischen sich und der Ratsuchenden. Faktisch richtet
sie eine instrumentelle Behandlungsbeziehung ein, deren Kern die Relation:
aktiver Berater - fokussiertes Problem ist, und in der sie eine Definition
des Problems durch die Klientin herbeizuführen versuchen wird. Die freundliche Einbettung des Interakts kann die fehlende Beziehungsdimension im
Sinne eines gemeinsamen Arbeitsbündnisses nicht ersetzen. Wie das Material

deutlich bestätigt, entsteht eine solche Beziehung im Verlauf des Interviews auch nicht der Tendenz nach. Es bleibt bei zwei relativ isolierten, gleichsam "beziehungslos" interagierenden Personen. Die anfangs signalisierte Anerkennung der Autonomie und Entscheidungskompetenz der Klientin hinsichtlich der Beziehungsstiftung bleibt folglich veräußerlicht. Sie wird qua instrumenteller Beratungs-Orientierung wieder zurückgenommen. Die Klientin ist faktisch das Objekt einer standardisierten Gesprächsführung.

An dieser Stelle sollen die Hypothesen zum beruflichen Selbstverständnis der Sozialpädagogin eingefügt werden: Frau T. wird in ihren Deutungen eine klare, soziale und affektive Grenze zwischen sich und den Klienten ziehen und die Verschiedenheit und Eigenständigkeit der jeweiligen Partner einer Beratungsbeziehung betonen. Auf der Grundlage dieser Prämisse wird sie weder einen allgemeinen a priori-Veränderungsanspruch thematisieren, noch vorab den Ratsuchenden Hilfebedürftigkeit unterstellen. Diese müssen die Beziehung zur Beraterin selbst stifen und darüber hinaus ihr Problem selbst explizit machen. Frau T. kann es nicht helfend und einfühlend erschließen. So wie sie nicht stellvertretend für die Klienten handeln und Verantwortung übernehmen kann, weiß sie auch nicht für sie. In ihren Deutungen wird sie folglich nicht Schwäche und Schutzbedürftigkeit der Klienten betonen. Sie wird die berufliche Seite ihres Handelns unterstreichen und diffus-persönliche Momente zurückweisen. Das heißt auch: sie wird das Hilfe-Selbstverständnis der Sozialarbeit negieren und dessen moralische Implikationen mit der Folgewirkung der Ausbeutung durch die Notlage der Klienten ablehnen.

Damit kann zum Interaktionstext selbst wieder zurückgekehrt werden. Die Ratsuchende steht nunmehr vor der Aufgabe, ohne einen impliziten Beziehungsschutz die verlangte Leistung zu erbringen und ihr Problem darzustellen und zu definieren. Nachdem sie die erste Hemmschwelle erfolgreich überwunden und die Sprechstunde der Beratungsstelle aufgesucht hat, muß sie jetzt eine zweite, von der Beraterin errichtete Hemmschwelle überwinden. Sie kann kaum mehr "mit der Tür ins Haus fallen" und einfach erzählen. Sie hat nur noch die Wahl zwischen einer historisch-genetischen Sachverhaltsschilderung oder einer querschnittartigen Aufzählung mehrerer Einzelprobleme, d.h. labeln. Höflich und die turn-taking-Regel beachtend wartet sie zunächst ab, ob Frau T. ihre abgebrochene Äußerung noch vervollständigen wird. Diese sucht offensichtlich nach einem passenden Abschluß ("äh"), der weder redundant ist (z.B. "und ich möchte gerne wissen, was das für ein Problem ist"), noch dramatisiert (z.B. "und ich möchte ganz gerne wissen, was Sie bedrückt"). Ihre Schwierigkeit, den Interakt pragmatisch sinnvoll zu beenden, bestätigt nur noch einmal die Formelhaftigkeit der Kontextdefinition, die sie daran hindert, sich entweder ganz der Klientin zuzuwenden oder sich auf die Kontrolle der Situation zu konzentrieren. Hat Frau T. zuvor signalisiert, daß sie sich nicht dem sogenannten doppelten Mandat der Sozialarbeit verpflichtet fühlt, gibt sie jetzt ein anderes doppeltes Mandat zu erkennen: das zwischen Klientorientierung einerseits und standardisiertem Beratungsverfahren andererseits, dem Mittel, Handlungssicherheit und Situationskontrolle zu erreichen. Nach einer längeren Pause kommt die Klientin offenbar zu dem Ergebnis, daß die Beraterin ihren Redebeitrag nicht beenden wird. "Ja also - folgendes so (em ?) ist ihre pragmatisch korrekte Redeeinleitung, die akustisch nicht vollständig exakt identifiziert werden konnte. Wider Erwarten setzt Frau T. fast gleichzeitig ihre Äußerung noch fort ("was das"), überläßt dann aber den turn der Klientin. Es scheint, als ob diese jetzt, wie ein Referent seinem Vorgesetzten auf dessen Verlangen, einen etwas komplizierten oder auch heiklen Sachverhalt übersichtlich und strukturiert darzustellen versucht. Sie zögert etwas, denkt noch über eine angemessene Formulierung nach: "ich bin eigentlich aus soner unentschlossenen Situation auch hier - hergekommen ..." (4 K 2), heißt es dann. Das kann paraphrasiert werden als: "Ich weiß eigentlich noch gar nicht, ob ich wirklich eine Beratung will; so eindeutig, wie Sie es unterstellen, ist die Sache nicht." Auf der Ebene der objektiven Textbedeutung korrigiert sie damit die Situationsdefinition der Beraterin. Gegen die unterstellte Eindeutigkeit, Aktivität, instrumentelle Problemperspektive setzt sie die Ambivalenz von Leidensdruck und Widerstand, Unentschlossenheit und Autonomie und sich selbst als ganze Person.

Die auffallende Formulierung: "unentschlossene Situation" kann zur Problematik der Klientin und zum Dilemma der zu rekonstruierenden Interaktionsstruktur führen. Sie enthält vor allem die folgende Bedeutungslinie. Streng genommen kann nur eine Person, also die Klientin selbst, unentschlossen sein. Eine Situation kann dagegen nur von einer Person als schwierig oder ungeklärt empfunden werden, nicht aber wie ein verantwortungs- und entscheidungsfähiges Subjekt hinsichtlich lebenspraktischer Fragen unentschlossen sein; d.h. sich nicht entscheiden können, sich nicht auf eine Möglichkeit festzulegen und notwendig andere Optionen auszuschließen. Mit ihrer Formulierung distanziert sich die Klientin also von ihrer eigenen Unentschlossenheit. Sie weist die Verantwortung dafür tendenziell von sich fort, einer objektiven Situation zu. Gleichzeitig reproduziert sie damit die kognitive Distanz zu ihrer Problematik. Statt diese als Bestandteil ihres Selbst empfinden und mitteilen und die affektive Dimension anerkennen zu können, betont sie erneut, wie bereits in 2 K 1, die kühle "decision-Ebene". Nimmt man im Vorgriff die von ihr dargelegte Begründung für die "unentschlossene Situation" hinzu: "weil ich im Grunde genommen nich weiß, wie ich weitermachen soll", unterstreicht das nur den instrumentellen Selbstbezug und die veräußerlichte Autonomiedemonstration. Ähnlich einer Dienstleistungsbeziehung zwischen einem Experten und einem Kunden erscheint ihr das Leben als verpflichtende Auftragsarbeit ("soll"). Wer der mögliche Auftraggeber ist, braucht nicht erörtert zu werden. Es geht nicht darum, ob sie "weitermachen soll" oder autonom und subjektiv: will, sondern nur, wie sie "weitermachen soll". Ihr Problem besteht also darin, daß sie zwar einen Auftrag angenommen hat, aber nicht weiß, wie sie ihn ausführen soll. Rationalität, Selbstkontrolle und die Abwehr einer unverstellten, unvermittelten Nähe zur eigenen inneren Realität; anders formuliert: Selbstobjektivierung und instrumentelles Handeln sind die zentralen persönlichkeitsspezifischen Merkmale der Klientin. Wenn sie kurze Zeit später von Frau T. aufgefordert, über die Gegenwart, das Hier und Jetzt des Problems zu sprechen ("so das ist so ihre Vergangenheit, da kennen Sie das äh, sind Sie im Moment wieder in so'ner Situation ...", 13 S 8), dazu mitteilt, daß sie bei irgendwelchen Schwierigkeiten sofort ans Essen denken muß, und "Essen so'n Stopper is, um so Emotionen kaltzumachen oder erst mal kaltzustellen" (17 K 7), dann drückt das exakt ihren Umgang mit ihren Gefühlen aus. Angesichts ihres Unvermögens, Gefühle unverstellt als Bestandteil ihres Selbst zu erleben und zu empfinden, d.h. zu fühlen, muß sie diese killen oder kaltstellen. Betrachtet man vor diesem Hintergrund die Interaktion unter psychodynamischen Gesichtspunkten, dann wird jetzt ein verhängnisvoller Effekt erkennbar. Die instrumentalisierende, auf der kognitiven Ebene angesiedelte Beratungsorientierung der Sozialpädagogin reproduziert den instrumentellen Selbstbezug der Klientin. Die letztlich klient- und problemunspezifischen Interventionen klammern objektiv die besonderen Ausdrucksformen der Notlage aus, die immer Bestandteil der ganzen Person sind und Übertragung und Gegenübertragung mobilisieren. Das psycho-soziale Problem faktisch wie ein instrumentell-technisches behandelnd, verstärken sie die Selbstkontrolle und Distanz der Ratsuchenden und versperren ihr und der Beraterin den Zugang zu ihrer inneren Natur.

Nun läßt sich einwenden, daß die "unentschlossene Situation", also genau diese Antwort von der Beraterin objektiv gefordert und durch die pragmatischen Verpflichtungen von 3 S 2 provoziert worden ist. Den im Datum der eigenständigen Beziehungsstiftung und den Äußerungen enthaltenen Wunsch nach einer fallspezifischen, sich ihrer subjektiven Wirklichkeit nähernden Selbstdarstellung, nach einer Anerkennung als einzigartiges Subjekt mit Geschichte (was die Rückkehr in die Vergangenheit, die "Pubertät" signalisiert), kann die Klientin nur gegen die Kontextbestimmung der Sozialpädagogin realisieren. Das hätte aber paradoxerweise ihre Nicht-Beratungsbedürftigkeit zur Voraussetzung, d.h. eine naturwüchsig vorhandene Selbstgewißheit oder die bereits gelungene Bearbeitung und Auflösung der kontrollierten Präsentationsform und der davon abgespaltenen inneren Natur. Selbst wenn man unterstellt, daß sie, was vom Text her nicht gedeckt ist, aus einem unmittelbaren, starken Leidensdruck heraus die Sprechstunde aufgesucht hat, dann verhindern die Situationsdefinition der Beraterin und die darin eingeschlossenen Beziehungsregeln, daß sie ihre Problematik unverstellt darlegen kann. Die "unentschlossene Situation" mag somit der sprachliche Formelkompromiß sein zwischen der geforderten Anpassung an die Situation und der Erwartung einer primär durch den Leidensdruck präformierten Form der Selbstdarstellung. Geht man dagegen davon aus, daß die Klientin von vornherein innerlich unentschlossen die Beratungsstelle aufgesucht hat, dann verstärkt die Kontextbestimmung die Elemente der Abwehr und des Widerstandes und drängt ein vergleichsweise schwach ausgebildetes Bedürfnis nach Hilfe und Problemlösung zurück. Der Leidensdruck wird faktisch gemindert und vor dem Hintergrund der erwarteten objektivierten Problemschilderung trivialisiert. Beide Interpretationsmöglichkeiten können also zeigen, daß ein tendenziell technizistisches Gesprächsverfahren den Zugang zum "Problem" verstellt.

Im folgenden braucht nur noch kurz die Interaktfolge der Eröffnungsszene skizziert zu werden. Nachdem die Klientin eine ausführliche und drum-herumredende Begründung für ihr Kommen gegeben hat ("unentschlossene Situation"; "nicht wissen, wie sie weitermachen soll"), übernimmt sie die Rolle des informierten Experten und berichtet in selbstexplorativer Einstellung, wann alles angefangen hat. Sie weicht in die Vergangenheit aus, distanziert sich von der Gegenwärtigkeit des Problems und verbirgt sich hinter allgemeine Kategorien und klinische Etiketten ("s hat bei mir so mit, mit der Pubertät eigentlich angefangen", 4 K 2). Nach einer präzisierenden Altersangabe: "mit fünfzehn, sechzehn", zögert sie wieder. Es fällt ihr sichtlich schwer, das Problem zu benennen, es auszusprechen. In die nun eingetretene kurze Pause hinein interveniert Frau T.: "Was hat in der Pubertät angefangen?" (5 S 3). Eine mögliche Lesart des Interakts, daß Frau T. jetzt in empathi-

scher Einfühlung in die Redehemmung der Klientin über die Schwelle hilft,
kann nicht ausgeschlossen werden; sie ist aber, mit Blick auf die Dynamik
und Struktur der Beziehung, gegenüber der folgenden Interpretation nachrangig. Kontrastiv hätte sie beispielsweise warten können, ob die Klientin
ihr Zögern selbst überwindet, und wohin die "Reise" geht. Sie hätte damit
wertvolle diagnostische Hinweise erhalten. Ihre tatsächliche Intervention
beschneidet jedoch erneut den Darstellungs- und Zeitraum des Erstinterviews. Sie ökonomisiert den Gesprächsablauf. Eine relativ unbegrenzte
Selbstdarstellung einschließlich Zögern und Schweigen ist ausgeschlossen.
Die Klientin muß sich in die von Frau T. bestimmte Ordnung und strukturierte Situation einfügen und nicht nur über ein fokussiertes Problem berichten, sondern diese Leistung auch noch möglichst zügig erbringen. Sie kann
nicht damit rechnen, daß die Beraterin eine Zeitlang geduldig warten wird,
ob, wie und auf welchen Wegen sie sich dem "Problem" nähert.
Die Klientin muß jetzt der Forderung Folge leisten und das Unaussprechliche aussprechen. Ein weiteres Ausweichen würde in diesem Kontext als unkooperativ gewertet werden. Dann teilt sie mit:

6 K 3 "ääh da wurd ich, hab ich unheimlich abgenommen ...",

und deutet damit eine Pubertätsmagersucht an. Sie verläßt jedoch sofort
wieder dieses Problem, hält es nicht durch Symptombeschreibungen oder Hinweise auf objektive Kriterien fest; z.B. "da hab ich nur noch 7o Pfund gewogen" o.ä. Sie berichtet aufgeklärt und ausweichend, oszilliert zwischen
den Polen angedeuteter Krankheitssymptomatik und Verwerfung und reproduziert damit das Thema der Unentschlossenheit, bzw. die Ambivalenz von Leidensdruck und Widerstand.
Der Verlauf des 2ominütigen Erstinterviews bestätigt nun, unterschiedlich
ausgeprägt, den Interaktionskonflikt zwischen Beraterin und Ratsuchende mit
ihren gegensätzlichen Orientierungen. Bereits nach wenigen Interventionen
fügt sich die Klientin den Direktiven und bemüht sich angestrengt um einen
Zugang zum geforderten konkreten, aktuellen Problem. Dabei muß sie notwendig scheitern. Die Leistung, sich Klarheit zu verschaffen, ein Problem aus
seinem Gesamtzusammenhang heraus zu isolieren und sich darauf festzulegen,
kann sie nicht erbringen. Auch die von Frau T. mehrfach geforderten Präzisierungen, mit denen sie die vorausgegangenen Bemühungen zugleich objektiv
entwertet und diskreditiert, bleiben erfolglos:

83 S 56 "ähm, wir müssen einen Faden finden. So was Sie mir
         jetzt erzählt haben, isn ziemliches Knäuel ... wo
         brennts da am meisten? Nehmen Sie sehr zu, äh sind

> Sie unzufrieden mit Ihrer Figur, wollen Sie anfangen, so, mehr kontrollierter zu essen oder äh - ham Sie äh Schwierigkeiten Kontakte aufzunehmen ...";

und weiter:

> 113 S 68 "Was macht Sie so ungeduldig im Moment ... was, wo sitzt der Druck, der am stärksten, daß Sie da was jetzt verändern wollen?".

Frau T. erhält Antworten, nicht mehr. In der von der Beraterin gegen Ende des Interviews eingeleiteten Feedback-Phase übernimmt die Klientin verzweifelt die implizite Kritik an ihrem Unvermögen, die geforderte Problemfestlegung zu erbringen:

> 148 K 63 "... was mich auch so anspannt, is, weil das son ganzes Knäuel ist - ich kann da von A bis Z und durcheinander und verknäult reden ...".

Dennoch behauptet sie ihre Autonomie und Entscheidungsfreiheit gegenüber dem Vorschlag der Beraterin, an einer Selbsterfahrungsgruppe teilzunehmen:

> 132 S 81 "... daß ich's vielleicht also so in Ihrem Falle ganz gut finden würde, wenn Sie sich auch mal soner Gruppe anschließen ...".

Und sie erwägt, weil sie "eigentlich en Gruppentier" ist:

> 137 K 57 "... ob ich nich vielleicht mal ne Einzelsache machen sollte",

um dann abschließend der Beraterin mitzuteilen:

> 141 K 58 "Ja ich würd eigentlich am liebsten so verbleiben, daß, daß ich mir das noch mal durch den Kopf gehen lasse (!) und Sie dann benachrichtige."

Nach Abschluß der Rekonstruktion der Struktur der Beratungsbeziehung wurde die Erwartung formuliert, daß sich die Klientin voraussichtlich nicht für eine längere Beratung entscheiden wird, da sie sich auf dem ihr angebotenen kognitiven Weg nicht ihrer Problematik nähern kann und folglich immer scheitern muß. Wenn sie jedoch davon ausgeht, daß zwischen einem Erstinterview und der Beratung/Therapie zu unterscheiden ist, dann entschließt sie sich, wenn überhaupt, zu einer "Einzelsache". Deren Erfolg wird davon abhängen, ob ihr in Differenz zum Erstinterview die Möglichkeit geboten wird, sich im Schutze eines Arbeitsbündnisses als ganze Person ihrer Krankheit zu nähern.

9.1.1 Die Strukturformel

Die Beziehung zwischen Beraterin und Klientin wird durch den Konflikt zwischen divergierenden Situationsdefinitionen geprägt. Auf der einen Seite unterstellt Frau T. Eindeutigkeit des Problemdrucks der Klientin, Vernunft und Entscheidungskompetenz. Sie fordert die klare Benennung eines Problems, an dem gearbeitet werden kann. Auf der anderen Seite präsentiert sich die Ratsuchende distanziert, kontrolliert und rational und drängt die diffusen Bedürfnisse und Gefühle zurück. Sie entspricht mit diesem Teil ihrer Persönlichkeit der von Frau T. geforderten Leistung nach der kognitiven, strukturierten Schilderung eines konkreten Problems. Mit dem anderen, abgespaltenen Teil ihres Selbst, der den Leidensdruck und die Beziehungsstiftung überhaupt erst begründet, verlangt sie aber die unbegrenzte Selbstdarstellung als ganze Person, einschließlich des Zugangs zu ihrer unter Kontrolle gehaltenen inneren Natur und den an die Antriebsbasis gebundenen und abgewehrten Gefühlen. Damit verstärken die an die objektive Realität und Aktualität eines Problems gebundenen Interventionen der Sozialpädagogin faktisch die Problematik der Klientin, indem sie die selbstkontrollierte, rationale Seite ansprechen, nicht aber den abgewehrten Teil sich sukzessive darstellen und erleben lassen. Da die Klientin diese Leistung aber erst dann erbringen könnte, wenn sie den negierten Teil ihres Selbst bearbeitet hätte, bewegt sich die Interaktion gleichsam in einem Zirkel. Immer, wenn sie ihren deutlich erkennbaren Wunsch, sich unbegrenzt darstellen und ohne Restriktionen ihre Problematik auf ihre Weise schildern zu können, zu realisieren versucht, wird sie darin von den ordnenden und strukturierenden Interventionen der Beraterin beschnitten. Den Anforderungen, sich auf ein konkretes Problem festzulegen, kann sie jedoch gerade auf Grund ihrer spezifischen psycho-sozialen Problemlage nicht genügen. Sie setzen im Grunde genommen ein gesundes Ich voraus, das den der Form und dem Inhalt nach gewünschten Text liefern könnte. Somit mobilisiert das unvermeidliche Versagen neue Forderungen der Beraterin und entsprechend neue Bemühungen der Klientin, die wieder mißlingen.
Das angewandte Beratungs- und Gesprächsverfahren greift damit, wie sich erkennen läßt, um so mehr, je weniger "krank" ein Klient ist, je besser er integriert ist und sein Problem bereits kennt und definieren kann. Die Methode ist um so unwirksamer und tendenziell problemverstärkend, je "kränker" ein Klient ist, je tiefer seine Störungen gelagert sind, und er folglich nicht den rationalen Anforderungen genügen kann. Objektiv wirkt sie

letztlich wie ein Filter. Sie zieht "geeignete", relativ gesunde Klienten an und sondert "ungeeignete" aus, indem diese die Beratung abbrechen, weil ihre spezifischen Behandlungsbedürfnisse nicht befriedigt werden.

9.1.2 Interaktionsstruktur und allgemeiner Hilfe-Struktur-Typus

Wie bereits in Fall 1 geht es auch hier um die Bearbeitung einer psycho-sozialen Notlage. Während jedoch dort in einfacher Weise der allgemeine Hilfe-Typus positiv bestätigt wurde, muß dieser Fall als bewußte Negation, als seine Antithese betrachtet werden. Genau darin erweist er sich als empirische Realisierung des Hilfe-Struktur-Typus.
Die Sozialpädagogin weist die institutionellen Handlungs-, sprich: Kontrollorientierungen und das Hilfe-Selbstverständnis deutlich zurück. Sie vereinseitigt die Hilfe-Funktion und die spezifische Seite der Beratungsbeziehung. Dieser Versuch bleibt jedoch veräußerlicht, weil er die institutionell vorhandenen Bedingungen für eine konsequente Klientorientierung nicht überschreitet. Er wird nicht im Binnenraum der Beziehung zur Klientin in Form quasi-professionellen Problemlösungshandelns fortgesetzt, das das technisch-methodische Handwerkszeug mit der Fallspezifizität synthetisiert. Die Anwendung eines letztlich klient- und problemunspezifischen Beratungsverfahrens klammert die besonderen Ausdrucksformen der psycho-sozialen Notlage aus, die immer an die ganze Person gebunden sind und sich in Übertragung und Gegenübertragung spiegeln. Faktisch wird das psycho-soziale Problem wie ein technisches behandelt. Damit kehrt die aus dem äußeren Setting verbannte Kontrollfunktion wieder in die Beratungsbeziehung ein, indem Objektivität und kognitiv-instrumentelle Lösbarkeit des Problems unterstellt und die subjektive Dimension und affektive Nähe negiert werden. Von hier aus wird deutlich, daß auch unter veränderten institutionellen Rahmenbedingungen nur schwer eine adäquate Problemlösungskompetenz im Objektbereich Verhalten erreicht werden kann. Zwar kann die Beratungstechnologie auf der einen Seite die Distanz zum Klienten und zum Interaktionsgeschehen sichern und die Situation unter Kontrolle halten, muß dann andererseits aber die diffuse Dimension zurückweisen. Das macht eine Bearbeitung psycho-sozialer Probleme unmöglich. Solange Zusatzausbildungen und Gesprächsmethodiken die Handhabung der Beziehungsebene in der Interaktion mit dem Klienten nicht ausreichend vermitteln, bleiben solche Lösungsversuche des objektiven Strukturkonflikts der Sozialarbeit notwendig bloße Technik, d.h. pseudo-professionell.

9.2 Das berufliche Selbstverständnis: "... ICH BIN NICH DER MACHER HIER, DIE LEUTE MÜSSEN WAS MACHEN"

Vier Monate nach Aufzeichnung des Erstinterviews wurde mit Frau T. in der Beratungsstelle das Interview geführt. Es dauerte ca. 2 1/2 Stunden und wurde durch eine Mittagspause unterbrochen. Diese Zeitplanung erfolgte auf Wunsch von Frau T., da sie befürchtete, daß ein Interview von 2 - 3 Stunden zu anstrengend werden könnte. Die Kassette mit dem aufgezeichneten Erstgespräch wurde ihr ca. vier Wochen zuvor zurückgeschickt mit dem Vorschlag, sich das Gespräch noch einmal anzuhören.
Die unstrukturierte Interview-Situation bereitete Frau T. einige Schwierigkeiten, so daß sie nach ca. 20 Minuten um mehr strukturierende Fragen bat. Dabei gab sie anschließend der Interviewerin aber keinen Raum, Fragen zu formulieren, Mitgeteiltes zu überdenken und ein Thema zu vertiefen. Ihre Strategie bestand darin, sich nicht in die Karten schauen zu lassen und zu "pokern". Die insgesamt schwierige Beziehung zwischen Interviewerin und Sozialpädagogin löste sich erst im Rahmen der retrospektiven Besprechung des Beratungsgesprächs auf und setzte sich in einem offenen Gespräch fort.

9.2.1 Die Fallrekonstruktion

Nach dem gemeinsamen Mittagessen wurde das Interview mit der Besprechung des Erstgesprächs und der Beurteilung der Klientin fortgesetzt:

> I: "Äh, ich wollt ja als zweites noch mal über diese - dies Gespräch reden; kannst Du Dich denn noch erinnern, oder hast Du's nochmal Dir angehört?"
>
> S: "Hm
>   So ungefähr, nee, ich hab also die Kassette derjenigen gegeben - "
>
> I: "Der Klientin?"
>
> S: "Ja, der Klientin gegeben, weil ich gedacht hab, also was soll ich damit, vielleicht äh is es für sie ganz wichtig, sone Stützung ham, Stütze zu ham, vom Erstgespräch, und sie fand das gut." (S. 35).

Frau T. negiert deutlich die für die Interviewerin zentrale Bedeutung der Rekonstruktion des Erstgesprächs. Es steht nicht im Mittelpunkt ihres Interesses. Sie kann sich nur noch vage, "so ungefähr" erinnern; "nee": sie hat sich die Aufzeichnung nicht noch einmal angehört. Objektiv immunisiert sie damit gleich zu Beginn alle ihre kommenden Äußerungen zu diesem Fall. Ihre Mitteilungen werden nur den Status des Ungefähren, der unbestimmten Erinnerung an vergangene Ereignisse haben. Sie sind einer Festlegung im Interview selbst wie auch in der noch folgenden Auswertung durch die Interviewerin entzogen. Vor der Folie dieser latenten Botschaft findet sich denn auch im Interview eine Vielzahl von Hinweisen auf die Strategie, sich vor Festlegungen, Nachfragen und Konkretisierungsversuchen zu schützen.

Die Negation der Situation und die Brüskierung der Interviewerin vervollständigt Frau T. schließlich mit einer deutlichen Entwertung. Sie hat die Kassette der Klientin gegeben: "also was soll ich damit"; "ich kann damit nichts anfangen", könnte man paraphrasieren. Sie reicht objektiv nicht nur einen wertlosen Gegenstand an die Klientin weiter, sondern gleichzeitig auch die Wichtigkeit, die Bedeutung des Erstinterviews, die sie für sich selbst zurückweist. "Vielleicht äh ist es für sie ganz wichtig" ist ihre Begründung; "für mich ist es jedenfalls unwichtig", könnte man fortsetzen. Mögliche Problematisierungsversuche oder auch kritische Einwände der Interviewerin werden Frau T. nicht berühren. Sie sind nicht existent. Soweit zur Einbettung der Fallrekonstruktion in die Beziehung Sozialpädagogin - Interviewerin.

Worauf verweist nun die Mitteilung von Frau T., daß sie die Kassette der Klientin gegeben hat? Entgegen der am Ende der Interpretation des Erstinterviews formulierten Erwartung, daß sich die Ratsuchende vermutlich nicht wieder melden wird, muß mindestens ein weiteres Gespräch zwischen ihr und der Beraterin stattgefunden haben, bei dem die Kassette übergeben werden konnte. Da kaum anzunehmen ist, daß diese Frau T. persönlich mitgeteilt hat, daß sie weder eine "Einzelsache machen", noch an einer Gruppe teilnehmen will, ist davon auszugehen, daß regelmäßige Beratungsgespräche erfolgt sind; d.h. die Klientin hat sich in ihrer Entscheidung vermutlich von einer unterstellten Differenz: Erstinterview/Beratung, Therapie leiten lassen. Um so mehr erstaunt dann aber die Begründung für die Weitergabe der Kassette, daß das aufgezeichnete Gespräch "vielleicht" eine Stütze sein könne. Dies paßt nun eher zu einer Situation, in der sich die Klientin nicht wieder gemeldet oder nach einigen Gesprächen die Beratung abgebrochen hat. Statt in einer kommunikativen Beziehung gestützt zu werden, hat sie von Frau T. eine technische Stütze in Form der Kassette erhalten. Es ist zugleich eine Erinnerungsstütze an die Beraterin mit der latenten Aufforderung, die Gespräche wieder aufzunehmen. Fügt man hier die unmittelbar auf die Interviewfrage:

"Was ist denn aus der geworden? Wie ist das weitergegangen?"
(S. 35),

folgende Antwort hinzu:

"Ja, die kommt noch weiter ..." (S. 35),

dann unterstellt das "noch" regelmäßig erfolgende Beratungsgespräche. Sie bewegen sich jedoch im Grenzbereich zwischen kommen und nicht mehr kommen.

Das Ende steht im Grunde kurz bevor. Wenn Frau T. das Weiter-kommen als erste Information auf die, pragmatisch eher eine Ereignisdarstellung provozierende Interviewerfrage gibt, dann muß vermutet werden, daß sie ein mögliches Nicht-mehr-kommen als Mißerfolg erlebt, den sie gegenüber der Interviewerin zu kaschieren versucht. Ihre Reaktion unterscheidet sich damit deutlich von denen der anderen Sozialarbeiter, die, entgegengesetzt, die Flucht nach vorn antraten. Herr S. teilte beispielsweise von sich aus mit: "Von der Frau übrigens hab ich nie mehr was gehört"; und Frau M. erzählte: "... und dann, rief Rieke gar nich mehr an, sie kam nich mehr ...". Im Datum des Noch-kommens eines Klienten spiegelt sich somit eine generell fehlende "Selbstdarstellungssicherheit" (Luhmann) der Berufsangehörigen wider. Sie ist die Antwort auf eine allgemeine Handlungsunsicherheit, die auch nicht, wie wir hier sehen, durch die Anwendung eher technischer Gesprächsverfahren kompensiert werden und Sicherheit und Vertrauen in die Wirksamkeit des verfügbaren Problemlösungspotentials begründen kann. Auch hier findet sich also implizit die Reaktionsform der Selbstanlastung von Mißerfolgen.

Frau T. berichtet weiter:

> "... das war auch jemand, der, der nich so problematisch in der ähm - also in der fortlaufenden äh Gesch, in den fortlaufenden Gesprächen war, jemand der eigentlich schon so in, mit dieser Sache sehr viel gemacht hat, ne. Und äh so ein Punkt ist immer noch ziemlich schwierig, daß is so der se, die Sexualität, die ja da so ganz eng mit zusammenhängt, da bin ich noch nich rangekommen." (S. 35).

Dramatisierung und Bagatellisierung (Alles oder Nichts) sind die beiden Extreme, zwischen denen die Darstellung pendelt. Dabei widerlegt Frau T. nicht nur die Notwendigkeit einer zuvor behaupteten "Stütze" für die Klientin ("eigentlich schon wieder prima"; "nich so problematisch"), sondern unterstellt auch jetzt mit der Verwendung der Vergangenheitsform ("war") ein Ende der Beratung. Sie spricht aus der Perspektive des Experten, der rückblickend einen abgeschlossenen Fall darstellt und sich gegen zu erwartende Einwände verteidigt. Kurze Zeit später legt sie dann eine "Karte" auf den Tisch:

> "... ähm also sie is momentan nich mehr in der Beratung, weil's ihr gut geht, und äh ich denke so, wird sich wieder melden, wenn wieder irgendwas losgeht." (S. 35).

Und wenig später legt sie auf die Frage der Interviewerin:

> "Wie oft is sie her hergekommen?" (S. 36),

noch eine zweite "Karte" dazu:

"War eigentlich nur drei, vier Mal die Gespräche, mehr nich."
(S. 36).

Damit ist nun explizit benannt, was bereits die ersten Sätze latent enthalten. Die Klientin hat gegen die Erwartung der Sozialpädagogin die Beratung beendet. Über diese Entwicklung ist Frau T. offensichtlich enttäuscht ("nur"; "mehr nich"); sie hat ihr Ziel nicht erreicht. Sie hofft, daß sich die Klientin wieder meldet und die Gespräche fortsetzt. Was mag ihre Erwartung begründen? Warum begnügt sie sich nicht mit einer Anerkennung des Nicht-mehr-kommens in konsequenter Fortsetzung des in der Kontextformel unterstellten Respekts vor der Autonomie der Lebenspraxis ("Sie sind in unsere Beratungsstelle gekommen ..."). Sie könnte beispielsweise jetzt sagen: "Die Klientin hat sich nach drei Gesprächen entschieden, die Beratung nicht fortzusetzen. Ich akzeptiere das, weil es ihr inzwischen auch erheblich besser geht." oder ähnliches. Die formelhafte Situationsdefinition zu Beginn des Erstinterviews und die darin indizierte veräußerlichte Anerkennung der Entscheidungskompetenz der Ratsuchenden geben bereits einen Hinweis. Die im Verlauf des Interviews mehrfach und in unterschiedlicher Form thematisierte Hoffnung, daß die Klientin wiederkommt, deutet den persönlichen Mißerfolg der Sozialpädagogin an. Es ist die im Abbruch der Beratung erlebte Niederlage, die hier als diffuse Strebung die objektive, durch die Nicht-Übereinstimmung von instrumentellem Problemlösungsverfahren und fallspezifischen Darstellungsbedürfnissen der Klientin konstituierte Interaktions"lücke" füllt. Die im Zusammenhang der oben zitierten Ausführungen verwandte Formulierung: "da bin ich noch nich rangekommen", zeigt, daß hier über den durch die objektive Divergenz determinierten Kampf um die Situation hinaus auch ein persönlicher Kampf stattgefunden hat, in dem es auf der einen Seite um "rankommen wollen" und auf der anderen Seite um "nicht rankommen lassen" gegangen ist. Was unterstellt aber diese für psycho-soziales Beratungshandeln ungewöhnliche Aussage? An jemanden oder an etwas rankommen zu wollen, verweist allgemein auf eine Subjekt-Objekt-Beziehung, in der die Aktivität des Subjekts in der Überwindung der Distanz zum passiv-erleidenden Objekt besteht, um es in seinen Besitz zu bringen, es verfügbar zu machen. Formen des Rankommens können dabei sein: Gewalt, Manipulation/Verführung und die explizite Aufforderung, das Subjekt rankommen zu lassen. Soweit das Objekt eine Person, also ein Subjekt ist, kann es seine, im Rankommen unterstellte Objektivierung bestätigen und sich komplementär als Objekt verfügbar machen. Es kann sie aber auch zurückwei-

sen, d.h. seine Subjektivität behaupten, indem es nicht rankommen läßt.
Auf den Kontext sozialarbeiterischen Handelns übertragen, unterstellt die
Verwendung einer solchen Formulierung Situationen, in denen ein Sozialarbeiter einer Handlungsorientierung folgen muß, die dem Interesse eines
Klienten zuwiderläuft; z.B. als Jugendamtsbeauftragter im Rahmen einer
Sorgerechtsregelung Informationen über die Eltern in Erfahrung bringen zu
müssen, die diesen potentiell zum Nachteil gereichen. Mit anderen Worten:
er wäre nicht ausschließlich dem Klienten verpflichtet, sondern primär der
Kontrolleistung in Form der für die richterliche Entscheidung erforderlichen Stellungnahme. Auf die Beziehung zwischen Frau T. und der Klientin
bezogen, spiegeln sich im Rankommen das Bemühen und die Anstrengung wider,
an ein konkretes Problem zu kommen, um es bearbeiten zu können. So wie
Frau T. im Erstinterview aus einem komplexen Problemzusammenhang, den sie
ohne eine entsprechende Qualifikation nicht handhaben darf und kann, die
Definition eines fokussierten Problems von der Ratsuchenden fordert, zerlegt sie nun auch in ihren Ausführungen die ganze Person der Klientin in
einzelne, verdinglichte Bestandteile, wie etwa "ein Punkt", "die Sexualität", "mit dieser Sache". Die technizistische und umschreibende Sprache
("gemacht hat") unterstreicht diesen ingenieuralen Zerlegungsprozeß. Ihre
Kompetenz und Ausstattung als Beraterin reichen, so ist unterstellt, dabei
prinzipiell aus, um das einzelne Problem, den Defekt, bearbeiten zu können.
Der im "rankommen" unterstellte instrumentelle Zugriff läßt sich verdeutlichen, wenn man kontrastiv sich der von Frau M. verwandten Metapher:
"zwei Stühle also" erinnert, die den Wunsch nach einer herrschaftsfreien,
kommunikativen Arbeitsbeziehung zwischen eigenständigen Subjekten ausdrückt.
Wenn also Frau T. in ihrer Arbeit scheitert, dann liegt das an der Unzugänglichkeit eines Problems, oder anders formuliert: an dem Klienten, der
sie an das Problem nicht "rankommen" läßt. Da psycho-soziale Problemlagen
an die ganze Person gebunden sind und nicht als einzelne aus ihrem genetischen und strukturellen Gesamtzusammenhang gelöst und behandelt werden
können, wird diese notwendig selbst zur Barriere, die überwunden werden
muß, damit Frau T. ihren Beratungsauftrag, den sie ja vom Ratsuchenden qua
"come-Prinzip" erhalten hat, ausführen kann. Der Klient steht störend zwischen Beraterin und fokussiertem Problem. Wenn er sich dem instrumentellen Zugriff widersetzt, wird er zum Gegner im Kampf um "rankommen wollen"
und "nicht rankommen lassen". Der Widerstand wird zum "Panzer", der, so
könnte fortgesetzt werden, "geknackt werden muß", um

"zu kucken, was hinter diesem Panzer sitzt, der da ange-
schafft worden is" (S. 4o).

Bildlich gesprochen: es wird mit der Brechstange gearbeitet. Das instrumentelle, problemfokussierte Beratungsverfahren konstituiert somit einen objektiven Kampf um das Setting mit dem Ziel, den Klienten entsprechend den Erfordernissen des Beratungsinstrumentariums unter Kontrolle zu bringen und seinen Widerstand zu überwinden. In diesem Kampf gibt es nur antithetische Ausgänge: Sieg oder Niederlage. Für die Klientin heißt das: das machen, was die Beraterin will oder das, was sie selbst will; wegbleiben oder sich der Situationsdefinition unterwerfen:

"... äh ich glaub sie is, als Siegerin daraus hervorgegangen,
aus dem Gespräch ... Weil äh jetzt also nu mal abgesehen vom
Erstgespräch, so sie is als Siegerin, sie hat das gemacht,
was sie wollte, nich was ich wollte ..." (S. 47).

Den Kampf doch noch gewinnen zu können, muß als Motiv für die Hoffnung, daß die Klientin die Gespräche wieder aufnimmt, angenommen werden. Es wird an einer anderen Stelle des Interviews schließlich explizit thematisiert:

"vielleicht find ich dann ne Möglichkeit, sie m noch mehr
reinzukriegen ..." (S. 42),

d.h. reinzuzwingen in die Behandlungssituation. Unabhängig davon, ob nun die Klientin wiederkommt oder nicht, Frau T. wird den Kampf notwendig erneut verlieren, solange sie den instrumentellen Zugriff und die darin eingeschlossene Objektivierung der Ratsuchenden beibehält. Paradox formuliert: sie kann ihn nur gewinnen, wenn sie ihn nicht führt; d.h. wenn sie in der Beratungsbeziehung selbst die materielle Grundlage für ein vertrauensvolles Sich-öffnen und "rankommen lassen" schafft und neben der Technik der Spezifizität der Problemlage Raum gibt. Erst die Integration beider Dimensionen reflektiert die Dialektik von Leidensdruck und Widerstand und ermöglicht prozeßhaft Entwicklung, statt statisch-mechanisch Eindeutigkeit der Situation und Leidens- und Problemdruck zu setzen und damit objektiv Unentschlossenheit und Widerstand zu ignorieren. Vor diesem Hintergrund ist beispielsweise die Anerkennung des "Panzers" als Schutz vor Nähe und Zugriff vergleichsweise schwach ausgebildet. Diese Dimension kann im Grunde auch nur negativ bewertet werden:

"... hat aber ihren Panzer und den braucht se halt ..." (S. 38).

Und auch Äußerungen, die die Entscheidungskompetenz der Klientin betonen, überzeugen nicht. Es sind kognitive Argumente, die selbst wieder den Konflikt zwischen Autonomieanerkennung einerseits und dominanter Objektivierung andererseits spiegeln:

> "Ich laß sie das auch en Stückchen selbst entscheiden und
> ich sag, hab ihr das offen gelassen, ne ..." (S. 36).

In der technizistischen Variante des beruflichen Selbstverständnisses der Sozialarbeit wiederholt sich somit die in den Fällen 1 - 3 gefundene und aus dem Strukturkonflikt resultierende zentrale Problematik der Respektierung der Autonomie der Lebenspraxis und der im psycho-sozialen Bereich zu leistenden Balance zwischen Nähe und Distanz zum Klienten. Auch hier können die besonderen Implikationen des Leidensdrucks, die Ausdrucksformen des Widerstandsverhaltens und die Entwicklungs- und Veränderungsbereitschaft eines Klienten nicht mit dem Beratungsverfahren und Beratungsziel synthetisiert werden. Die selbstverständliche Anwendung einer Methode, deren Wirksamkeit und Nützlichkeit selbst nicht bezweifelt werden, führt Frau T. darum auch nicht zu Fragen nach einer möglichen, sukzessiven Sozialisation des Klienten in die Behandlungssituation oder nach der Angemessenheit der Methode, "auf die Gefühle zu kommen" (S. 38). Anders formuliert: sie vermag nicht zu erkennen, daß auf Grund der Struktur und Dynamik psycho-sozialer Probleme das Ziel: "an die Gefühle ranzukommen" (S. 39), gerade durch den bewußten, kognitiven Zugriff unerreichbar wird. Je mehr sie sich diesem Ziel zu nähern versucht, um so mehr entfernt es sich. Dennoch verfolgt, drängt sie die diffusen Gefühle weiter zurück und verstärkt den "Panzer". Zugleich strampelt sie sich selbst ab, leistet "Schwerstarbeit" (S. 39):

> "aber ich hab wirklich gemerkt, daß ich mich verdammt abge-
> strampelt hab, um nur son Stückchen ranzukommen." (S. 47).

Wie Sisyphus muß sich Frau T. mit einer untauglichen Methode physisch und psychisch verausgaben und abstrampeln und das Ungenügen der Technik zu kompensieren versuchen. Trotz der Mühsal bleibt ihr die Erfahrung der systematischen Erfolglosigkeit. Nachdem sie sich entschlossen hat, ihre Karten auf den Tisch zu legen, wobei sich zeigte, daß diese so schlecht nicht sind, als das sie pokern müßte, berichtet sie unter Hinweis auf ein Beispiel erfolgreicher Beratung:

> "Da hab ich so äh (holt tief Luft) gebadet drin! Hab ich ge-
> dacht, endlich mal was, was Dir auch gelungen ist ... das hat
> mir wieder son Aufschwung gegeben, und so Situationen passiern
> sehr, sehr selten." (S. 45/46).

Die erfolgreiche Beratung wird notwendig zur Ausnahme, die die Regel des Scheiterns bestätigt. Und sie kommt noch einmal, jetzt mit offenen Karten, auf die Klientin zurück:

> S: "... Und das fand ich also so für mich mal (mal sonne ?) positive Rückmeldung, während diese Frau mit dieser – "
>
> I: "Biste nich so ganz zufrieden mit?"
>
> S: "Nee das is ne Sache, die mich sehr frustriert."
>
> I: "Was fehlt da? Oder was – "
>
> S: "Ja da bleibt jemand weg! Und Du weißt ganz genau äh der hat mich nich mal rankommen lassen, der hat nich mal was ausprobiert, der bleibt weg. Der sucht sich seine eigenen Wege, weil er gemerkt hat, die könnt mir vielleicht zu nah kommen. Oder vielleicht isse mir schon zu nah gekommen" (S. 46).

Frau T. rekonstruiert damit exakt die Problematik der Beratungsbeziehung. Obwohl sie selbst im "zu nah kommen" die Verletzung der Distanz zur Klientin und das als Bedrohung empfundene "an die Gefühle rankommen zu wollen", das den Abbruch der Beratungsgespräche begründet haben muß, thematisiert, kann sie das Scheitern nicht als den selbst erzeugten Mißerfolg erkennen. Dazu müßte sie die strukturelle Affinität von unhistorischer, kognitiver Beratungsmethode und Psychopathologie solcher kontrollierten Klienten ("wo alles übern Kopf läuft", S. 39) oder auch "Vermeidungsmenschen" (S. 47), wie sie sie nennt, erkennen, einschließlich der Folge, daß die kognitive Behandlung den instrumentellen Selbstbezug der Ratsuchenden, die Distanz, die sie zu ihrer Antriebsbasis und den daran gebundenen Gefühlen hat, reproduziert und bekräftigt. Wenn diese beispielsweise im Erstinterview mitteilt:

> 17 K 7 "ne Sache, die is, die mich – unheimlich belastet und ich hab sie oft nach außen getragen, so mit Freundinnen drüber geredet, hab selber, mit mir selber Therapien gemacht, so daß ich unheimlich viel geschrieben und auch gemalt – hab ...";

und Frau T. im Interview beklagt:

> "... isses so meine Aufgabe mit so jemandem ma rauszufinden, wo, was löst diese Situation aus? Das wäre son Stückchen Arbeit, aber das wußte sie alles, das is alles klar für sie gewesen. Im Kopf." (S. 38),

dann thematisiert sie zwar implizit einen Zusammenhang, kann ihn aber nicht bewußt erkennen und explizieren. Das hätte zur Bedingung, daß sie zuvor ihre Prämisse: die generelle Wirksamkeit und Nützlichkeit des Beratungsverfahrens, und die falsche Interpunktion: Wenn die Klientin Frau T.

an die Gefühle rankommen läßt, dann greift die Methode, aufgibt. Auf die
Frage der Interviewerin: "Was fehlt da?", die den Mangel der Methode als
Thema anvisiert, kann Frau T. nur noch ihre Enttäuschung zum Ausdruck
bringen. Die Klientin hat die Annahme der Hilfe verweigert; sie hat nicht
einmal das, was sie ihr hätte geben können, "ausprobiert"; sie hat sie
"nich mal rankommen lassen", um danach zu entscheiden, ob sie die Gespräche fortsetzt oder nicht. Frau T. ist in ihrer fachlichen Kompetenz nicht
anerkannt worden; sie hat ihr Können nicht unter Beweis stellen können.
Auch verschiedene Interventionen der Interviewerin, die auf die Notwendigkeit einer Beschränkung des Handlungsfeldes entsprechend dem verfügbaren
Problemlösungspotential abzielen, weist Frau T. zurück. Sie lösen keine
Reflexionen beispielsweise dahingehend aus, "geeignete" und "ungeeignete"
Klienten auszusondern, sich auf die Beratung "geeigneter"Klienten und Behandlung spezifischer Problemlagen zu beschränken. Die Frage der Indikation und Kontraindikation wird kein Thema. Die bei allen Sozialarbeitern
gefundenen Deutungselemente der Allzuständigkeit und generalisierten Akti-
vitätsverpflichtung als Bestandteile des Hilfe-Selbstverständnisses erscheinen hier in der Variante einer unterschiedslos auf alle Klienten, die
die Beratungsstelle aufsuchen, und auf alle Formen psycho-sozialer Probleme anwendbaren Beratungsmethode. Professionalität würde jedoch gerade darin bestehen, die Grenzen der Kompetenz zu erkennen und anzuerkennen, wie
es individuell Herr P. versucht. Unabhängig von den Möglichkeiten der
praktischen Realisierung einer Ausbildung funktionaler und problemspezifi-
scher Kompetenz im therapeutischen Handlungsfeld, sie hätte mindestens auf
der Ebene der Selbstdeutung die Notwendigkeit, bestimmte Klienten zu über-
weisen oder sich auf stützende Gespräche zu beschränken, ohne rankommen zu
wollen, zu thematisieren.
Daß Frau T. in einem Wahrnehmungsfeld, in dem auf der einen Seite keiner
restriktiven Institution das Scheitern angelastet werden kann, und in dem
auf der anderen Seite fraglos die generalisierte Wirksamkeit des verfügbaren Behandlungsverfahrens unterstellt wird, trotz allen "abstrampelns" die
Mißerfolge nur noch als persönliches Versagen erleben kann, die sie möglichst verbergen möchte, ist nur zu verständlich. Die Selbstzuschreibung
des Scheiterns mag hier vergleichsweise noch stärker sein, weil keine Möglichkeit der Entlastung qua Zuschreibung an die kompakte und kontrollierende Institution mehr gegeben ist. Die Kontrollfunktion als Bestandteil sozialarbeiterischen Handelns ist aus dem Tätigkeitsbereich der Sozialpädagogin in der Beratungsstelle scheinbar verbannt. Daß sie sich gleichwohl

durch die tendenziell fallunspezifische Behandlungsmethode realisiert und
den Mißerfolg bedingt, kann nicht erkannt werden.

9.2.2 Das Deutungsmuster

Der Beginn des Interviews mit Frau T. unterscheidet sich signifikant von
den anderen Interviewanfängen. Während dort die Sozialarbeiter immer auf
das Signal der Interviewerin, die Eröffnungsfrage oder Erzählaufforderung
warteten, kommt Frau T. selbst zur Sache:

"Hast Du'n Fragenkatalog? (leicht lachend)" (S. 1).

Nicht nur die Vorerwartung einer klassischen asymmetrischen Beziehung zwischen fragendem Interviewer und antwortendem Befragten im Rahmen eines
vorstrukturierten, festen "Fragenkatalogs" drückt sich in der die Situation umkehrenden Frage aus. Auch individuelle Spannung und Angst vor einer
Prüfungssituation ist darin enthalten. Noch ist ungewiß, ob Frau T. die
Fragen beantworten und sich möglichst optimal darstellen kann. Nachdem die
Interviewerin daraufhin den Kontext definiert:

"nicht mit festen Fragen ... sondern einfach en Gespräch"
(S. 1),

und das heißt, sich von der Situation und den Antworten leiten lassen, und
die in der Vorbesprechung bereits skizzierten Themenbereiche wiederholt
hat, die im "Gespräch" erörtert werden sollen, wird sie in eine Diskussion
über die Differenz: Sozialpädagoge/Sozialarbeiter verwickelt. Frau T.
sucht damit, den eigentlichen Beginn des Interviews hinauszuschieben.
Schließlich wird der Disput von der Interviewerin abgebrochen, ein Schlußstrich gezogen und zum Interview selbst übergeleitet:

"... gut, sind vielleicht Unterschiede da, aber des macht jetzt
gar nichts. Und ich würd vorschlagen, äh, ich bin, ja sehr neugierig auf die Institution hier, wie Ihr arbeitet ... kannst das
mal so erzählen, wie Du hierhergekommen bist und wie - sich die
Arbeit entwickelt hat?" (S. 1).

Zur Verdeutlichung der jeweiligen fallspezifischen Bewältigung des Interviewbeginns sei hier am Rande an die ersten drei Fälle erinnert: Frau M.
vergewisserte sich, ob die Interviewerin bestimmte Informationen zum institutionellen Bereich erwartete; Herr S. kümmerte sich, unmittelbar handelnd,
um die Funktionstüchtigkeit des Aufnahmegerätes und Herr P. steckte sachorientiert mit der Interviewerin den zeitlichen Rahmen ab.
Frau T. schildert dann vergleichsweise ausführlich ihre persönlichen Be-

mühungen um eine Arbeitsstelle, die sie nach einem wenige Jahre zurückliegenden Ortswechsel unternommen hat. Darin präsentiert sie sich entschieden kompetent und informiert. Sie kennt sich aus und handelt funktional entsprechend den Gesetzes des Arbeitsmarktes. Sie bietet sich und ihre Arbeitskraft als Ware an: "hab mich angeboten" (S. 2), und präsentiert sich optimal:

"so mit dreizehn Jahren Berufserfahrung und und und und." (S. 2)

Im Vorstellungsgespräch hat sie "gepokert":

"Und ich konnte pokern, ich konnte alles rauspokern ... die warn einfach durch meine Praxis, die ich hatte, erschlagen." (S. 2).

Damit hat Frau T. ihre berufliche Visitenkarte auf den Tisch gelegt. Es ist ein As. Aber sie hat, wie sie sagt, "gepokert" und auch im Interview spielt sie mit verdeckten Karten. An ihrer Selbstdarstellung erstaunt nun, daß sie als zentrales Qualifikationsmerkmal ihre langjährige Berufspraxis nennt und vier weitere Pluspunkte nur andeutet, nicht aber spezifiziert und offenlegt ("und und und und"). So hätte sie leicht auf ihre Zusatzausbildung in der Nicht-direktiven Gesprächspsychotherapie nach Rogers verweisen können oder auf ihre umfangreiche praktische Arbeit mit Unterschichtangehörigen und Randgruppen. Es bleibt somit abzuwarten, ob sie die Karten im Verlauf des Interviews auf den Tisch legen wird, und ob es Trümpfe sein werden. Kontrastiert man diese Selbstpräsentation mit Darstellungsformen von Angehörigen professionalisierter Berufe, dann würden diese zunächst ihr Fach- und Spezialgebiet vorweisen und sich z.B. als Mitarbeiter anerkannter Institute oder Fachvertreter präsentieren. Der Rekurs der Sozialpädagogin allein auf den quantitativen Umfang der Berufserfahrung antwortet damit nicht nur auf die allgemeine Unspezifizität des Handlungsfeldes Sozialarbeit/Sozialpädagogik, sondern weist auch auf eine nicht selten zu findende Einstellung hin, daß die eigentliche berufliche Qualifikation in der Berufspraxis erfolgt, nicht so sehr in der Berufsausbildung. Diese Deutung schließt das Moment der Lebenserfahrung eines Berufsangehörigen als Substitut für eine strukturell nicht vorhandene Problemlösungskompetenz ein. Auch Frau T. wirft ihre Lebenserfahrung in die Waagschale ihrer Qualifikation:

"... ich hab dermaßen viel Erfahrungen im Umgang mit (!) Ehe, ... mit Kind ... ich bring meine ganzen Erfahrungen ... mit rein (in die Arbeit, R.S.)" (S. 17).

Wenn nun Frau T. im Poker um die Anstellung das relativ sekundäre Qualifikationsmerkmal Berufserfahrung vorweist und die Karte mit der primären, fachlichen Qualifikation verdeckt hält, dann läßt sich vermuten, daß sie sich ihrer Fähigkeit vergleichweise unsicher ist. Für dieses Datum gibt es im Interview eine Vielzahl von Belegstellen, auf die im einzelnen nicht einzugehen ist. Erst gegen Ende des Interviews erzählt sie schließlich, daß sie, ohne ein Studium absolviert zu haben, auf Grund ihres Erstberufs und ihrer langjährigen Arbeit in sozialen Brennpunkten ein externes Examen ablegen konnte:

> S: "... hab dann, hab auf meiner Stelle ... weitergearbeitet ... auf meiner 4o-Stunden-Stelle, hab mein Examen gemacht, das war sehr hart ne."
> I: "Bist graduierter Sozialpädagoge?"
> S: "Jaa."
> I: "Is ja toll!"
> (S. 56/57).

Ohne ein Resumee unter die Geschichte ihrer Bewerbung zu ziehen und das Thema im Sinne des "Gestaltschließungszwangs" (Kallmeyer/Schütze) vom neuen Thema abzugrenzen, z.B. "So bin ich hierhergekommen" oder: "Und dann hatte ich die Stelle", geht Frau T. sogleich auf den zweiten Teil der Interviewerfrage ein ("... und wie - sich die Arbeit entwickelt hat?"):

> "Ähm dann fing ich hier an und man bat mich also die Leitung zu übernehmen von der Beratungsstelle, wir warn damals zu dritt ..." (S. 2).

Das "damals" signalisiert, daß sie über eine Veränderung und Entwicklung in der Arbeit und Konzeption der Beratungsstelle berichten wird. Es gibt ein "damals" und ein "heute"; ein "vorher" (bevor Frau T. kam) und ein "nachher" (nachdem Frau T. begonnen hat). Ihr Eintritt in die Beratungsstelle markiert einen Wendepunkt:

> "... ich hab das dann mit dem, mit den Kollegen hier entwickelt die Arbeit so, aufgebaut, 'was können wer machen?'" (S. 3).

Während Herr P. im Rahmen der Geschichte der Projektgruppe erzählt hat, daß die Anstellungsträger explizit seine Tätigkeit als "Pionierarbeit" bezeichneten und ihm bei der Erforschung und Bearbeitung des noch unbekannten Feldes freie Hand eingeräumt haben, werden von Frau T. keine institutionellen Rahmenbedingungen und Determinanten der Entwicklungsarbeit genannt. Ihr Text unterstellt objektiv einen unbegrenzten freien Gestaltungsraum allein auf Grund fachlicher Erfordernisse und vorhandener Kompetenzen:

> "Und wir arbeiteten, bauten hier also eine wahnsinnige Arbeit

auf, so, von der Größe her." (S. 3).

Wenn nun Frau T. auf der einen Seite eher beiläufig und implizit die Status-Relationen umkehrend berichtet, daß man sie "gebeten" habe, die Leitung zu übernehmen, läßt sie auf der anderen Seite aber die Interviewerin darüber im unklaren, ob und welche speziellen Kompetenzen und Funktionen damit verbunden sind. So hätte sie beispielsweise im Zusammenhang der Schilderung der Aufbauarbeit auf einen möglichen Auftrag seitens des Trägers verweisen können, eine neue Konzeption für die Beratungsstelle auszuarbeiten. Nimmt man hinzu, daß sie in schneller und gedrängter Folge die wesentlichen Ereignisse und Inhalte der Entwicklung seit ihrem Eintritt skizziert, um offensichtlich zu einem entscheidenden Wendepunkt zu gelangen, dann läßt sich vermuten, daß sie über einen dramatischen Einschnitt in die "größenwahnsinnige" Aufbauarbeit berichten wird. Im Hintergrund ihrer Geschichte ist gewissermaßen bereits die Zerstörung am Werk. Nur wenig später berichtet Frau T. dann auch über den sie stark berührenden Einbruch in ihre Arbeit:

"... bis Ende des Jahres die ganze Arbeit wieder brach gelegt
wurde ... gab es Schwierigkeiten mit der Geschäftsführung ..."
(S. 4).

Das Feld, das sie beackert hat, liegt nun wieder brach da. Während Frau T. die Dienstanweisungen des Geschäftsführers als ein "richtig voll in die inhaltliche Arbeit reingehauen" (S. 4) erlebt, durch die "also en Stückchen unsre Arbeit ganz schön gelähmt" (S. 4) ist, weist die Verwendung des "brach liegens" aber auch auf den Bedeutungsaspekt des Ruhens und Sich-erholens eines Ackers von der Bebauung hin; nach Wintergetreide und Sommergetreide folgt die Brache. Auf einer tieferen Ebene verfügt sie, so kann angenommen werden, trotz der Betonung der "wahnsinnigen" und "mammuthaften" Dimension der Aufbauarbeit über das Wissen, daß mit dem Einschnitt zugleich positive Effekte verbunden sind, die die Möglichkeit der Besinnung und der Konzentration auf das verfügbare Problemlösungspotential als dem Fundament der Beratungsstelle bieten. Während Frau T. in den Ereignissen einen personalisierten Konflikt sieht und dabei zunächst den objektiven Grund für den Einschnitt verschweigt, die finanziellen Beschränkungen infolge nicht mehr fließender Landesmittel, spiegelt sich darin letztlich nur die fehlende Autonomie des Berufs wider, der sich institutionellen und finanziellen Restriktionen unterwerfen muß. Erinnern wir uns noch einmal der in den kompakten Institutionen herrschenden bürokratischen Befehlsautorität, die die fachlichen Urteil der Sozialarbeiter außer Kraft zu setzen vermag, dann reproduziert sich im Konflikt zwischen der fachlichen Leitung der Beratungsstelle, repräsentiert durch Frau T., und der administrativen Leitung, vertreten durch den Geschäftsführer, das objektive Strukturdilemma der Sozialarbeit. Nicht mehr auf der Ebene der unmittelbaren Beziehung zum Klienten, sondern auf der Ebene der institutionell abzusichernden Vereinseitigung der Hilfe-Funktion setzt sich, vermittelt über finanzielle Beschränkungen und Kürzungen, in allgemeiner Weise die Funktion sozialer Kontrolle durch und weist den Anspruch auf fachliche Eigenständigkeit zurück.

Im folgenden soll nun näher auf die Aufbauarbeit selbst und auf die ungeschriebene Konzeption der Beratungsstelle eingegangen werden. Dazu sei zunächst eine signifikante Textstelle zitiert:

> "und ham dann ... angefangen ... unheimlich viel Gruppenarbeit zu leisten, ham also hier unsre ganze Arbeit, die so mammuthaft anlief, weil die Leute so viel hierherkamen und wir die nich irgendwo gleich äh reinnehmen konnten in die Versorgung, ham wer gesacht: 'Wir machen Gruppen' ..." (S. 3)

Es fällt auf, daß Frau T. für den Arbeitsschwerpunkt Gruppenarbeit keine qualitative problemspezifische Begründung gibt, sondern eine quantitative: "weil die Leute so viel hierherkamen". Einzelberatung und Gruppenarbeit erscheinen nicht als Behandlungsformen, deren Indikation sich von der individuellen Problemlage eines Klienten her bestimmt, sondern es geht um "Versorgung", d.h. technisch-instrumentelle Be-handlung aller Klienten, die die offene Sprechstunden "anlaufen" (S. 7). Ähnlich wie ein Krankenhaus oder mehr noch: wie die Elektrizitäts- und Gaswerke ist die Beratungsstelle ein sozialer Versorgungsbetrieb, der auf eine tendenziell umfassende Bedardsdeckung zielt. Während der Begriff der Fürsorge noch das Bedeutungsmoment eines sozialen und kommunikativen Verhältnisses zwischen Fürsorger und Zögling enthält, weist der Versorgungsbegriff auf die schnelle, technischen Regeln folgende Abfertigung der Klienten hin. Sie sind die passiv-erleidenden Objekte der ausschließlich bei der versorgenden Beratering fokussierten Aktivität. Es ist Versorgungshumanismus. Der instrumentelle Bedeutungsgehalt des Begriffs ergibt sich aus seiner Anwendung auf psycho-soziale Problemlagen, die nur im Rahmen einer Arbeitsbeziehung zwischen zwei miteinandeer kommunizierenden, d.h. prinzipiell aktiven Subjekten gelöst, nicht aber im Rahmen einer Subjekt-Objekt-Relation einseitig behoben werden können. Auch wenn Frau T. an einer späteren Stelle des Interviews im Kontext einer zeitökonomischen Kalkulation der Vorteile der Gruppenarbeit:

"... man kann zwölf bis fünfzehn Leute betreuen, mit zwei
Stunden wöchentlich, ne, wenn ich die umverteile, kann ich
mir ausrechnen, wieviel Arbeitskapiz, kapazität verloren
geht" (S. 6/7),

einen möglichen Einwand vorwegnehmend expliziert:

"... das heißt aber nicht, daß alle Leute in die Gruppe gesteckt werden, sondern nur, wo es also notwendig is oder wo
es abgesprochen is, wo der Wunsch da ist." (S. 7),

widerlegt sie sich jedoch selbst. Sie beruft sich zuerst auf eine objektive, d.h. fallunspezifische Notwendigkeit: "wo es also notwendig is", und
schickt eine nur rudimentär vom einzelnen Klienten ausgehende Indikation
für die Gruppe nach. Dabei bekräftigt sie zugleich den instrumentellen
Abfertigungscharakter: "in die Gruppe gesteckt werden". Und auch das Datum,
daß Frau T. gegen Ende des Erstinterviews der Klientin die Teilnahme an
einer Gruppe empfohlen hatte ("... daß ich's vielleicht also so in Ihrem
Falle ganz gut finden würde, wenn Sie sich auch mal soner Gruppe anschlies-
sen ...", 132 S 81), bestätigt, daß die Priorität bei der Gruppenarbeit
liegt, nicht bei der dualen Beratungsbeziehung.
Neben der quantitativen Begründung für den verstärkten Ausbau der Gruppenarbeit enthält die Deutung ein Zeitmotiv: jeder Klient, der die Beratungsstelle aufsucht, ist sofort ("gleich") zu versorgen. Not duldet eben keinen Aufschub. Wartezeiten sind im Selbstverständnis von Frau T. zu vermeiden; es geht um "Sofortbetreuung", die dank der Umstellung der Arbeit auch
erreicht wird:

"... und bauten da also so sehr intensive Arbeit auf, äh -
die wirklich wahnsinnig viel Leute aufnehmen konnte. Und
unsere Wartelisten waren gering, die Sofortbetreuung war
da gewährleistet und - das war also sehr prima ..." (S. 3/4).

Auf der Ebene der objektiven Textbedeutung wird die Beratungsstelle zu einem Notfall- und Krisenininterventionszentrum. Einzige Voraussetzung und Legitimation des Beratungshandelns ist das "come-Prinzip". Nur darin unterscheidet sich Frau T.'s Versorgungs-Orientierung von einer Selbstwahrneh-
mung als "Feuerwehrmann" (Fall 2). Während Herr S. zu den Brandherden hin-
rennen muß und sowohl im allgemeinen gesellschaftlichen Interesse an der
Brandbekämpfung als auch im einzelnen Klientinteresse als Feuerwehrmann
gerufen wird, versucht Frau T. in der Beratungsstelle das Feuer zu löschen.
Auf ihr lastet aber in gleicher Weise der unspezifische, extreme Handlungs-
und Problemlösungsdruck des Hilfe-Selbstverständnisses, dessen Geltung sie
jedoch für sich bewußt negiert. Es ist unausweichlich, daß die unterstell-

te generalisierte Versorgungsverpflichtung nur zu einem unbestimmten "irgendwo gleich" versorgen führen kann, d.h. einem schnelle Abfertigen und Abspeisen der Klienten mit der Gruppe. Die im Selbstverständnis von Frau T. enthaltenen Prämissen: jeder Klient muß versorgt werden und jeder Klient muß sofort versorgt werden, verhindern somit die Ausbildung einer diagnostischen und problemlösenden Fachkompetenz, die es erlauben würde, sich auf die Bearbeitung bestimmter psycho-sozialer Problemlagen zu beschränken und diese erfolgreich zu behandeln. Ähnlich wie im Modell sogenannter Beratungsbüros, die als erste Anlaufstelle unspezialisiert alle an sie herangetragenen Probleme aufgreifen und selektiv bearbeiten und nur in einem eingegrenzten Bereich ein eigenes Problemlösungspotential einsetzen, hätte auch eine psycho-soziale Beratungsstelle institutionell und konzeptionell eine solche Begrenzung zu ermöglichen, statt eine den einzelnen Berater notwendig überfordernde Allzuständigkeit zu schaffen, die sich strukturell nicht von der Allzuständigkeit der Sozialen Dienste (Familienfürsorge) unterscheidet.

Während auf der einen Seite auch Frau T. die Unspezifizität der Problemlagen und die daraus resultierenden extremen Anforderungen beklagt:

" ... ich muß mich hier ständig auf neue Sachen einstellen. Auf die unmöglichsten, weil in dieser Beratungsstelle also alles kommt, äh alles was Dir übern Weg läuft, kommt hierher" (S. 47),

vermag sie aber nicht die handlungspraktisch entlastende Konsequenz der Beschränkung zu ziehen:

"... also ich weise keinen ab, der was hier machen möchte, ne ... also äh ich überlaß das ganz den Leuten, die hierherkommen, was sie wollen ..." (S. 23/24).

Lediglich Begrenzungen nach einem räumlichen Kriterium:

"Das wäre sicherlich für uns besser, wenn wir uns son Stückchen äh von der Örtlichkeit einschränken könnten ..." (S. 22);

nach einem ökonomischen Kriterium:

"Die m wirklich Wohlhabenden, in Anführungsstrichen, werden an Privattherapeuten ... weitervermittelt" (S. 23,

und nach dem Kriterium vorhandener funktionsspezifischer Institutionen wie Kliniken, Suchtberatungsstellen etc. werden von Frau T. akzeptiert. Interpretationsangebote der Interviewerin, über das "come-Prinzip" hinaus das Kriterium des Leidensdrucks und der Beratungsbereitschaft eines Klienten als Selektionsmittel einzusetzen, weist sie zurück:

> I: "... das wär aber nich von vornherein für Dich en Grund
> zum Beispiel zu sagen äh: 'Ich glaub des - im Moment sind
> Sie gar nich so weit, daß Sie ne Beratung - '"
> S: "Nee das sag
> ich nich."
> (S. 23).

Unabhängig davon, wie die diagnostische und beratend-therapeutische Kompetenz auszusehen hätte, die eine professionelle Handlungsbeschränkung erlauben würde, werden auch hypothetische Erwägungen auf Grund der Wirksamkeit des qua Negation bestätigten Hilfe-Selbstverständnisses verhindert. Stattdessen nimmt Frau T., der objektiven Bedeutung ihres Textes nach und nicht subjektiv intendiert, Schuldzuweisungen vor:

> "Es gibt viele Leute, die wollen nichts machen ..." (S. 15).

Und an einer späteren Stelle:

> "... aber ich bin froh, wenn sie überhaupt sagen, was sie
> wollen ..." (S. 24),

und unterstellt damit den Klienten, obwohl sie die Beratungsstelle aufsuchen, ein bewußtes Nicht-wollen. Sich zu öffnen und im Gespräch mitzuteilen, ist keine Frage des Könnens und des Settings, sondern eine des Wollens. Frau T. führt dann weiter aus:

> "... also ich bin nich der Macher hier, die Leute müssen was
> machen, ich bin ne Stütze, ich bin ne Hilfe, daß sie klarer
> sehen, daß sie ihr Knäuel vielleicht en bißchen äh entwirren
> und an einem Faden dran bleiben, so ihre Gefühle nich vergessen ..." (S. 15).

Nach den sensiblen, schutzbedürftigen (Fall 1); den betrügerischen (Fall 2) und den über alltagspraktische Kompetenzen verfügenden Klienten (Fall 3), finden wir jetzt die passiven und apathischen Ratsuchenden, die eben "nichts machen wollen", d.h. nicht durch Probehandeln ("ausprobieren") ihr Problemknäuel zu entwirren suchen. Stattdessen erwarten sie Aktivität und Problemlösung von der Beraterin. Diese Rolle, die dem Selbstverständnis stellvertretenden Problemlösungshandelns entspricht, weist Frau T. jedoch von sich. Sie negiert den "Macher", den Technokraten, der die prinzipielle Machbarkeit jeder Sache unterstellt. Die verschiedenen Ausdrucksformen des Widerstandes und der Übertragungsangebote (Passivität, Rezepthaltung, Erpressungsversuche etc.) erkennt sie nicht als solche, sondern weist sie zurück, ohne den Klienten, nachdem sie die erste Schwelle erfolgreich überwunden haben:

> "... in sone Einrichtung reinzugehen, das heißt, ne hohe
> Motivation für die Leute, die hierherkommen ..." (S. 21),

im Schutze eines Arbeitsbündnisses bei der Überwindung der zweiten Schwelle des Sprechens helfen zu können und damit die Voraussetzung zu schaffen für die Bereitschaft, sie an das Problem "rankommen zu lassen". Stattdessen weist sie ihnen die Rolle des "Machers" zu und fordert damit objektiv den instrumentellen Selbstbezug. Soweit die Ratsuchenden in der Lage sind, die dem organmedizinischen Modell analoge Haltung objektivierender Selbstbetrachtung und -behandlung einzunehmen, kann sie ihnen bei ihren Bemühungen eine "Stütze" und eine "Hilfe" sein. Daß Frau T. aber gerade durch die Negation des "Machers" ihre Macherrolle bestätigt, haben nicht nur die Rekonstruktion der Struktur der Interaktion mit der Klientin gezeigt, sondern auch die von ihr als "abstrampeln" bezeichneten Anstrengungen, an jene "ranzukommen".

Wie bereits die anderen Sozialarbeiter auch, thematisiert die Sozialpädagogin in gleicher Weise die Belastungen des Berufs als Folge ständiger persönlicher Leistung. Beispielsweise spricht sie von der "Kraft", die sie an die Klienten abgibt (S. 13); oder die sie "reingibt" in die Arbeit (S. 61); oder sie weist auf ihre Möglichkeiten hin, sich "wieder herzustellen, um für die Klienten äh fit zu sein" (S. 13). Und auch sie spricht vom schlechten Gewissen als Folge des individuellen Heroismus, alle Klienten gleich versorgen zu müssen:

> "... es gibt so Tage, wo ich ... nachmittags so mindestens sieben,
> acht Schwangerschaftskonfliktberatungen mache ... und dann wenn
> ich morgens die offene Sprechstunde voll hatte mit noch fünf,
> sechs extremen Fällen, dann - isses also wirklich verdammt hart,
> .... und krieg auch manchmal so schlechtes Gewissen, ob ich die
> alle gut behandelt hab, ne ..." (S. 52).

1o Schlußdiskussion

In den hier vorgestellten vier Fallrekonstruktionen bezieht sich das berufliche Handeln der Sozialarbeiter in Fall 1 und 4 auf den Objektbereich: Verhalten eines Klienten und in Fall 2 und 3 auf den Objektbereich: Armut. In Fall 1 und 2 müssen die Sozialarbeiter dabei in kompakten und unmittelbar Kontrollfunktionen fordernden Institutionen handeln. Mit Blick auf diese institutionelle Determinante unterscheiden sich davon Fall 3 und 4. Fall 3 mag als Versuch betrachtet werden, im materiellen Bereich die Hilfe-Funktion der Sozialarbeit konsequent zu vereinseitigen und Kontrolleistungen zurückzuweisen; Fall 4 als Versuch, den beratend-therapeutischen Hilfe-Typus zu überwinden und eine ausschließlich dem Klienten verpflichtete Hilfe zu geben.

Die durch den allgemeinen Hilfe-Typus präformierten empirischen Hilfe-Beziehungen weisen in den einzelnen Fällen unterschiedliche Strukturen auf. In Fall 1 verfügt die Sozialarbeiterin über ein personalisiertes, kommunikatives Hilfe-Selbstverständnis. In Verbindung mit der strukturellen Konkurrenz zwischen Primärsystem Familie und sozialpädagogischen Substituten führt das zu manipulativen Interventionen, die die Jugendliche der Paradoxie aussetzen, sich freiwillig für eine Heimunterbringung zu entscheiden und damit antithetisch gegen die Herkunftsfamilie. Es ist der latente Kampf mit den Eltern um die Jugendliche.

Der Sozialarbeiter Herr S. (Fall 2) handelt gemäß einem stellvertretend-problemlösenden Hilfe-Selbstverständnis im Rahmen einer Dienstleistungsorientierung. Bedingt durch den für sozialarbeiterisches Handeln mit dem Objektbereich: Armut generell geltenden Konflikt zwischen Hilfe-Auftrag und mangelnden Hilfsmitteln, enthalten seine Interventionen die strukturdominierende Gleichzeitigkeit von Hilfeversprechen und Leistungszurückhaltung. Angesichts der verbleibenden und für einen Bedürftigen unrealistischen Handlungsalternative: auf die Hilfeleistung zu verzichten, müssen die Klientin und ihre Freundin argumentativ um die Leistung kämpfen und den Sozialarbeiter zur Einlösung seines Hilfeversprechens zu bewegen suchen. Die Interaktionsstruktur ist von diesem Kampf um die Hilfe geprägt.

In Fall 3 sind es das sozialpolitische Hilfe-Selbstverständnis des Sozialarbeiters und seine konsequent sachhaltig-diskursiven Interventionen, die die Entfaltung des latenten Konflikts zwischen Experten- und Laienkompetenz im Rahmen der gemeinsamen Arbeit an der Verbesserung der materiellen Lebensbedingungen der betroffenen Laien verhindern und damit die Ausbildung einer paradoxen und antithetischen Beziehungsstruktur. Der auch hier latent wirksame Hilfe-Struktur-Typus, der die Beziehung zwischen Sozialarbeiter und Bewohnern überhaupt erst stiftet, begründet den Konflikt zwischen der materiellen Kraft des faktischen Daseins als Sozialarbeiter und der individuell realisierten Vereinseitigung der Hilfe-Funktion. Dieser setzt sich nicht in der Beziehung zu den Siedlungsbewohnern fort, sondern wird vom Sozialarbeiter persönlich ausgehalten und gehandhabt. Es ist Auseinandersetzung mit der Berufsrolle.

Die einem technokratischen, problemfokussierten Selbstverständnis geschuldeten Interventionen der Sozialpädagogin Frau T. (Fall 4) lassen eine Interaktionsstruktur entstehen, die einen objektiven Kampf mit der Klientin um die Situation und das Beratungssetting konstituiert. Im Konflikt zwischen der verlangten Darstellung eines konkreten und isolierten psycho-sozialen Problems und dem Wunsch nach der Selbstdarstellung als ganze Person verbleiben der Klientin nur die antithetischen Handlungsmöglichkeiten, sich der Situationsbeherrschung und Strukturierungsaktivität der Beraterin zu unterwerfen oder fortzubleiben.

Die Ergebnisse der Analyse der vier empirischen Hilfe-Beziehungen bestätigen somit deutlich die Hypothese I, daß die vom einzelnen Sozialarbeiter geforderte Vermittlung zwischen den im Hilfe-Typus enthaltenen gegensätzlichen Verpflichtungen: Klientorientierung und soziale Kontrolle notwendig zu regelhaft gebrochenen und widersprüchlichen Interaktionen mit den Klienten führt. Fall 1 und 2 bestätigen dabei die Hypothese auf einfache, positive Weise. In Fall 3 verhindert die dem Hilfe-Typus kontrafaktische naturwüchsige Persönlichkeitsausstattung des Sozialarbeiters die empirische Realisierung der latenten Hilfe-Struktur. Fall 4 bestätigt die Hypothese qua Negation. Der Versuch, den Typus zu überwinden, gerät objektiv zur veräußerlichten und technizistischen Lösung, die die Bindung an den Handlungs-Typus bekräftigt.

Die Ergebnisse bestätigen weiter, daß die Bewältigung des objektiven Strukturdilemmas der Sozialarbeit immer individuelle Lösungen provoziert, die neben den institutionellen Handlungsbedingungen hinaus wesentlich von der Sozialarbeiter-Person geprägt sind. Der starke formprägende Einfluß persönlichkeitsspezifischer Faktoren erklärt sich dabei aus der Notwendigkeit, eine objektive "Handlungslücke" ausfüllen zu müssen, um handlungsfähig zu bleiben. Das beruflich nicht verfügbare effiziente Problemlösungspotential muß kompensiert werden durch naturwüchsiges, persönliches Handeln; was nicht zuletzt zur Konsequenz hat, daß die relativ trivialen Klientprobleme (wie in den vorliegenden Fällen), auffallend aufwendig und unangemessen dramatisierend behandelt werden (bes. Fall 1 und 2).

Unter günstigen, nicht-restriktiven Rahmenbedingungen scheint ein relativer Erfolg in der konkreten Person des Sozialarbeiters begründet (Fall 3), dem die Integration der beruflich-spezifischen und der diffusen Beziehungsdimension gelingt. Dies wird unterstützt durch die Distanz sichernde Beschränkung auf die Sache selbst, den Handlungsbereich der materiellen Hilfen. In Fall 4 wird hingegen, unter gleichermaßen nicht-restriktiven äusseren Handlungsdeterminanten, jedoch in dem wesentlich schwerer Distanz und Nähe zu balancierenden Arbeitsbereich der psycho-sozialen Notlagen, die spezifische Seite der Beziehung vereinseitigt und die als Erkenntnis- und Problemlösungsmittel notwendige diffuse Dimension zurückgewiesen. Das macht den technokratischen Charakter der Interventionen aus. Unter gleichen restriktiven Handlungsbedingungen, aber mit unterschiedlichem Objektbereich, wird in Fall 1 die diffuse Seite der Beziehung zur Klientin vereinseitigt und die spezifische vernachlässigt; und in Fall 2 wird bei der Bearbeitung eines materiellen Problems, genau umgekehrt, die spezifische Seite des beruflichen Handelns betont. Abweichend von Fall 3 und 4 finden sich in diesen Fällen auch signifikante Pendelbewegungen der Sozialarbeiter zwischen kommunikativen und instrumentellen Interventionen.

Auf Grund der Ergebnisse der rekonstruierten Bedeutungsstrukturen der Sozialarbeiter-Klient-Beziehungen muß davon ausgegangen werden, daß die dem jeweiligen Hilfe-Selbstverständnis entstammenden Interventionsstile der Sozialarbeiter auch strukturdeterminierenden Einfluß auf die Bearbeitung von Problemen aus einem anderen Objektbereich haben; in Fall 1 also auf materielle Notlagen der Klienten; in Fall 2 auf psycho-soziale Probleme usw. Dieses Ergebnis, das auch durch die Auswertung der Interviews mit den Sozialarbeitern belegt werden kann, bedürfte jedoch einer unmittelbaren Erhärtung durch eine vergleichende Analyse des Handelns eines Sozialarbeiters in den Objektbereichen: Armut und Verhalten.

Die im Handeln als Person begründete, deutlich erkennbare Problemlösungsunsicherheit der Sozialarbeiter spiegelt sich auch in einer, in unterschiedlicher Weise sich ausprägenden Selbstdarstellungsunsicherheit im Interview und insbesondere in der retrospektiven Schilderung der Klient-Beziehung wider. Dabei finden die rekonstruierten Interaktionsstrukturen in den Mitteilungen der Sozialarbeiter immer Bestätigung, ohne daß ihnen immer deren objektive Bedeutung bewußt ist. In ihren Äußerungen reproduzieren sie objektiv den Kampf um die Jugendliche (Fall 1); den Kampf um die Leistung (Fall 2); die Auseinandersetzung mit der Berufsrolle (Fall 3) und der Kampf um die Situation (Fall 4). Wesentlich bedingt durch die unterschiedlichen institutionellen Determinanten, unterscheidet sich die Rekonstruktion der beruflichen Tätigkeit in den ersten zwei Fällen deutlich von den übrigen zwei. Die retrospektiven Deutungen sind bei Frau M. und Herrn S. stärker von der handlungsverpflichtenden Gleichzeitigkeit der Hilfe- und Kontrolleistung bestimmt. Der Mangel an einer spezifischen Problemlösungskompetenz begründet hier auch die Schwierigkeit, das objektive Handeln analytisch adäquat zu rekonstruieren. Beide Fälle bestätigen unmittelbar Hypothese II, daß das Hilfe-Selbstverständnis einen funktionalen Beitrag zur Aufrechterhaltung und Reproduktion der Strukturwidersprüche der Klientbeziehung leistet und rückkoppelnd das berufliche Selbstverständnis stabilisiert. Auch im Fall des Scheiterns wird das Handeln als helfend und nützlich für den Klienten gedeutet. Gegenüber den hier zu findenden alltagspraktischen Interpretations- und Rechtfertigungsstrategien ist es Herrn P. und Frau T. möglich, ihr Handeln relativ klar und übereinstimmend mit den objektiven Handlungsvollzügen zu rekonstruieren; d.h. in Fall 3 die objektiven Schwierigkeiten zu erkennen und ohne Verschleierungsstrategie zu thematisieren, und in Fall 4 das Scheitern, den Mißerfolg. Das ist auf die nicht-restriktiven institutionellen Rahmenbedingungen zurückzuführen, die die Ausbildung einer spezialisierten Problemlösungskompetenz erlauben im Kontext der Vereinseitigung der Hilfe-Funktion und der Zurückweisung von Kontrolleistungen. Darüber hinaus ermöglichen es bestimmte persönlichkeitsspezifische Merkmale Herrn P, ungewöhnlich exakt und differenziert das Handlungsdilemma des Berufs in seinen feinen Verästelungen wahrzunehmen. In allen Fällen zeigt sich aber deutlich, und darin bestätigt sich Hypothese II, daß die Implikationen des beruflichen Hilfe-Selbstverständnisses zur Formulierung idealer Handlungsziele führen und mehr oder weniger fraglos akzeptierte Allzuständigkeiten und Aktivitätsverpflichtungen erzeugen. Die hypothetische Konsequenz: Aufgabe der Hilfe-Moral als Voraussetzung für die Entwicklung kompetenter Problemlösungsmodi zu ziehen, ist keinem von ihnen möglich.

Die um das Hilfe-Selbstverständnis zentrierten Deutungen enthalten systematisch gleichförmige individuelle Einstellungen als Ausprägungen des allgemeinen Deutungsmusters der Hilfe, das auf ein identisches Handlungsstrukturproblem antwortet. In ihren fallspezifischen Konkretionen sind sie dabei abhängig von den jeweiligen Handlungsfeldern, dem institutionellen Rahmen und der Persönlichkeit des Sozialarbeiters. Nur stichwortartig können hier einzelne Deutungselemente in Erinnerung gerufen werden. Die verschiedenen Selbstbilder ("zwei Stühle", "Feuerwehrmann", "Manager/Moderator", "nicht der Macher") sind beispielsweise persönliche Umschreibungs- und Bestimmungsversuche einer Berufsrolle, die nicht über ein funktionsspezifisches Problemlösungspotential definiert werden kann, sondern als unspezifische einen weiten Deutungsspielraum bietet. Sie betonen jeweils einzelne Funktionen des im Hilfe-Struktur-Typus eingeschlossenen weiten Funktionskomplexes. Gleichsam das Gegenstück zur mangelnden beruflichen Autonomie bilden die in den Deutungen sich widerspiegelnden äußeren und inneren Durchbrechungen der Autonomie der Lebenspraxis und einer durch den Problemdruck des Klienten zu erfolgenden Beziehungsstiftung. Implizit oder explizit werden die Verletzungen durch die Hilfe-Norm legitimiert, so daß diese Art von Deutungen rückwirkend wiederum die Ausbildung eines quasi-professionalisierten Habitus verhindern. Das zentrale Problem, die diffuse und die spezifische Dimension der Beziehung zum Klienten zu integrieren und die Momente der Übertragung und Gegenübertragung zu handhaben, ist in einer Vielzahl von Äußerungen enthalten. Unmittelbar damit verknüpft sind die unterschiedlichen Klientenbilder (die Mimosen, die Betrüger, die alltagspraktisch Kompetenten und die Klienten, die nichts machen wollen) und die darin sich manifestierenden Schuldzuweisungen. Faktisch sind es Klischees, Vorurteile. Thematisch wiederholen sich weiter die verschiedenen Ausdrucksformen des Selbstschutzes vor Überforderung und Ausbeutung. Es ist die Reaktion auf die ständige Extraleistung, den Kraft-kostenden Einsatz der ganzen Person unter ständigem Handlungs- und Zeitdruck. Damit zusammen hängen die Schwierigkeit der Trennung und Grenzerhaltung zwischen Berufs- und Privatsphäre und die durch die Hilfe-Verpflichtung bei gleichzeitig mangelnder Problemlösungskompetenz verursachten Schuldgefühle. Das schlechte Gewissen des Praktikers ist in allen vier Fällen zu finden. Deutungselemente als Niederschlag aus den institutionellen Handlungsdeterminanten finden sich in den Fällen 1, 2 und 4 in Form des Versuchs, administrative Einflüsse zurückzuweisen. In Fall 3 ist dagegen die Außenkontrolle in Form der Überwachung der Arbeit der Projektgruppe thematisch.

Bleibt zum Abschluß der hier vorgelegten Untersuchung über die Diskussion der Interpretationsergebnisse mit den Sozialarbeitern selbst zu berichten. Hierzu fand im Oktober 1982 ein gemeinsames Treffen statt. Bis auf Herrn S., der wenige Stunden zuvor absagte und mit dem ein neuer Termin vereinbart wurde, nahmen daran alle Sozialarbeiter teil. Die mehrstündige Diskussion wurde wiederum aufgezeichnet. Ohne auf eine intensive Interpretation zurückgreifen zu können, sollen hier signifikante Textausschnitte relativ kommentarlos wiedergegeben werden.

Frau M. hat inzwischen eine familientherapeutische Zusatzausbildung begonnen. Auf die Mitteilung der Interpretationsergebnisse reagiert sie mit "Flucht nach vorne" und dem Rekurs auf die restriktiven Handlungsbedingungen des Sozialen Dienstes:

> W[+]: "... also ich hab das n Stück noch ne sone Linie dadrin noch gesehen, daß Du vielleicht son Stück zu weit äh - mit der Jugendlichen arbeitest, also zu weit mit ihr - äh -"
>
> S: "Mich solidarisier gegen die Eltern?"
>
> W: "Ja."
>
> S: "Stimmt!"
>
> ...
>
> W: "... für mich ... fehlt ein Stück, was systematische Gründe hat auch ne, ne Allparteilichkeit, egal ob jetzt"
>
> S: "Hä (kurzes Lachen), die kann ich aber nich! ... Also das is z.B. eine Hilfe in meinem Beruf jetzt hier Partei be- ziehen ...".

[+] W = Wissenschaftlerin, S = Sozialarbeiter.

Und an einer späteren Stelle korrigiert sie hypothetisch ihre nunmehr zwei Jahre zurückliegende Arbeit mit der Jugendlichen, wobei sie jedoch die rekonstruierte Interaktionsstruktur in reiner Form reproduziert:

> S: "... wenn ich das heute sehen würde ... und heute noch mal haben würde ... dann würd ich den Eltern raten: 'Schmeißen Se se (die Jugendliche, R.S.) raus! Wenn Sie's nich mehr aushalten, tun Sie's, nicht ich!' Und dann würd ich ... sagen: 'Wenn Du rausgeschmissen bist, bin ich wieder da.'".

Herr S. hat in der Zwischenzeit den Allgemeinen Sozialdienst verlassen und ist nun bei einem freien Träger der Wohlfahrtspflege in einem spezialisierten Arbeitsgebiet tätig. Auch er stimmt den Interpretationsergebnissen zu, wobei er mehrfach auf die institutionell geforderte Hetze verweist:

> S: "... also zwei Sachen sind da vielleicht noch wichtig, äh die Kürze des ... Beratungsgesprächs und diese Knappheit, die liegt schon teilweise auch in meiner Person begründet, aber in dem Fall würd ich eher vermuten, ohne daß ichs jetzt genau behaupten kann, das war mit Sicherheit an nem Sprechtag ... und da war wahrscheinlich wieder unheimlich viel los ...".

Seine Handlungsalternativebestätigt wiederum den Feuerwehrmann:

S: "... das war auch en Stück weit (?) Form von regel-
rechtem Wegschicken ne, ... aber ich hätt natürlich auch
... sagen können: 'Sie besorgen sich heute noch die Nummer,
so Zeit ist, und ich setz mich jetzt schon mal dran ...
und dann können wer ja den Dringlichkeitsbericht schon mal
schreiben, heute noch, ham wer'n fertig und dann könn Se
den gleich am nächsten Sprechtag wieder hinbringen' ...".

Herr P. versucht sachbezogen Handlungsprobleme der Gemeinwesenarbeit zu diskutieren mit dem deutlich erkennbaren Bedürfnis, Klärungen voranzutreiben. Er bestätigt auch im Detail die Merkmale der Interaktionsbeziehung mit den Gruppenmitgliedern und das von ihm bereits im Interview thematisierte objektive Strukturproblem:

S: "... also ich, ... es is für mich schon ne Frage in allen
Bereichen, die wir so bearbeiten ... ist Selbsthilfegruppe
äh, was eigentlich so unser Anspruch is äh, widerspricht
sich das äh mit ner, mit Sozialarbeit, mit mit ner professionellen Sozialarbeit, ist das en ... Widerspruch, ...
weiß ich net, ob wir da Illusionen da nachhängen ... und
eigentlich - ja immer wieder nur unsere Daseinsberechtigung
suchen, darin, daß mer sagen: 'Das geht im Moment doch noch
net so ohne uns' ...".

Und er erwägt die Handlungsalternative:

S: "... im Laufe der nächsten zwei Jahre ... rauszugehen und
was ganz anders zu machen oder das Projekt zu verändern,
... ich halt das nich mehr für gut, daß wir noch über äh
längere Zeit so stark auf die Siedlung konzentrieren, wie
das in der Vergangenheit der Fall war, ... und mehr im
Stadtteil begeben ... ohne die Arbeit dort aufzugeben äh
verlagern und äh die Dinge, die da laufen, Sozialhilfegruppe ... weiterführen ... es kann net drum gehen, daß
wir einfach jetzt sagen: 'Siedlung is alles in Butter,
gehn jetzt woanders dahin'...".

Frau T. unterstreicht die positiven Interpretationsergebnisse ("... das haste aber gut interpretiert") und weist die kritischen Einwände zurück:

W: "... also für mich wäre das die Stru Struktur dieser Interaktion in diesem Erstgespräch, daß da Forderungen thematisch
sind an die, Forderungen an die Klientin gestellt werden, die
die Klientin nicht erfüllen kann."

S: "Wie wie kannst Du sowas sagen? Welche Klientin hast Du
da im Kopf? Das ich do ne (unverständlich)"

W: "Diese!"
  ...
  Nur diese!"

S: "Das kannst Du auf das eine Gespräch -"

W: "Aus diesem Erstinterview, ja, aus diesem Erstinterview ...".

Und sie führt später aus, damit die latente Kampfstruktur mit der Ratsuchenden (und der Interviewerin/Wissenschaftlerin) reproduzierend:

> S: "... ich bin nicht klargekommen mit ihr, sie hat also mich ganz schön untern Teppich gekehrt ... daß es schwierig is, sie zu knacken, ne, und äh das wird ihr Problem überhaupt sein, so an die Gefühle ranzukommen ... die is glaub ich, in der Studentenberatungsstelle gelandet ähm ...".

Die sich an diese Diskussion anschließenden theoretischen und praktischen Fragen einer dem objektiven Strukturkonflikt der Sozialarbeit Rechnung tragenden Praxisberatung sind hier nicht zu erörtern. Sie sind ein anderes Thema.

Anmerkungen

Anmerkungen zur Einleitung

1 vgl. auch Adrian Gaertner, Modellversuch und einige Probleme der Ausbildungsreform für Soziale Berufe, in: Politische Produktivität der Sozialarbeit, hrsg. von A. Gaertner u. Christoph Sachße, Frankfurt, New York 1978, S. 138.
2 eingeleitet durch Wolfgang Schmidbauer, Die hilflosen Helfer, Reinbek 1978.
3 vgl. stellvertretend Walter Hollstein, Grenzen und Möglichkeiten sozialpädagogischer Intervention, in: Sozialpädagogische Modelle, hrsg. von W. Hollstein u. Marianne Meinhold, Frankfurt 1977, S. 31.
4 vgl. Joachim Matthes, Sozialarbeit als soziale Kontrolle? in: Gesellschaftliche Perspektiven der Sozialarbeit 1, hrsg. von Hans-Uwe Otto u. Siegfried Schneider, Neuwied, Darmstadt 1975, 3. Aufl., S. 1o7-128; Helge Peters, Helga Cremer-Schäfer, Die sanften Kontrolleure, Stuttgart 1975; Lutz Rössner, Theorie der Sozialarbeit - Ein Entwurf, München, Basel 1973; W. Hollstein, Hilfe und Kapital, in: Sozialarbeit unter kapitalistischen Produktionsbedingungen, hrsg. von W. Hollstein u. M. Meinhold, Frankfurt 1973, S. 167-2o7; Horst R. Schneider, Handlungsspielräume in der Sozialarbeit, Bielefeld 1977.
5 vgl. Morris Janowitz, Wissenschaftshistorischer Überblick zur Entwicklung des Grundbegriffs "soziale Kontrolle", in: Kölner Zeitschrift für Soziologie und Sozialpsychologie, 25. Jg. 1973, H. 3, S. 499-514.
6 vgl. die Kritik von J. Matthes, Sozialarbeit als soziale Kontrolle?, a.a.O., S. 111 f.
7 vgl. W. Hollstein, Hilfe und Kapital, a.a.O., S. 19o f.
8 H.R. Schneider, a.a.O., S. 179.
9 H. Peters, H. Cremer-Schäfer, a.a.O., S. 46.
1o Eckhard Benecke, Selbstverständnis und Handlungsrealität von Sozialarbeitern, Weinheim, Basel 1979, S. 22o.
11 vgl. Harry Maòr, Soziologie der Sozialarbeit, Stuttgart, Berlin, Köln, Mainz 1975, S. 25.
12 W. Hollstein, Hilfe und Kapital, a.a.O., S. 191.
13 Lothar Boehnisch, Hans Lösch, Das Handlungsverständnis des Sozialarbeiters und seine institutionelle Determination, in: Gesellschaftliche Perspektiven der Sozialarbeit 2, a.a.O., S. 28.
14 vgl. H. Peters, Moderne Fürsorge und ihre Legitimation, Köln, Opladen 1968, S. 5o ff.
15 vgl. H.R. Schneider, a.a.O., S. 191 ff.
16 vgl. Ruth Bang, Die helfende Beziehung als Grundlage der persönlichen Hilfe, München, Basel 1964, S. 93 ff.
17 vgl. z.B. Ich krieg's nicht auf die Reihe. Leben und Überleben in der Beziehungsarbeit, in: päd. extra sozialarbeit, 4. Jg. 198o, H. 6, S. 21-34; Renate Blum-Maurice, Erhard Wedekind, Zuwendung als Lohnarbeit, in: päd. extra sozialarbeit, 4. Jg. 198o, H. 6, S. 35-42.
18 Ich krieg's nicht auf die Reihe, a.a.O., S. 21.
19 vgl. z.B. Hans Scherpner, Theorie der Fürsorge, Göttingen 1962.
2o vgl. Peter Kropotkin, Gegenseitige Hilfe in der Tier und Menschenwelt, Leipzig 192o.
21 vgl. Handwörterbuch der Staatswissenschaften, hrsg. von Ludwig Elster, Adolf Weber u. Friedrich Wieser, Jena 1923, 4. Aufl., Bd. I, Stichwort: Armenwesen; Dora Peyser, Hilfe als soziologisches Phänomen, Dissertation Berlin-Würzburg 1934.

Anmerkungen zu Kapitel 2.1: Die Gabe

1 vgl. H. Scherpner, a.a.O., S. 122; zur Kritik am Essentialismus der deutschen Fürsorgewissenschaft bereits J. Matthes, Gesellschaftspolitische Konzeptionen im Sozialhilferecht, Stuttgart 1964.
2 Die entscheidende Anregung für die Entwicklung dieser Strukturmodelle verdanke ich dem Aufsatz von Niklas Luhmann, Formen des Helfens im Wandel gesellschaftlicher Bedingungen; hier wird aus systemtheoretischer Perspektive Helfen als Problem des zeitlichen Ausgleichs von Bedürfnissen und Kapazitäten bestimmt und davon ausgehend die Formenvielfalt beleuchtet; in: Gesellschaftliche Perspektiven der Sozialarbeit 1, a.a.O., S. 21-43.
3 Es versteht sich von selbst, daß die den Struktur-Typen zugrunde liegenden unterschiedlichen gesellschaftlichen Differenzierungs- und Entwicklungsniveaus nicht auf einen einfachen linearen Entwicklungsprozeß (oder ein Stufenschema) verweisen, der zugleich als Fortschrittsentwicklung interpretiert werden kann; vgl. zur historischen Gebundenheit der Entwicklungskategorie, Norbert Elias, Zur Grundlegung einer Theorie sozialer Prozesse, in: Zeitschrift für Soziologie, 6. Jg., 1977, H. 2, S. 127-149.
4 vgl. Alvin Gouldner, The Norm of Reciprocity: A Preliminary Statement, in: American Sociological Review, Vol. 25, 1960, No. 2, S. 161 ff.
5 Marcel Mauss, Die Gabe, Frankfurt 1968.
6 Bronislaw Malinowski, Der Ringtausch von Wertgegenständen auf den Inselgruppen Ost-Neuguineas, in: Gesellschaften ohne Staat, Bd. 1: Gleichheit und Gegenseitigkeit, hrsg. von Fritz Kramer u. Christian Sigrist, Frankfurt 1978, S. 57-69.
7 M. Mauss, a.a.O., S. 64.
8 vgl. N. Luhmann, Formen des Helfens, a.a.O., S. 40, Anm. 19.
9 M. Mauss, a.a.O., S. 56.
10 Ebenda, S. 55, Anm. 21.
11 Alfred Sohn-Rethel, Geistige und körperliche Arbeit, Frankfurt 1972, S. 142 f.
12 vgl. Jacob Grimm, Über Schenken und Geben, in: Kleinere Schriften, Bd. II, Berlin 1865, S. 191 ff.
13 gefunden in A. Gouldner, Reziprozität und Autonomie, Frankfurt 1984, S. 116, Anm. 47.
14 A. Sohn-Rethel, a.a.O., S. 66.
15 vgl. M. Mauss, a.a.O., S. 82 f.
16 vgl. A. Gouldner, The Norm of Reciprocity, a.a.O., S. 175.
17 B. Malinowski, Argonauten des westlichen Pazifik, Frankfurt 1979, S. 218.
18 M. Mauss, a.a.O., S. 79.
19 Ebenda, S. 80.
20 vgl. Georges Bataille, Die Aufhebung der Ökonomie, München 1975, S. 9-31.
21 Gerd Bergfleth, Theorie der Verschwendung, in: G. Bataille, a.a.O., S. 301.
22 M. Mauss, a.a.O., S. 92.
23 Ebenda, S. 86.
24 G. Bataille, a.a.O., S. 19.
25 Ruth Benedict, Patterns of Culture, Boston 1934, abgedr. in: Irenäus Eibl-Eibesfeld, Liebe und Haß, München 1976, 6. Aufl., S. 233.
26 M. Mauss, a.a.O., S. 158. "Wer schenkt, spendiert, einlädt, ist der Überlegenere, Mächtigere. Wer beschenkt wird, hat zwar den Vorteil, einen Wert zu erhalten, ohne dafür zu zahlen; doch andererseits zahlt er doch dafür, nämlich als der Passive, Empfangende dazustehen. Kinder und Frauen, die in unserer Gesellschaft Machtlosigkeit und Passivität ver-

körpern, werden aus eben diesem Grund am meisten beschenkt."; Wolfgang Schivelbusch, Das Paradies, der Geschmack und die Vernunft, München, Wien 1980, S. 186.
27 vgl. M. Mauss, a.a.O., S. 98.
28 vgl. ebenda, S. 89, Anm. 141.
29 Georges Balandier, Zwielichtiges Afrika, Stuttgart 1959, S. 231.
30 Ebenda, S. 232.
31 vgl. G. Bergfleth, Nachwort zu Jean Baudrillard, Der symbolische Tausch und der Tod, München 1982, S. 371.
32 vgl. W. Schivelbusch, a.a.O., S. 186.
33 G. Bergfleth, Theorie der Verschwendung, a.a.O., S. 300.
34 vgl. N. Luhmann, Formen des Helfens, a.a.O., S. 28.
35 vgl. A. Gouldner, The Norm of Reciprocity, a.a.O., S. 165 ff.
36 M. Mauss, a.a.O., S. 101.
37 G. Bergfleth, Theorie der Verschwendung, a.a.O., S. 300 f.
38 vgl. H. Scherpner, a.a.O., S. 122.
39 vgl. M. Mauss, a.a.O., S. 17 f.
40 vgl. Otker Bujard, Ulrich Lange, Armut im Alter, Weinheim, Basel 1978, S. 183.
41 vgl. W. Schivelbusch, a.a.O., S. 181 ff.; vgl. auch Claude Lévi-Strauss, Die elementaren Strukturen der Verwandtschaft, Frankfurt 1981, S. 115 f.

Anmerkungen zu Kapitel 2.2:   Das Almosen

1 vgl. Werner Hofmann, Grundelemente der Wirtschaftsgesellschaft, Reinbek 1969, S. 46-48.
2 vgl. A. Gouldner, Reziprozität und Autonomie, a.a.O., S. 132.
3 vgl. N. Luhmann, Formen des Helfens, a.a.O., S. 29; die historisch sich ausdifferenzierenden Fürsorgeleistungen der Könige und Priester, im Begriff des "sozialen Königtums" (W. Weber) idealisiert, sind die Gegenleistung für die Unterwerfung des Armen unter die Macht.
4 vgl. Thomas Fischer, Städtische Armut und Armenfürsorge im 15. und 16. Jahrhundert, Göttingen 1979, S. 50 ff.
5 vgl. H. Scherpner, a.a.O., S. 33 f.
6 Th. Fischer, a.a.O., S. 145.
7 vgl. auch N. Luhmann, Liebe als Passion, Frankfurt 1984, 4. Aufl., S. 100 f.
8 H. Scherpner, a.a.O., S. 53.
9 zit. in ebenda, S. 153.
10 vgl. ebenda, S. 37 f. u. Anhang 1 b.
11 Ebenda, S. 38.
12 Ebenda, S. 27.
13 Gerhard Uhlhorn, Die christliche Liebestätigkeit, Stuttgart 1895, zit. in: D. Peyser, a.a.O., S. 48.
14 Th. Fischer, a.a.O., S. 143.
15 M. Mauss, a.a.O., S. 47.
16 A. Gouldner, Reziprozität und Autonomie, a.a.O., S. 144.
17 Ebenda, S. 146.
18 vgl. ebenda, S. 142.
19 vgl. Handwörterbuch des deutschen Aberglaubens, hrsg. von Hanns Bächtold-Stäubli, Berlin, Leipzig 1927, Bd. I, Stichwort: Almosen, Sp. 274 ff.
20 vgl. N. Luhmann, Formen des Helfens, a.a.O., S. 28.
21 Georg Simmel, Soziologie, Berlin 1958, 4. Aufl., S. 348.
22 Michael Nowicki, Zur Geschichte der Sozialarbeit, in: Sozialarbeit unter kapitalistischen Produktionsbedingungen, a.a.O., S. 51.

23 vgl. A. Gouldner, The Norm of Reciprocity, a.a.O., S. 168 f.
24 zit. in: D. Peyser, a.a.O., S. 22 f.
25 Siegmund Freud, Der Witz und seine Beziehung zum Unbewußten, Gesammelte Werke, Bd. 6, London 1940, S. 124 f.

Anmerkungen zum Exkurs: Zum Bedeutungswandel des Armutsbegriffs

1 Th. Fischer, a.a.O., S. 17.
2 Ebenda, S. 19.
3 vgl. Handwörterbuch der Staatswissenschaften, a.a.O., S. 926 f.
4 vgl. Ernst Köhler, Arme und Irre, Berlin 1977, bes. S. 66-77.
5 vgl. Jacques van Doorn, Über den Funktionswandel in der Sozialarbeit, in: Soziologie und Gesellschaft in den Niederlanden, hrsg. von J. Matthes, Neuwied 1965, S. 320.

Anmerkungen zu Kapitel 2.3: Die Hilfe

1 auf dessen Ausführungen ich mich wesentlich stütze; H. Scherpner, a.a.O.
2 vgl. Th. Fischer, a.a.O., S. 155 f.
3 vgl. Handwörterbuch der Staatswissenschaften, Bd. I, Stichwort: Armenwesen, a.a.O., bes. S. 935 f.
4 vgl. Th. Fischer, a.a.O., S. 150.
5 vgl. Handwörterbuch der Staatswissenschaften, a.a.O., S. 941 f.
6 vgl. Karl Marx, Das Kapital, MEW Bd. 23, Berlin 1972.
7 vgl. Heinz Steinert, Hubertus Treiber, Versuch, die These der strafrechtlichen Ausrottungspolitik im Spätmittelalter "auszurotten", in: Kriminologisches Journal, 10. Jg. 1978, H. 2, S. 81-106; die Autoren wenden sich gegen die einfache Gleichsetzung von Gesetzgebung gegen die Bettelplage und Strafvollzug und rücken demgegenüber den komplexen Mechanismus "selektiven Sanktionsverzichts" in den Blickpunkt.
8 vgl. K. Marx, a.a.O., bes. S. 741 ff.
9 Georg Wilhelm Friedrich Hegel, Grundlinien der Philosophie des Rechts, § 240, zit. nach: Sämtliche Werke, 7. Bd., Stuttgart 1952, 3. Aufl.
10 Domingo de Soto: "Es wäre viel weniger schlimm, wenn man zwanzig Strolchen und Vagabunden das Betteln erlaubte, nur um vier legitimen Armen, die sich darunter befinden, dieses Recht nicht zu entziehen, als vieren ihr legitimes Recht zum Betteln zu nehmen, damit es auch die zwanzig Strolche verlieren."; zit. in: Th. Fischer, a.a.O., S. 153.
11 vgl. ebenda, S. 233 f.
12 Ebenda, S. 245.
13 Als Zeichen für "unwürdigen", betrügerischen Bettel galt beispielsweise, wenn Bettler "vil geblumter wort ... und das maul wol brauchen ... die sind on zweifel falsch und nit gerecht"; zit. in: H. Scherpner, a.a.O., S. 55, Anm. 32.
14 Th. Fischer, a.a.O., S. 180.
15 H. Scherpner, a.a.O., S. 30.
16 Michel Foucault, Wahnsinn und Gesellschaft, Frankfurt 1973, S. 89.
17 G.W.F. Hegel, Grundlinien der Philosophie des Rechts, § 245, a.a.O.
18 vgl. K. Marx, a.a.O.
19 vgl. Francois Perroux, Zwang, Tausch, Geschenk, Stuttgart 1961.
20 vgl. Gero Lenhardt, Claus Offe, Staatstheorie und Sozialpolitik, in: KZfSS, SH 19, 1977, S. 98-127.
21 Die Rede von der zunehmenden Pädagogisierung der Sozialarbeit ist insofern ungenau, als Erziehung immer ein zentrales, den Hilfe-Typus konsti-

tuierendes Strukturelement war, wie die Differenz zum Almosen erst deutlich macht; vgl. z.B. Thomas Blanke, Ch. Sachße, Theorie der Sozialarbeit, in: Politische Produktivität der Sozialarbeit, a.a.O., S. 16 ff.
22 H. Scherpner, a.a.O., S. 97.
23 vgl. M. Foucault, Überwachen und Strafen, Frankfurt 1977.
24 vgl. Th. Fischer, a.a.O., S. 291 ff.
25 zit. in: H. Scherpner, a.a.O., S. 1o6.
26 zit. in: ebenda, S. 1o7; und entsprechend für die gegenwärtige methodenangeleitete Sozialarbeit z.B. Ruth Bang: "Ob jeweils Case-work geschieht, wird vor allem durch die Frage entschieden, ob die betreffende Hilfsmaßnahme - und handele es sich dabei auch um eine gewaltsame, gegen den Willen des Klienten durchgeführt - auf Grund einer entsprechenden Fall-Diagnose geschieht."; Hilfe zur Selbsthilfe für Klient und Sozialarbeiter, München, Basel 1963, 2. Aufl., S. 17.
27 vgl. Norbert Elias, Über den Prozeß der Zivilisation, Bd. 1 u. 2, Frankfurt 1977, 4. Aufl.
28 Wenn Ernst-Günther Skiba darauf hinweist, daß die Not-Hilfe-Relation Kennzeichen jeglicher fürsorgerischen Tätigkeit ist, dann gilt das streng genommen nur für den hier dargestellten Hilfe-Struktur-Typus; vgl. E.G. Skiba, Zum Fremdbild des Sozialarbeiters, in: Gesellschaftliche Perspektiven der Sozialarbeit 2, a.a.O., S. 224.
29 A. Gouldner, Reziprozität und Autonomie, a.a.O., S. 126.

Anmerkungen zu Kapitel 3.1:   Das Strukturproblem sozialarbeiterischen Handelns

1 Ich verweise auf die bekannte materialistische Staatstheorie- und Sozialstaatsdiskussion, die hier nicht so umfassend rezipiert werden kann, wie es notwendig wäre.
2 vgl. z.B. Bernhard Blanke, Ulrich Jürgens, Hans Kastendiek, Zur neueren Marxistischen Diskussion über die Analyse von Form und Funktion des bürgerlichen Staats, in: Prokla, IV. Jg. 1974, Nr. 3, S. 51-1o2.
3 A. Sohn-Rethel, a.a.O., S. 74.
4 vgl. z.B. zur Infrastrukturdiskussion, Dieter Läpple, Staat und allgemeine Produktionsbedingungen, Berlin 1973.
5 Rolf Richard Grauhan, Rudolf Hickel, Krise des Steuerstaats?, in: dies., Krise des Steuerstaats?, Leviathan, SH 1, 1978, S. 14.
6 vgl. ebenda, S. 11.
7 vgl. auch O. Bujard, U. Lange, a.a.O., S. 186.
8 vgl. N. Luhmann, Lob der Routine, in: Verwaltungsarchiv, 55. Bd. 1964, H. 1, S. 8 f.
9 Ich verwende hier den trennschärfer zwischen Verberuflichung/Expertisierung und Professionalisierung unterscheidenden Professionalisierungsbegriff; vgl. den Exkurs: Professionalisiertes Handeln.
1o Jürgen Habermas, Erkenntnis und Interesse, Frankfurt 1968, S. 3o5 f.
11 vgl. auch G. Bergfleth, Theorie der Verschwendung, a.a.O., S. 339 f.
12 Timm Kunstreich spricht von "intendierter Symmetrie"; in: Der institutionalisierte Konflikt, Offenbach 1977, 2. Aufl., S. 121 ff.; und nur auf der Ebene der Absichten und mentalen Repräsentanz des Helfens findet sich der Begriff der Reziprozität; er ist aber in keinem Fall eine zentrale Kategorie der Sozialarbeiter-Klient-Beziehung, wie Knieschewski meint; Elmar Knieschewski, Sozialarbeiter und Klient, Weinheim, Basel 1978.
13 Mit dieser auf Handlungsstrukturen rekurrierenden Perspektive folge ich teilweise der These U. Oevermanns, der das Strukturproblem der Sozial-

arbeit als eines sich wechselseitig ausschließender Logiken therapeutischen und juristischen Handelns behauptet. Trotz dieses weiterführenden Ansatzes bleiben aber eine Reihe von Fragen offen und Probleme ungeklärt, die hier nicht behandelt werden können; vgl. auch den Exkurs: Professionalisiertes Handeln.
14 vgl. zu dieser Problematik auch U. Oevermann, Professionalisierung der Pädagogik - Professionalisierbarkeit pädagogischen Handelns, Vortragsmitschrift, Sommersemester 1981, FU Berlin, S. 24 f.
15 vgl. Stephan Leibfried, Vorwort zu: Frances F. Piven, Richard A. Cloward, Regulierung der Armut, Frankfurt 1977, bes. S. 5o-64.
16 Rechtssprechung Bundesverfassungsgericht: Kein Aussageverweigerungsrecht für Sozialarbeiter, in: Sozialpädagogische Korrespondenz Nr. 26, 1972, abgedr. in: Arbeitsfeldmaterialien zum Sozialbereich, Sozialarbeit zwischen Bürokratie und Klient, Offenbach 1978, S. 5o.
17 vgl. Talcott Parsons, Recht und soziale Kontrolle, in: KZffS, SH 11, 1967, S. 13o.
18 vgl. Grundbegriffe und Methoden der Sozialarbeit, hrsg. von Walter Andreas Friedländer und Hans Pfaffenberger, Neuwied, Berlin 1974, 2. Aufl., S. 19 ff. und die einschlägige Methodenliteratur.
19 vgl. Arbeitsgruppe 5, 333 "Soziale Fälle", Freiburg 1976, 2. Aufl., S. 169; Funktion und Ideologie des Sozialstaates (I) - Sozialarbeit zwischen Bürokratie und Klient -, in: Sozialpädagogische Korrespondenz Nr. 7, 197o, abgedr. in: Arbeitsfeldmaterialien, a.a.O., S. 99.
2o vgl. Arbeitsgruppe 5, a.a.O., S. 169.
21 vgl. Giselher Rüpke, Der verfassungsrechtliche Schutz der Privatheit, Baden-Baden 1976.
22 vgl. Eduard Parow, Die Dialektik des symbolischen Austauschs, Frankfurt 1973, S. 121 ff.
23 vgl. J. Matthes, Sozialarbeit als soziale Kontrolle?, a.a.O., S. 124.
24 Von hier aus sind Thesen, die die Sozialarbeit als "quasi willfähriges Ausführungsorgan bestimmter Machteliten" darstellen, nicht haltbar; vgl. E. Knieschewski, Sozialarbeiter und Klient, a.a.O., S. 18.
25 vgl. T. Parsons, Recht und soziale Kontrolle, a.a.O., S. 128 f.

Anmerkungen zum Exkurs: Professionalisiertes Handeln

1 Im folgenden wird der von U. Oevermann und einem Kreis von Mitarbeitern und Studenten betriebene Versuch, die klassische soziologische Professionalisierungstheorie zu reformulieren, referiert. Die Schlußfolgerungen im Hinblick auf die Bestimmung des Handlungsproblems der Sozialarbeit können jedoch nicht uneingeschränkt geteilt werden; insbesondere wäre auch zu prüfen, ob die darin enthaltene implizite Annahme, daß das soziale Kontrollhandeln der Sozialarbeit strukturell gleichzusetzen sei mit der Logik normenbestandssetzenden Rechtshandelns, zutreffend ist. Diese Vorbehalte erklären auch den neuen Status des Exkurses, der diesem Abschnitt in der überarbeiteten Fassung zugewiesen wurde. Dennoch bietet dieser Theorieversuch vor allem mit Blick auf die Logik therapeutischen Handelns eine nützliche heuristische Kontrastfolie für die Analyse sozialarbeiterischen Handelns.
2 vgl. Thomas Humphrey Marshall, The Recent History of Professionalism in Relation to Social Structure and Social Policy, in: ders., Class, Citizenship and Social Development, New York 1963.
3 vgl. T. Parsons, Recht und soziale Kontrolle, a.a.O.; ders., Struktur und Funktion der modernen Medizin, in: KZfSS, SH 3, 1968, S. 1o-57; ders., Die akademischen Berufe und die Sozialstruktur, in: ders., Beiträge zur soziologischen Theorie, hrsg. u. eingel. von Dietrich Rüsche-

meyer, Neuwied, Berlin 1964, S. 16o-179.
4 vgl. U. Oevermann, Professionalisierung der Pädagogik, a.a.O., S. 3.
5 Protokoll vom 28.11.1979 zum Seminar von U. Oevermann: Rekonstruktion sozialer Deutungsmuster anhand von Dokumenten des Alltagslebens, Frankfurt, Wintersemester 1979/8o, S. 4.
6 U.Oevermann, Professionalisierung der Pädagogik, a.a.O., S. 27.
7 J. Habermas, a.a.O., S. 289.
8 Ebenda, S. 289.
9 Protokoll vom 2./3.2.198o zum Seminar: Rekonstruktion ..., a.a.O., S. 4.
lo mündliche Ausführung von U. Oevermann.

Anmerkungen zu Kapitel 3.2: Genese und Funktion des Hilfe-Selbstverständnisses

1 vgl. zum Deutungsmusteransatz, U. Oevermann, Zur Analyse der Struktur von sozialen Deutungsmustern, unveröffentlichtes Manuskript, Berlin 1973.
2 vgl. Lothar Hack, H.G. Brose u.a., Leistung und Herrschaft, Frankfurt 1979, S. 8 f.
3 vgl. U. Oevermann, Zur Analyse ..., a.a.O., S. 11.
4 entsprechend bleiben die Ausführungen dieses Abschnittes notwendig vage; hier soll nur die Richtung für weitere Untersuchungen angedeutet werden.
5 M. Foucault, Mikrophysik der Macht, Berlin 1976, S. 97.
6 vgl. H. Scherpner, a.a.O., S. 9o.
7 vgl. D. Peyser, a.a.O., S. 6o; allein in London soll es 1784 7o5 solcher Gesellschaften gegeben haben. Im deutschen Raum erfolgten die Gründungen vor allem im Nordwesten; vgl. ebenda, S. 6o.
8 "Zunächst ist diese 'Delicatesse', diese Sensibilität und das besonders entwickelte Gefühl für 'Peinliches' unterscheidendes Merkmal kleiner, höfischer Kreise, dann der höfischen Gesellschaft. ... Worauf sie sich gründet, und warum die 'Delicatesse' gebietet, dies zu tun und jenes zu lassen, wird nicht gesagt und nicht gefragt. Was sich sehen läßt, ist einfach, daß die 'Delicatesse' oder anders ausgedrückt, die Peinlichkeitsschwelle vorrückt."; N. Elias, Über den Prozeß der Zivilisation, Bd. 1, a.a.O., S. 154.
9 Adolph Freiherr von Knigge, Über den Umgang mit Menschen, Hannover 1788, reprographischer Nachdruck Darmstadt 1976, S. 265 f.
lo Ebenda, S. 166.
11 vgl. G. Simmel, a.a.O., S. 348; Erving Goffman, Interaktionsrituale, Frankfurt 1975, S. 35, Anm. 22.
12 1899 wurde ein erster Jahreskurs für Frauen eingerichtet, der für die Arbeit in der Wohlfahrtspflege ausbildete. 19o5 wurde die "Christlich-Soziale Frauenschule" in Hannover gegründet; 19o8 die "Soziale Frauenschule" in Berlin; bis 1919 waren 26 Ausbildungsstätten entstanden; vgl. M. Nowicki, a.a.O., S. 77.
13 vgl. Horst Eberhard Richter, Lernziel: Verantwortung für den Nächsten, in: Die Zeit v. 14.3.198o, S. 16.
14 wie es noch in modernen, gegen die "kalte" berufliche Arbeit protestierende Titel durchscheint: der "engagierte Dialog" wird gefordert; das "befohlene Desinteresse" beklagt.
15 Nicht zufällig enden Diskussionen um Veränderungsnotwendigkeiten und -strategien und um Verzicht auf die Hilfe-Moral gewöhnlich mit dem Einwand: Es geht doch um Menschen!
16 Insofern irrt Peters, wenn er schreibt, daß die Berufsstruktur des Arztes oder Anwaltes die Helferrolle begründen kann; diese erbringen funk-

tionsspezifische Problemlösungen und keine Hilfe; vgl. H. Peters, Die mißlungene Professionalisierung der Sozialarbeit, in: KZfSS, 22. Jg. 1970, H. 2, S. 350 f.

17 das gilt natürlich auch für subjektive Rekonstruktionen ingenieuraler Tätigkeiten oder bürokratischen Regeln folgendes Handeln.

Anmerkungen zu Kapitel 4: Material und Kapitel 5: Methoden

1 Angesichts der relativen Unspezifizität des Berufs, die es in vielen Bereichen erlaubt, daß Lehrer, Diakone, Psychologen, Pädagogen u.a. in gleicher Weise wie gelernte Sozialarbeiter Sozialarbeit "machen", scheint dies ein lediglich formales Abgrenzungskriterium zu sein. Es wird gleichwohl zur klaren Eingrenzung des Untersuchungsgegenstandes verwendet, da es einen unverfälschten Einblick in die Handlungsvollzüge des Sozialarbeiters und seiner beruflichen Qualifikation und in das primär an diesen gelernten Beruf gebundene Hilfe-Selbstverständnis ermöglicht.

2 Wie bereits erwähnt sind die Sozialarbeiter erst nach Abschluß der vollständigen Auswertung des gesamten empirischen Materials über die Ergebnisse unterrichtet worden. Für die Interviewsituation resultierte daraus eine erhebliche Verunsicherung und Belastung, da ich als Interviewerin über ihr faktisches Handeln Kenntnis hatte, sie über dieses Wissen jedoch nicht verfügten. Sie befanden sich (subjektiv) ständig in Gefahr, bei Widersprüchen "etappt" zu werden.

3 vgl. zur Technik qualitativer Interviews, Christel Hopf, Die Pseudo-Exploration - Überlegungen zur Technik qualitativer Interviews, in: Zeitschrift für Soziologie, 7. Jg. 1978, H. 2, S. 97-115; Martin Kohli, "Offenes" und "geschlossenes" Interview: Neue Argumente zu einer alten Kontroverse, in: Soziale Welt, 29. Jg. 1978, H. 1, S. 1-25.

4 vgl. etwa Peter Birke, Hubertus Hüppauff, Dörte Funke, Eckhard Benecke, Gerda Kasakos, Jugendhilfeforschung - Ansätze, Prozesse, Erfahrungen, München 1975, S. 164 f. P. Birke schildert hier in bemerkenswerter Offenheit die Schwierigkeiten des Kontaktes zwischen den von außen kommenden Wissenschaftlern und "untersuchten" Sozialarbeitern.

5 vgl. Ulrich Oevermann, Tilmann Allert, Elisabeth Konau, Jürgen Krambeck, Die Methodologie einer "objektiven Hermeneutik" und ihre allgemeine forschungslogische Bedeutung in den Sozialwissenschaften, in: Interpretative Verfahren in den Sozial- und Textwissenschaften, hrsg. von Hans-Georg Soeffner, Stuttgart 1979, S. 352-434; U. Oevermann, T. Allert, E. Konau, Zur Logik der Interpretation von Interviewtexten, in: Interpretationen einer Bildungsgeschichte, hrsg. von Thomas Heinze, Hans W. Klusemann u. Hans-Georg Soeffner, Bensheim 1980, S. 15-69; U. Oevermann u.a., Beobchtungen zur Struktur der sozialisatorischen Interaktion, in: Seminar: Kommunikation Interaktion Identität, hrsg. von Manfred Auwärter, Edit Kirsch und Klaus Schröter, Frankfurt 1976, S. 371-403; Manfred Küchler, Qualitative Sozialforschung: Modetrend oder Neuanfang?, in: KZfSS, 32. Jg. 1980, H. 2, S. 373-386.

6 vgl. etwa Christa Hoffmann-Riem, Die Sozialforschung einer interpretativen Soziologie - Der Datengewinn, in: KZfSS, 32. Jg. 1980, H. 2, S. 339-372; Gerhard Kleining, Umriß zu einer Methodologie qualitativer Sozialforschung, in: KZfSS, 34. Jg. 1982, H. 2, S. 224-253.

7 Das Zufallsverfahren bestand trivialerweise darin, daß die Seitenzählung des Interaktionstransskripts auf Zettel übertragen wurde und aus diesen "Losen" dann "blind" eines gezogen wurde. Die der darauf notierten Zahl entsprechende Seite wurde dann interpretiert.

8 vgl. U. Oevermann, T. Allert, E. Konau, a.a.O.

Anmerkungen zu Kapitel 6: Fall 1: Frau M.

1 Alle Namen und Daten von Personen, Institutionen und Orten sind chiffriert oder verändert worden, um eine Identifizierung auszuschließen. Sinnentstellungen sind dadurch nicht entstanden.
Zur Verschriftung: Die Interakte sind mit der ersten Ziffer beginnend chronologisch durchgezählt. Der Buchstabe bezeichnet den Sprecher; die darauf folgende Zahl zählt die Interakte der jeweils sprechenden Person. Nicht genau Verständliches ist entweder durch Auslassung und Fragezeichen: (?) oder Wiedergabe des vermuteten Textes einschließlich Fragezeichen: (oder: "weggehst" ?) gekennzeichnet. Kurze Sprechpausen innerhalb eines Interaktes sind mit einem Gedankenstrich; (-); lange Pausen mit zwei: (- -) Gedankenstrichen markiert. Pausen zwischen den Interaktfolgen, z.B. bei Sprecherwechsel, sind entsprechend bezeichnet: (Pause). Hinter den Äußerungen in Klammern gesetzte Bemerkungen oder Kommentare beziehen sich auf eindeutig identifizierbare Besonderheiten von Sprechweise und Intonation, z.B.: (leise gesprochen).
2 vgl. Harold Garfinkel, Das Alltagswissen über soziale und innerhalb sozialer Strukturen, in: Alltagswissen, Interaktion und gesellschaftliche Wirklichkeit, Bd. 1, hrsg. von einer Arbeitsgruppe Bielefelder Soziologen, Reinbek 1973, S. 2o4 f.
3 vgl. den Exkurs: Professionalisiertes Handeln
4 vgl. kontrastiv Fall 4.
5 vgl. S. 27.
6 vgl. zu dieser Objektivierungstechnik, H. Peters, H. Cremer-Schäfer, a.a.O., S. 65.
7 z.B. bei mental beeinträchtige Klienten, bei Kindern oder auch in akuten Not- und Gefahrensituationen, in denen stellvertretend gehandelt werden muß.
8 Wörterbuch der deutschen Gegenwartssprache, hrsg. von Ruth Klappenbach u. Wolfgang Steinitz, Berlin 1967, Bd. 2, S. 119o.
9 Daniel Sanders, Wörterbuch der Deutschen Sprache, Leipzig 1876, Bd. 1, S. 388.
1o Die Interpretation der Metapher verdanke ich in wesentlichen Teilen Prof. Dr. U. Oevermann.
11 vgl. dagegen Fall 4.
12 "In unserem Beruf haben wir aus jahrelanger Erfahrung mit vielen Klienten und Einrichtungen die Überzeugung gewonnen, daß jede Bitte um Hilfe bei einer sozialen Dienststelle psychologischer Natur ist. Auch wenn der Klient eine konkrete Hilfe in Form materieller Unterstützung erbittet, kann angenommen werden, daß dahinter irgendein Unbehagen steckt ..."; Felix Biestek, Wesen und Grundsätze der helfenden Beziehung in der sozialen Einzelhilfe, Freiburg i. Br. 1968, S. 21.
13 Die Seitenangaben beziehen sich auf das verschriftete Interview.
14 vgl. Marvin B. Scott, Stanford M. Lyman, Verantwortungen, in: Symbolische Interaktion, hrsg. von H. Steinert, Stuttgart 1973, S. 3oo.
15 vgl. Harvey Sacks, The Search for Help: No One To Turn To, in: E.S. Shneidman (ed), Essays in Self-Destruction, New York 1967, S. 2o3-223.
16 vgl. zur Allparteilichkeit in der Familientherapie, Helm Stierlin u.a., Das erste Familiengespräch, Stuttgart 1977, S. 4o.
17 vgl. S. 94.
18 vgl. Günter Burkart, Strukturprobleme universitärer Sozialisation, Dissertation Frankfurt 198o, bes. S. 2o2-2o5.

19 Auf die hochgradig ambige Bedeutung des verwendeten Terminus "hilfebetroffen" gehe ich hier nicht ein. Er steht in einer Linie mit gängigen Bezeichnungen wie "Hilfsmaßnahme", "Hilfeprozeß", "Hilfevollzug" (wem wird da der Prozeß gemacht? an wem die Hilfe vollzogen?) und thematisiert implizit den aus dem Strukturkonflikt resultierenden iatrogenetischen, d.h. problemverschärfenden Effekt des beruflichen Handelns. Ein ähnliches Datum findet sich in Fall 2 ("erglimmen"); vgl. S. 122.
20 Nicht zufällig verwenden die in der Sozialarbeit verbreitet eingesetzten therapeutischen Methoden ähnliche, monadenhafte Bilder; Ruth C. Cohn: "Sei dein eigener Chairman und bestimme, wann du reden oder schweigen willst und was du sagst."; Friedrich S. Perls: "Ich mache meine Sache und du machst deine Sache."
21 Die Textstelle ist einem Interview entnommen, da in der vorliegenden Arbeit nicht verwendet wurde.
22 "wir": Solidarität im Hinblick auf die Überforderung und Überlastung durch den Beruf; aber: Konkurrenz in Richtung erfolgreiche Arbeit; vgl. auch S. 94.
23 "zum wesen des schenkens gehört, dasz der empfänger die gabe sich gefallen lasse, da keinem wider seinen willen ein geschenk aufgedrungen werden kann.";J. Grimm, a.a.O., S. 174.

Anmerkungen zu Kapitel 7: Fall 2: Herr S.

1 Analog der von Goffman beschriebenen "gesteigerten Zugänglichkeit zwischen den Partizipanten einer Begegnung", die durch ein Begrüßungsritual markiert wird, kann für 1 S 1 eine gleiche Signalfunktion angenommen werden; vgl. E. Goffman, Der bestätigende Austausch, in: Seminar: Kommunikation Interaktion Identität, a.a.O., S. 48.
2 vgl. zum Problem des "Geschichten-erzählens" von häufig vereinsamten Amtsbesuchern, Uta Quasthoff, Eine interaktive Funktion von Erzählungen, in: Interpretative Verfahren in den Sozial- und Textwissenschaften, a.a.O., S. 104-126.
3 Dieser Kontext entspricht der von Stephan Leibfried beschriebenen passiven Institutionalisierung der Leistungsverwaltung, die von der Voraussetzung ausgeht, daß die individuelle Reproduktion gesichert ist. "Der Anspruchsberechtigte muß selbst aktiv werden, sein Recht anmelden, sich als Störquelle bemerkbar machen, um eine Verwaltungsentscheidung zu seinen Gunsten zu erwirken, die ihn als Störfaktor 'ausschaltet'"; S. Leibfried, a.a.O., S. 55.
4 vgl. Werner Kallmeyer, Fritz Schütze, Konversationsanalyse, in: Studium Linguistik 1, Kronberg 1976, S. 14 f.
5 Man denke z.B. an den Arzt, der auch bei überfülltem Wartezimmer den einzelnen Patienten weitgehend entsprechend seinen Handlungsregeln behandeln muß. So kann er nicht bestimmte diagnostische Schritte aus Zeitmangel unterlassen.
6 vgl. zur schlechten ökonomischen und sozialen Lage der Alleinerziehenden, insbesondere der ledigen Mütter, Sophie Behr, Helga Häsing, "Ich erziehe allein", Reinbek 1980, S. 84 ff; Anette Engfer, Scheidung und Trennung als Problem alleinerziehender Eltern, Frankfurt 1979.
7 vgl. S. 59.
8 vgl. zur Filterung von Leistungsansprüchen, S. Leibfried, a.a.O., S. 52 ff.
9 vgl. Heinrich A. Henkel, Franz Pavelka, Der Wohlfahrtsstaat wird nicht geplündert, in: päd. extra sozialarbeit, 5. Jg. 1981, H. 2, S. 40.
10 vgl. Birgit Stolt, Ein Diskussionsbeitrag zu mal, eben, auch, doch aus kontrastiver Sicht (Deutsch-Schwedisch), in: Die Partikeln der deut-

schen Sprache, hrsg. von Harald Weydt, Berlin 1979, S. 479-487.
11 Ohne mehr darüber zu wissen, vermute ich, daß der von H.A. Henkel verwendete Begriff des "Wohlfahrtsstaatlichen Paradoxons" auf makrosozialer Ebene genau dem entspricht, was unabhängig davon bei der Analyse dieses Falls als Strukturmerkmal gefunden und mit "Paradoxie von Leistungsversprechen und Leistungszurückhaltung" bezeichnet wurde.
12 vgl. hierzu auch die Ergebnisse einer UNO-Expertentagung zum Problem der Inanspruchnahme und des Mißbrauchs sozialer Einrichtungen und Leistungen: "Alle Experten, von denen einige statistisches Beweismaterial vorlegten, waren sich einig, daß nur ein kleiner Bruchteil der Empfänger von sozialen Leistungen Betrug oder Mißbrauch begeht (typischerweise 1 % bis 3 %)." (Im Original fett gedruckt); H.A. Henkel, F. Pavelka, Der Wohlfahrtsstaat wird nicht geplündert, a.a.O., S. 39 f.
13 vgl. Adolph Freiherr von Knigge, a.a.O., S. 265 f.
14 vgl. G. Simmel, a.a.O., S. 265.
15 vgl. H. Steinert, "Alternativ"-Bewegung und Sozialarbeit oder wie "der Staat" die Probleme enteignet und warum man ihn trotzdem nicht einfach rechts liegen lassen kann, in: Info Sozialarbeit 28/29, Offenbach 1981, S. 57.
16 Jacob und Wilhelm Grimm, Deutsches Wörterbuch, 4. Bd., 2. Abt., Leipzig 1877, S. 315.
17 vgl. Fall 3, S. 13o.
18 J. u. W. Grimm, Deutsches Wörterbuch, 1. Bd., Leipzig 1854, S. 4o2.
19 Mara Selvini-Palazzoli u.a., Der entzauberte Magier, Stuttgart 1978, S. 81.
2o vgl. J. Matthes, Gesellschaftspolitische Konzeptionen im Sozialhilferecht, a.a.O., S. 75.
21 Es sei nur am Rande bemerkt, daß die Bedeutung des Wortes "erglimmen" eher auf ein "die Glut schüren" verweist, als auf das von Herrn S. im Grunde gemeinte "zum Verglimmen" bringen eines Feuers. Hier scheint die vage Ahnung durch, mit dem beruflich-helfenden Handeln zur Problemverschärfung beizutragen; vgl. auch S. 88.
22 vgl. G. Simmel, a.a.O., S. 356.
23 vgl. auch S. 41 f.
24 In allen Interviews finden sich für die strukturell begründete Konkurrenz und Rivalität zwischen den Berufsangehörigen mehr oder weniger explizite Deutungen, die hier nicht im einzelnen behandelt werden können.
25 vgl. Kapitel 3.1.
26 In diesem Rahmen wäre auch das Problem des Datenschutzes im Sozialbereich genauer zu analysieren.
27 Erinnert sei auch an Frau M., die die Psychologen der Erziehungsberatungsstelle kritisierte, weil diese selbst dann noch schweigen, wenn ein Kind mißhandelt wird.
28 vgl. T.Parsons, Recht und soziale Kontrolle, a.a.O., S. 13o.
29 vgl. S. 22.
3o vgl. hierzu bereits Don H. Zimmermann, Tasks and Troubles, in: D.A. Hansen (ed), Explorations in Sociology and Counseling, Boston 1969, S. 26o.
31 vgl. D.H. Zimmermann, Record keeping and the intake process in a public welfare agency, in: Stanton Wheeler (ed), On Record: Files and Dossiers in American Life, New York 197o, S. 324.

Anmerkungen zu Kapitel 8: Fall 3: Herr P.

1 Ich erinnere an die Interpretation des "Hammers" im Rahmen der Falldarstellung 2, S. 113.
2 Die Sitzung fand im Oktober 1981 statt. Angesprochen sind die im Rahmen

des Haushaltsstrukturgesetzes der damaligen SPD/FDP - Koalition vorgesehenen Sparmaßnahmen im Sozialbereich.
3 vgl. Ruth C. Cohn, Von der Psychoanalyse zur themenzentrierten Interaktion, Stuttgart 1978.
4 vgl. N. Elias, Über die Beziehung zwischen Außenseitern und Etablierten, Vorlesung im Sommersemester 1978 an der Universität Frankfurt.
5 vgl. Ilona Kickbusch, Von der Zerbrechlichkeit der Sonne, in: Info Sozialarbeit 28/29, a.a.O., S. 73.
6 Abweichend von den übrigen Falldarstellungen wird hier die Fallrekonstruktion durch den Sozialarbeiter gleichzeitig mit der allgemeinen Analyse seines Deutungsmusters verbunden.
7 Gegen die Praxis der Sozialämter, das Kindergeld als Einkommen auf den errechneten Bedarf eines Leistungsempfängers anzurechnen, fand im Herbst 1979 eine bundesweite Kundgebung und Demonstration in Bonn statt.
8 Ich verweise auf die S. 13o zitierte Äußerung 79 S 25; vor dem Hintergrund der "eigentlich" angestrebten Mobilisierung der Armen gelingt dem Sozialarbeiter nur ein eingeschränktes Lob (der objektiven Textbedeutung nach).
9 vgl. S. 94.
1o vgl. Margarete Tjaden-Steinhauer, Karl Hermann Tjaden, Klassenverhältnisse im Spätkapitalismus, Stuttgart 1973, S. 39 ff.

Anmerkungen zu Kapitel 9: Fall 4: Frau T.

1 vgl. Georges Devereux, Angst und Methode in den Verhaltenswissenschaften, München o.J.
2 vgl. J. Habermas, a.a.O., S. 287 f.
3 vgl. Walter Schraml, Ebenen des klinischen Interviews, in: Person als Prozeß, hrsg. von K.J. Groffmann und K.H. Wewetzer, Bern, Stuttgart 1968, S. 161.
4 vgl. hierzu Erhard Kürzler, Ingeborg Zimmermann, Die Eröffnung des Erstinterviews, in: Psyche XIX, 1965, S. 68-79.

Literaturverzeichnis

1. Gesetzestexte und Kommentare

Friedeberg/Polligkeit/Giese, Das Gesetz für Jugendwohlfahrt, Kommentar, Köln, Berlin, Bonn, München 1972, 3. neubearb. Aufl.
Gesetzessammlung für die Sozialarbeit, hrsg. vom Bundesverband e.V. der Arbeiterwohlfahrt, Bonn 1975, 8. überarb. u. erw. Aufl.
Gottschick, Hermann, Giese, Dieter, Das Bundessozialhilfegesetz, Kommentar, Köln, Berlin, Bonn, München 1981, 7. Aufl.
Schellhorn, Walter, Jirasek, Hans, Seipp, Paul, Das Bundessozialhilfegesetz, Kommentar, Neuwied, Darmstadt 1981.

2. Darstellungen

Adato, Albert, Alltägliche Ereignisse - ungewöhnlich erfahren. Eine vergleichende Untersuchung von Erfahrungen des Abschiednehmens, in: Ethnomethodologie, a.a.O., S. 179-2o2.
Alltagswissen, Interaktion und gesellschaftliche Wirklichkeit, Bd. 1: Symbolischer Interaktionismus und Ethnomethodologie, hrsg. von einer Arbeitsgruppe Bielefelder Soziologen, Reinbek 1973.
Arbeitsfeldmaterialien zum Sozialbereich. Sozialarbeit zwischen Bürokratie und Klient. Dokumente der Sozialarbeiterbewegung. Sozialpädagogische Korrespondenz 1969-1973 (reprint), Offenbach 1978.
Arbeitsgruppe 5, 333 "Soziale Fälle". Eine Auseinandersetzung mit Anspruch und Wirklichkeit der Sozialarbeit am Beispiel eines Projektes in der Familienfürsorge, Freiburg 1976, 2. Aufl.
Argelander, Hermann, Das Erstinterview in der Psychotherapie, Darmstadt 197o.
Autorinnengruppe, Gefühlsarbeit. Die weiblichsten Frauen der Nation: Sozialarbeiterinnen, in: Sozialmagazin, 3. Jg. 1978, H. 9, S. 22-32.

Balandier, Georges, Zwielichtiges Afrika, Stuttgart 1959.
Bang, Ruth, Die helfende Beziehung als Grundlage der persönlichen Hilfe, München, Basel 1964.
Bang, Ruth, Hilfe zur Selbsthilfe für Klient und Sozialarbeiter, München, Basel 1963, 2. verb. Aufl.
Bataille, Georges, Die Aufhebung der Ökonomie, München 1975.
Behr, Sophie, Häsing, Helga, "Ich erziehe allein". Problemlösungen und Ermunterungen für die Erziehung ohne Partner, Reinbek 198o.
Benecke, Eckhard, Selbstverständnis und Handlungsrealität von Sozialarbeitern. Eine Fallstudie über Funktion und Praxis einer kommunalen Dienststelle, Weinheim, Basel 1979.
Bergfleth, Gerd, Theorie der Verschwendung, in: G. Bataille, a.a.O., S. 289 -4o7.
Bergfleth, Gerd, Nachwort zu Jean Baudrillard, Der symbolische Tausch und der Tod, München 1982.
Biestek, Felix, Wesen und Grundsätze der helfenden Beziehung in der sozialen Einzelhilfe, Freiburg i. Br. 1968.
Birke, Peter, Hüppauff, Hubertus, Funke, Dörte, Benecke, Eckhard, Kasakos, Gerda, Jugendhilfeforschung - Ansätze, Prozesse, Erfahrungen, München 1975.
Blanke, Thomas, Sachße, Christoph, Theorie der Sozialarbeit, in: Politische Produktivität der Sozialarbeit, a.a.O., S. 15-56.
Blanke, Bernhard, Jürgens, Ulrich, Kastendiek, Hans, Zur neueren Marxistischen Diskussion über die Analyse von Form und Funktion des bürgerlichen

Staates, in: Probleme des Klassenkampfes, H. 14/15, IV. Jg. 1974, Nr. 3, S. 51-1o2.
Blau, Peter M., Scott, W. Richard, Professionale und bürokratische Orientierungen in formalen Organisationen - dargestellt am Beispiel der Sozialarbeiter, in: Sozialarbeit als Beruf, a.a.O., S. 125-139.
Blinkert, Baldo, Berufskrisen in der Sozialarbeit, Weinheim, Basel 1979.
Blum-Maurice, Renate, Wedekind, Erhard, Zuwendung als Lohnarbeit, in: päd. extra sozialarbeit, 4. Jg. 198o, H. 6, S. 35-42.
Boehnisch, Lothar, Bedingungen sozialpädagogischen Handelns im Jugendamt, in: Zeitschrift für Pädagogik, 18. Jg. 1972, H. 2, S. 187-212.
Boehnisch, Lothar, Lösch, Hans, Das Handlungsverständnis des Sozialarbeiters und seine institutionelle Determination, in: Gesellschaftliche Perspektiven der Sozialarbeit 2, a.a.O., S. 21-4o.
Bohannan, Paul, Über Tausch und Investition bei den Tiv, in: Gesellschaften ohne Staat, a.a.O., S. 7o-84.
Bourdieu, Pierre, Zur Soziologie der symbolischen Formen, Frankfurt 1974.
Brusten, Manfred, Prozesse der Kriminalisierung - Ergebnisse einer Analyse von Jugendamtsakten, in: Gesellschaftliche Perspektiven der Sozialarbeit 2, a.a.O., S. 85-125.
Bujard, Otker, Lange, Ulrich, Armut im Alter. Ursachen, Erscheinungsformen, politisch-administrative Reaktionen, Weinheim, Basel 1978.
Burkart, Günter, Strukturprobleme universitärer Sozialisation. Eine Fallrekonstruktion am Beispiel des Medizinstudiums, Inauguraldissertation Frankfurt 198o.

Castel, Robert, Psychoanalyse und gesellschaftliche Macht, Kronberg 1976.
Cohn, Ruth C., Von der Psychoanalyse zur themenzentrierten Interaktion, Stuttgart 1978.
Corrigan, Paul, Leonard, Peter, Social Work Practice under Capitalism. A Marxist Approach, London 1978.

Danckwerts, Dankwart, Grundriß einer Soziologie sozialer Arbeit und Erziehung, Weinheim, Basel 1978.
Devereux, Georges, Angst und Methode in den Verhaltenswissenschaften, München o.J.
Doorn, Jacques van, Probleme der Professionalisierung in der Sozialarbeit, in: Soziologie und Gesellschaft in den Niederlanden, a.a.O., S. 325-336.
Doorn, Jacques van, Über den Funktionswandel in der Sozialarbeit, in: Soziologie und Gesellschaft in den Niederlanden, a.a.O., S. 319-324.
Dossow, Erich, Die Familie stinkt mir, in: päd. extra sozialarbeit, 4. Jg. 198o, H. 11, S. 45-47.

Ebert, Elisabeth, Orientierungsformen von Sozialarbeitern - Inhaltsanalytische Auswertung von Berichten der Jugendgerichtshilfe, in: Neue Praxis, 5. Jg. 1975, S. 3oo-311.
Eibl-Eibesfeldt, Irenäus, Liebe und Hass, München 1976, 6. Aufl.
Elias, Norbert, Über den Prozeß der Zivilisation, Bd. 1 u. 2, Frankfurt 1977, 4. Aufl.
Elias, Norbert, Über die Beziehung zwischen Außenseitern und Etablierten, Vorlesung im Sommersemester 1978 an der Universität Frankfurt.
Elias, Norbert, Zur Grundlegung einer Theorie sozialer Prozesse, in: Zeitschrift für Soziologie, 6. Jg. 1977, H. 2, S. 127-149.
Engfer, Anette, Scheidung und Trennung als Problem alleinerziehender Eltern, hrsg. von der Geschäftsstelle des Paritätischen Bildungswerkes - Bundesverband e.V., Frankfurt 1979.
Ethnomethodologie. Beiträge zu einer Soziologie des Alltagshandelns, hrsg. von Elmar Weingarten, Fritz Sack, Jim Schenkein, Frankfurt 1976.

Fischer, Thomas, Städtische Armut und Armenfürsorge im 15. und 16. Jahrhundert. Sozialgeschichtliche Untersuchungen am Beispiel der Städte Basel, Freiburg i. Br. und Straßburg, Göttingen 1979.
Foucault, Michel, Mikrophysik der Macht. Über Strafjustiz, Psychiatrie und Medizin, Berlin 1976.
Foucault, Michel, Überwachen und Strafen. Die Geburt des Gefängnisses, Frankfurt 1977, 2. Aufl.
Foucault, Michel, Wahnsinn und Gesellschaft, Frankfurt 1973.
Freud, Sigmund, Der Witz und seine Beziehung zum Unbewußten, Gesammelte Werke, Bd. 6., London 194o.
Frommann, Anne, Schramm, Dieter, Thiersch, Hans, Sozialpädagogische Beratung, in: Zeitschrift für Pädagogik, 22. Jg. 1976, H. 5, S. 715-741.
Funktion und Ideologie des Sozialstaates (I) - Sozialarbeit zwischen Bürokratie und Klient -, in: Sozialpädagogische Korrespondenz, Nr. 7, 197o, abgedr. in: Arbeitsfeldmaterialien zum Sozialbereich, a.a.O., S. 97-11o.

Gaertner, Adrian, Modellversuch und einige Probleme der Ausbildungsreform für Soziale Berufe, in: Politische Produktivität der Sozialarbeit, a.a.O., S. 131-157.
Garfinkel, Harold, Das Alltagswissen über soziale und innerhalb sozialer Strukturen, in: Alltagswissen, Interaktion und gesellschaftliche Wirklichkeit, Bd. 1, a.a.O., S. 189-262.
Gerhard, Lore, Über die richtige Angst und die falsche Scham. Emotionale Beziehungen zu Klienten. Bedürfnisse und Motivation in der Sozialarbeit, Lahn - Giessen 1979.
Gesellschaften ohne Staat, Bd. 1: Gleichheit und Gegenseitigkeit, hrsg. von Fritz Kramer und Christian Sigrist, Frankfurt 1978.
Gesellschaftliche Perspektiven der Sozialarbeit 1 u. 2, hrsg. von Hans-Uwe Otto u. Siegfried Schneider, Neuwied, Darmstadt 1975, 3. Aufl.
Goffman, Erving, Asyle, Frankfurt 1977, 3. Aufl.
Goffman, Erving, Der bestätigende Austausch, in: Seminar: Kommunikation Interaktion Identität, a.a.O., S. 35-72.
Goffman, Erving, Interaktionsrituale. Über Verhalten in direkter Kommunikation, Frankfurt 1975.
Goffman, Erving, Stigma, Frankfurt 1975.
Gouldner, Alvin, Reziprozität und Autonomie, Frankfurt 1984.
Gouldner, Alvin, The Norm of Reciprocity: A Preliminary Statement, in: American Sociological Review, 196o, Vol. 25, No. 2, S. 161-178.
Grauhan, Rolf Richard, Hickel, Rudolf, Krise des Steuerstaats?, in: dies., Krise des Steuerstaats?, Leviathan SH 1, 1978, S. 7-33.
Grimm, Jacob, Über Schenken und Geben, in: Kleinere Schriften, Bd. II: Abhandlungen zur Mythologie und Sittenkunde, Berlin 1865, S. 175-21o.
Grimm, Jacob und Wilhelm, Deutsches Wörterbuch, Leipzig 1854 ff.
Grundbegriff und Methoden der Sozialarbeit, hrsg. von Walter Andreas Friedländer u. Hans Pfaffenberger, Neuwied, Berlin 1974, 2. Aufl.

Habermas, Jürgen, Erkenntnis und Interesse, Frankfurt 1968.
Hack, Lothar, Brose, H.G. u.a., Leistung und Herrschaft. Soziale Strukturzusammenhänge subjektiver Relevanz bei jüngeren Industriearbeitern, Frankfurt 1979.
Handwörterbuch der Staatswissenschaften, hrsg. von Ludwig Elster, Adolf Weber u. Friedrich Wieser, Jena 1923, 4. Aufl.
Handwörterbuch des deutschen Aberglaubens, hrsg. von Hanns Bächtold-Stäubli, Berlin, Leipzig 1927.
Hegel, Georg Wilhelm Friedrich, Grundlinien der Philosophie des Rechts, Sämtliche Werke, 7. Bd., Stuttgart 1952, 3. Aufl.
Helfer, Inge, Die tatsächlichen Berufsvollzüge der Sozialarbeiter - Daten und Einstellungen, hrsg. vom Deutschen Verein für öffentliche und priva-

te Fürsorge, Frankfurt 1971.
Henkel, Heinrich A., Pavelka, Franz, Der Wohlfahrtsstaat wird nicht geplündert. Eine UNO-Expertentagung in Montreux rehabilitiert die Sozialhilfeempfänger, in: päd. extra sozialarbeit, 5. Jg. 1981, H. 2, S. 3o-41.
Hofmann, Werner, Grundelemente der Wirtschaftsgesellschaft, Reinbek 1969.
Hoffmann-Riem, Christa, Die Sozialforschung einer interpretativen Soziologie - Der Datengewinn, in: Kölner Zeitschrift für Soziologie und Sozialpsychologie, 32. Jg. 198o, H. 2, S. 339-372.
Hollstein, Walter, Grenzen und Möglichkeiten sozialpädagogischer Intervention, in: Sozialpädagogische Modelle, a.a.O., S. 13-36.
Hollstein, Walter, Hilfe und Kapital. Zur Funktionsbestimmung der Sozialarbeit, in: Sozialarbeit unter kapitalistischen Produktionsbedingungen, a.a.O., S. 167-2o7.
Hopf, Christel, Die Pseudo-Exploration - Überlegungen zur Technik qualitativer Interviews, in: Zeitschrift für Soziologie, 7. Jg. 1978, H. 2, S. 97-115.
Hüppauff, Hubertus, Kasakos, Gerda, Birke, Peter, Benecke, Eckhard, Das Urteil des Bundesverfassungsgerichtes, in: Neue Praxis, 4. Jg. 1974, H. 1, S. 7o-83; H. 2, S. 187-191.
Huvalé, Victor, Der 9. November 1938 und das Jugendamt, in: Zentralblatt für Jugendrecht und Jugendwohlfahrt, 65. Jg. 1978, H. 1o, S. 413-424.

Ich krieg's nicht auf die Reihe. Leben und Überleben in der Beziehungsarbeit, in: päd. extra sozialarbeit, 4. Jg. 198o, H. 6, S. 21-34.
Interpretative Verfahren in den Sozial- und Textwissenschaften, hrsg. von Hans-Georg Soeffner, Stuttgart 1979.

Janowitz, Morris, Wissenschaftshistorischer Überblick zur Entwicklung des Grundbegriffs "Soziale Kontrolle", in: Kölner Zeitschrift für Soziologie und Sozialpsychologie, 25. Jg. 1973, H. 3, S. 499-514.

Kallmeyer, Werner, Schütze, Fritz, Konversationsanalyse, in: Studium Linguistik 1, Kronberg 1976, S. 1-28.
Kasakos, Gerda, Familienfürsorge zwischen Beratung und Zwang. Analysen und Beispiele, München 198o.
Khella, Karam, Theorie und Praxis der Sozialarbeit und Sozialpädagogik, 1. Teil, Hamburg 1974.
Kickbusch, Ilona, Von der Zerbrechlichkeit der Sonne. Einige Gedanken zu Selbsthilfegruppen, in: Info Sozialarbeit 28/29, Offenbach 1981, S. 67-77.
Kleining, Gerhard, Umriss zu einer Methodologie qualitativer Sozialforschung, in: Kölner Zeitschrift für Soziologie und Sozialpsychologie, 34. Jg. 1982, H. 2, S. 224-253.
Knieschewski, Elmar, Sozialarbeiter und Klient. Eine empirische Untersuchung, Weinheim, Basel 1978.
Knigge, Adolph Freiherr von, Über den Umgang mit Menschen, Hannover 1788, reprografischer Nachdruck, Darmstadt 1976.
Köhler, Ernst, Arme und Irre. Die liberale Fürsorgepolitik des Bürgertums, Berlin 1977.
Kohli, Martin, "Offenes" und "geschlossenes" Interview: Neue Argumente zu einer alten Kontroverse, in: Soziale Welt, 29. Jg. 1978, H. 1, S. 1-25.
Kropotkin, Peter, Gegenseitige Hilfe in der Tier- und Menschenwelt, Leipzig 192o.
Küchler, Manfred, Qualitative Sozialforschung: Modetrend oder Neuanfang?, in: Kölner Zeitschrift für Soziologie und Sozialpsychologie, 32. Jg. 198o, H. 2, S. 373-386.
Künzler, Erhard, Zimmermann, Ingeborg, Die Eröffnung des Erstinterviews, in: Psyche XIX, 1965, S. 68-79.

Kunow, Jens, Berufsbezogene Einstellungen angehender Sozialarbeiter und Sozialpädagogen, Münster 1978, 2. Aufl.
Kunstreich, Timm, Der institutionalisierte Konflikt, Offenbach 1977, 2. Aufl.

Läpple, Dieter, Staat und allgemeine Produktionsbedingungen, Berlin 1973.
Laing, Ronald D., Die Politik der Familie, Reinbek 1979.
Laum, Bernhard, Schenkende Wirtschaft, Frankfurt 1960.
Lehrbuch der Psychosomatischen Medizin, hrsg. von Thure von Uexküll, München, Wien, Baltimore 1979.
Leibfried, Stephan, Vorwort zu: Frances F. Piven, Richard A. Cloward, Regulierung der Armut, a.a.O., S. 9-67.
Lenhardt, Gero, Offe, Claus, Staatstheorie und Sozialpolitik, in: Kölner Zeitschrift für Soziologie und Sozialpsychologie, SH 19, 1977, S. 98-127.
Lévi-Strauss, Claude, Die elementaren Strukturen der Verwandtschaft, Frankfurt 1981.
Lingesleben, Otto, Die Berufssituation der Sozialarbeiter, Köln, Opladen 1968.
Luhmann, Niklas, Formen des Helfens im Wandel gesellschaftlicher Bedingungen, in: Gesellschaftliche Perspektiven der Sozialarbeit 1, a.a.O., S. 21-43.
Luhmann, Niklas, Liebe als Passion, Frankfurt 1984, 4. Aufl.
Luhmann, Niklas, Lob der Routine, in: Verwaltungsarchiv, 55. Bd. 1964, H.1, S. 1-33.

Malan, David H., Psychoanalytische Kurztherapie, Reinbek 1972.
Malinowski, Bronislaw, Argonauten des westlichen Pazifik, Frankfurt 1979.
Malinowski, Bronislaw, Der Ringtausch von Wertgegenständen auf den Inselgruppen Ost-Neuguineas, in: Gesellschaften ohne Staat, a.a.O., S- 57-69.
Maòr, Harry, Soziologie der Sozialarbeit, Stuttgart, Berlin, Köln, Mainz 1975.
Marshall, Thomas Humphrey, The Recent History of Professionalism in Relation to Social Structure und Social Policy, in: ders., Class, Citizenship and Social Development, New York 1963.
Marx, Karl, Das Kapital, Bd. I, MEW Bd. 23, Berlin 1972.
Matthes, Joachim, Gesellschaftspolitische Konzeptionen im Sozialhilferecht. Zur soziologischen Kritik der neuen deutschen Sozialhilfegesetzgebung 1961, Stuttgart 1964.
Matthes, Joachim, Sozialarbeit als soziale Kontrolle?, in: Gesellschaftliche Perspektiven der Sozialarbeit 1, S. 1o7-128.
Mauss, Marcel, Die Gabe, Frankfurt 1968.
Meinhold, Marianne, Zum Selbstverständnis und zur Funktion von Sozialarbeitern, in: Sozialarbeit unter kapitalistischen Produktionsbedingungen, a.a.O., S. 2o8-225.
Moersch, Emma, Über die psychoanalytische Behandlung einer Patientin mit Pubertätsmagersucht (Anorexia nervosa), in: Einführung in die Psychosomatische Medizin. Klinische und theoretische Beiträge, hrsg. von Karola Brede, Frankfurt 1974, S. 172-189.
Münchmeier, Richard, Zugänge zur Geschichte der Sozialarbeit, München 1981.

Nowicki, Michael, Zur Geschichte der Sozialarbeit. Historischer Abriß und politischer Stellenwert von Sozialarbeit in einer "Geschichte von Klassenkämpfen", in: Sozialarbeit unter kapitalistischen Produktionsbedingungen, a.a.O., S. 44-1oo.

Oevermann, Ulrich, Zur Analyse der Struktur von sozialen Deutungsmustern, unveröffentl. Manuskript, Berlin 1973.

Oevermann, Ulrich u.a., Beobachtungen zur Struktur der sozialisatorischen Interaktion, in: Seminar: Kommunikation Interaktion Identität, a.a.O., S. 371-4o3.
Oevermann, Ulrich, Allert, Tilman, Konau, Elisabeth, Zur Logik der Interpretation von Interviewtexten, in: Interpretationen einer Bildungsgeschichte, hrsg. von Thmas Heinze, Hans W. Klusemann u. Hans-Georg Soeffner, Bensheim 198o, S. 15-69.
Oevermann, Ulrich, Allert, Tilman, Konau, Elisabeth, Krambeck, Jürgen, Die Methodologie einer "objektiven Hermeneutik" und ihre allgemeine forschungslogische Bedeutung in den Sozialwissenschaften, in: Interpretative Verfahren in den Sozial- und Textwissenschaften, a.a.O., S. 352-434.
Oevermann, Ulrich, Professionalisierung der Pädagogik - Professionalisierbarkeit pädagogischen Handelns, Vortragsmitschrift, Sommersemester 1981, Freie Universität Berlin.
Oevermann, Ulrich, Seminarprotokolle: Rekonstruktion sozialer Deutungsmuster anhand von Dokumenten des Alltagslebens, Wintersemester 1979/8o, Universität Frankfurt.
Otto, Hans-Uwe, Professionalisierung und gesellschaftliche Neuorientierung. Zur Transformation des beruflichen Handelns in der Sozialarbeit, in: Gesellschaftliche Perspektiven der Sozialarbeit 2, S. 247-261.
Parow, Eduard, Die Dialektik des symbolischen Austauschs, Frankfurt 1973.
Parsons, Talcott, Die akademischen Berufe und die Sozialstruktur, in: ders. Beiträge zur soziologischen Theorie, hrsg. u. eingel. von Dietrich Rüschemeyer, Neuwied, Berlin 1964, S. 16o-179.
Parsons, Talcott, Recht und soziale Kontrolle, in: Kölner Zeitschrift für Soziologie und Sozialpsychologie, SH 11, 1967, S. 121-134.
Parsons, Talcott, Struktur und Funktion der modernen Medizin, in: Kölner Zeitschrift für Soziologie und Sozialpsychologie, SH 3, 1968, S. 1o-57.
Partikeln der deutschen Sprache, Die, hrsg. von Harald Weydt, Berlin 1979.
Perls, Friedrich S., Gestalt, Wachstum, Integration. Aufsätze, Vorträge, Therapiesitzungen, hrsg. von Hilarion Petzold, Paderborn 198o.
Perroux, Francois, Das Geschenk. Seine wirtschaftliche Bedeutung für den modernen Kapitalismus, in: Diogenes VI, 1955, S. 697-721.
Perroux, Francois, Zwang, Tausch, Geschenk, Stuttgart 1961.
Peters, Helge, Moderne Fürsorge und ihre Legitimation. Eine soziologische Analyse der Sozialarbeit, Köln, Opladen 1968.
Peters, Helge, Die mißlungene Professionalisierung der Sozialarbeit, in: Kölner Zeitschrift für Soziologie und Sozialpsychologie, 22. Jg. 197o, H. 2, S. 335-355.
Peters, Helge, Cremer-Schäfer, Helga, Die sanften Kontrolleure. Wie Sozialarbeiter mit Devianten umgehen, Stuttgart 1975.
Peyser, Dora, Hilfe als soziologisches Phänomen, Dissertation Berlin-Würzburg 1934.
Pilgram, Arno, Die Ausbeute der Randgruppenarbeit, in: Österreichische Zeitschrift für Politikwissenschaften, 2. Jg. 1973, H. 4, S. 355-363.
Piven, Frances F., Cloward, Richard A., Regulierung der Armut, Frankfurt 1977.
Politische Produktivität der Sozialarbeit, hrsg. von Adrian Gaertner und Christoph Sachße, Frankfurt, New York 1978.
Quasthoff, Uta, Eine interaktive Funktion von Erzählungen, in: Interpretative Verfahren in den Sozial- und Textwissenschaften, a.a.O., S. 1o4-126.

Rechtssprechung Bundesverfassungsgericht: Kein Aussageverweigerungsrecht für Sozialarbeiter, in: Sozialpädagogische Korrespondenz Nr. 26, 1972,

abgedr. in: Arbeitsfeldmaterialien zum Sozialbereich, a.a.O., S. 46-51.
Richter, Horst Eberhard, Lernziel: Verantwortung für den Nächsten, in: Die Zeit v. 14.3.1980.
Rössner, Lutz, Theorie der Sozialarbeit - Ein Entwurf, München, Basel 1973.
Rüpke, Giselher, Der verfassungsrechtliche Schutz der Privatheit, Baden-Baden 1976.
Sachße, Christoph, Tennstedt, Florian, Geschichte der Armenfürsorge in Deutschland. Vom Spätmittelalter bis zum 1. Weltkrieg, Stuttgart, Berlin, Köln, Mainz 1980.
Sacks, Harvey, The Search for Help: No One to Turn to, in: Edwin S. Shneidman (ed), Essays in Self-Destruction, New York 1967, S. 2o3-223.
Sanders, Daniel, Wörterbuch der Deutschen Sprache, Leipzig 1876.
Scherpner, Hans, Theorie der Fürsorge, Göttingen 1962.
Schivelbusch, Wolfgang, Das Paradies, der Geschmack und die Vernunft. Eine Geschichte der Genußmittel, München, Wien 1980.
Schmidbauer, Wolfgang, Die hilflosen Helfer, Reinbek 1978.
Schneider, Horst R., Handlungsspielräume in der Sozialarbeit, Bielefeld 1977.
Schraml, Walter, Ebenen des klinischen Interviews, in: Person als Prozeß, Festschrift zum 65. Geburtstag von Prof. Dr. phil. Robert Heiß, hrsg. von K.J. Groffmann und K.H. Wewetzer, Bern, Stuttgart 1968, S. 157-174.
Scott, Marvin B., Lyman, Standord M., Verantwortungen, in: Symbolische Interaktion, a.a.O., S. 294-314.
Searle, John R., Sprechakte, Frankfurt 1971.
Selvini-Palazzoli, Mara u.a., Der entzauberte Magier, Stuttgart 1978.
Selvini-Palazzoli, Mara, Boscolo, L., Cecchin, G., Prata, G., Paradoxon und Gegenparadoxon, Stuttgart 1977.
Seminar: Kommunikation Interaktion Identität, hrsg. von Manfred Auwärter, Edit Kirsch u. Klaus Schröter, Frankfurt 1976.
Simmel, Georg, Soziologie, Berlin 1958, 4. Aufl.
Skiba, Ernst-Günther, Zum Fremdbild des Sozialarbeiters, in: Gesellschaftliche Perspektiven der Sozialarbeit 2, a.a.O., S. 223-246.
Sohn-Rethel, Alfred, Geistige und körperliche Arbeit, Frankfurt 1972.
Sozialarbeit als Beruf. Auf dem Weg zur Professionalisierung?, hrsg. von Hans-Uwe Otto u. Kurt Utermann, München 1973, 2. Aufl.
Sozialarbeit unter kapitalistischen Produktionsbedingungen, hrsg. von Walter Hollstein u. Marianne Meinhold, Frankfurt 1973.
Sozialpädagogische Modelle. Möglichkeiten der Arbeit im sozialen Bereich, hrsg. von Walter Hollstein u. Marianne Meinhold, Frankfurt 1977.
Soziologie und Gesellschaft in den Niederlanden, hrsg. von Joachim Matthes, Neuwied 1965.
Steinert, Heinz, "Alternativ"-Bewegung und Sozialarbeit oder wie "der Staat" die Probleme enteignet und warum man ihn trotzdem nicht einfach rechts liegen lassen kann, in: Info Sozialarbeit 28/29, Offenbach 1981, S. 45-65.
Steinert Heinz, Treiber, Hubert, Versuch, die These von der strafrechtlichen Ausrottungspolitik im Spätmittelalter "auszurotten", in: Kriminologisches Journal, 1o. Jg. 1978, H. 2, S. 81-1o6.
Stierlin, Helm u.a., Das erste Familiengespräch, Stuttgart 1977.
Stolt, Birgit, Ein Diskussionsbeitrag zu mal, eben, auch, doch aus kontrastiver Sicht (Deutsch-Schwedisch), in: Die Partikeln der deutschen Sprache, a.a.O., S. 479-487.
Symbolische Interaktion, hrsg. von Heinz Steinert, Stuttgart 1973.

Tausch, Reinhard u. Anne-Marie, Gesprächs-Psychotherapie, Göttingen, Toronto, Zürich 1979, 7. völlig neugestaltete Aufl.

Thomä, Helmut, Schriften zur Praxis der Psychoanalyse: Vom spiegelnden zum aktiven Psychoanalytiker, Frankfurt 1981.
Tjaden-Steinhauer, Margarete, Tjaden, Karl Hermann, Klassenverhältnisse im Spätkapitalismus, Stuttgart 1973.

Uhlhorn, Gerhard, Die christliche Liebestätigkeit, Stuttgart 1895, 2. Aufl.

Walser, Karin, Frauenrolle und soziale Berufe - am Beispiel von Sozialarbeit und Sozialpädagogik, in: Neue Praxis, 6. Jg. 1976, H. 1, S. 3-12.
Watzlawick, Paul, Weakland, John H., Fisch, Richard, Lösungen. Zur Theorie und Praxis menschlichen Wandels, Bern, Stuttgart, Wien 1974.
Watzlawick, Paul, Wie wirklich ist die Wirklichkeit?, München, Zürich 1976.
Weber, Georg, Sozialarbeit zwischen Arbeit und Profession. Ein berufssoziologischer Versuch, in: Soziale Welt, 23. Jg. 1972, H. 4, S. 432-446.
Whorf, Benjamin Lee, Sprache Denken Wirklichkeit, Reinbek 1978.
Wörterbuch der deutschen Gegenwartssprache, hrsg. von Ruth Klappenbach u. Wolfgang Steinitz, Berlin 1967.

Zetterberg, Hans L., Social Theory and Social Practice, New York 1962.
Zimmerman, Don H., Record - Keeping and the Intake Process in a Public Welfare Agency, in: Stanton Wheeler (ed), On Record: Files and Dossiers in American Life, New York 1970, S. 319-354.
Zimmerman, Don H., Tasks and Troubles: The Practical Bases of Work Activities in a Public Assistance Organization, in: D.A. Hansen (ed), Explorations in Sociology and Counseling, Boston 1969, S. 237-266.

Rudolph Bauer / Hartmut Dießenbacher (Hrsg.)
Organisierte Nächstenliebe
Wohlfahrtsverbände und Selbsthilfe in der Krise des Sozialstaates
2. Aufl. 1986. XVI, 263 S. 15,5 X 22,6 cm. Kart.

Die Beiträge untersuchen und durchleuchten die „Freie Wohlfahrtspflege" in ihrem Verhältnis zum Staat, in ihrer inneren Verfaßtheit sowie in Bezug auf alternative Ansätze der Selbsthilfe und mit Blick auf die sich abzeichnenden Entwicklungen. Die Publikation stellt einen ersten wichtigen Beitrag der Wohlfahrtsverbände-Forschung zu der in der Bundesrepublik neuen Diskussion sozialpolitischer Praxis und Aktion dar.

Hans Haferkamp (Hrsg.)
Wohlfahrtsstaat und soziale Probleme
1984. VI, 295 S. 15,5 X 22,6 cm. (Beiträge zur sozialwissenschaftlichen Forschung, Bd. 62.) Kart.

Zu den Beiträgen dieses Bandes werden aktuelle und grundsätzliche Probleme des Wohlfahrtsstaates untersucht. Diskutiert wird, ob der Wohlfahrtsstaat überhaupt soziale Probleme beheben kann und in welchem Maße er diese erst hervorbringt; welche Bedeutung Leistungsorientierung und ungerechte Verteilungsprozesse haben; wie die gleichzeitige Zunahme abweichenden und konformen Verhaltens zu erklären ist. Eine Bestandsaufnahme der sozialen Probleme in der Bundesrepublik schließt den Band ab.

Heribert J. Becher (Hrsg.)
Die Neue Soziale Frage
Zum soziologischen Gehalt eines sozialpolitischen Konzeptes
1982. XIV, 251 S. 15,5 X 22,6 cm. (Beiträge zur sozialwissenschaftlichen Forschung, Bd. 40.) Kart.

In diesem Band untersuchen Sozialwissenschaftler Inhalte, Geschlossenheit, Umfeld und die Effizienz der als „Neue Soziale Frage" bezeichneten sozialpolitischen Konzeption.

Peter Gross
Die Verheißungen der Dienstleistungsgesellschaft
Soziale Befreiung oder Sozialherrschaft?
1983. 204 S. 15,5 X 22,6 cm. Kart.

Der Autor setzt sich in seinem Buch kritisch mit den allgemein akzeptierten Theorien der Dienstleistungsgesellschaft und mit der modischen Forderung einer dienstleistungsintensiven Sozial- und Gesellschaftspolitik auseinander. Er stellt die Vision einer heilen nachindustriellen Dienstleistungsgesellschaft radikal in Frage und beleuchtet die selbstzerstörerischen Konsequenzen einer dienstleistungszentrierten Gesellschaftspolitik. Das Hauptproblem, aber auch die Chance nachindustrieller Entwicklung sieht er in der zunehmenden Erwerbslosigkeit und in der dadurch möglichen nicht-erwerbswirtschaftlichen Erbringung von Dienstleistungen.

Westdeutscher Verlag

Alfred Bellebaum / Heribert J. Becher / Michael Th. Greven (Hrsg.)

Helfen und Helfende Berufe als soziale Kontrolle

1985. VIII, 294 S. 15,5 X 22,6 cm. (Beiträge zur sozialwissenschaftlichen Forschung, Bd. 68.) Kart.

Außer der Erforschung gesellschaftlicher Bedingungen sozialer Probleme interessieren seit einiger Zeit in zunehmendem Maße „Helfende Berufe", die sich der betroffenen Menschen annehmen. Wer professionell hilft, tut dies im Auftrag von Institutionen und Organisationen, die als Einrichtungen sozialer Kontrolle (vorbeugender oder nachträglich korrigierender Art) tätig sind. Und in diesem Zusammenhang ist vor allem bedeutsam, wie Angehörige Helfender Berufe mit ihrer Klientel umgehen, welche Absichten sie haben und was sie anrichten.

Rolf G. Heinze (Hrsg.)

Neue Subsidiarität: Leitidee für eine zukünftige Sozialpolitik?

1986. 339 S. 15,5 X 22,6 cm. (Beiträge zur sozialwissenschaftlichen Forschung, Bd. 81.) Kart.

Ziel dieses Bandes ist es, die derzeit in der politischen Öffentlichkeit intensiv debattierte „neue Subsidiaritätspolitik" von sozialwissenschaftlicher Seite her näher zu betrachten und zu hinterfragen. Dabei geht es sowohl um eine historische Einordnung und eine begriffliche Klärung der Subsidiaritätskategorie als auch um den Realitätsgehalt der programmatischen Aussagen. Die von kompetenten Sozialwissenschaftlern und Sozialpolitikern verfaßten Beiträge beinhalten eine zusammenfassende Bewertung der bisherigen Debatte um „neue Subsidiarität" und „Selbsthilfe". Zudem werden Perspektiven für eine Neuorientierung der Sozialpolitik entwickelt.

Mit Beiträgen von R. G. Heinze, F.-X. Kaufmann, P. Gross, M. Bellermann, E. Pankoke, H. Kühr, U. Fink, A. Brunn, K. Deimer / D. Jaufmann, D. Thränhardt, A. Windhoff-Héritier, K. Gretschmann, W. Gernert, Th. Olk, F. Hegner.

Rolf G. Heinze / Peter Runde (Hrsg.)

Lebensbedingungen Behinderter im Sozialstaat

1982. 361 S. 15,5 X 22,6 cm. (Beiträge zur sozialwissenschaftlichen Forschung, Bd. 26.) Kart.

Die Probleme Behinderter sind 1981 in die Schlagzeilen der Massenmedien geraten. Dies liegt vordergründig am „Internationalen Jahr der Behinderten", aber auch die Zahl der amtlich anerkannten Schwerbehinderten ist drastisch angestiegen. In diesem Reader, dem Referate einer Tagung zur „Soziologie der Behinderten" zugrunde liegen, werden die Lebensbedingungen der Behinderten sozialwissenschaftlich aufgearbeitet und analysiert. Neben Beiträgen zum Behinderungsbegriff und deren Konsequenzen in der Praxis stehen Analysen zu der sich weiter verschlechternden Arbeitsmarkt- und Lebenssituation sowie zur Sozialpolitik im Vordergrund.

Westdeutscher Verlag

Lightning Source UK Ltd.
Milton Keynes UK
UKOW05f0801090217

293984UK00003B/23/P